언 컨 택 트

Uncontact

언컨택트

더 많은 연결을 위한 새로운 시대 진화 코드

김용섭 지음

퍼블리온
Publion

글로벌화(Globalization)의 진화   언컨택트 격차(Uncontact Divide)   언컨택트 이코노

인공지능(AI)   XaaS(Everything as a Service)   초연결 사회(Hyper-connected S

Just Walk Out Technology   안면인식 기술   빅브라더   통제와 감시   디스토피아

Smart Factory   공장 자동화   RPA(Robotic Process Automation)   일자리 위기

이웃의 부활   VIP 서비스 강화   Social Network Service

Private Room   Private & Premium   Uncontact Sex

언
Un

증강현실(Augmented Reality)   단절   정치의 언컨택트화

Uncontact Love   홈스쿨링(Home Schooling)   Sex Recession   공교육의 변화

Waldenism   자발적 고립화   다테마스크(伊達マスク)   Fist bump   악수 금기

능력주의   위계구조의 위기   회식의 종말   혼술   혼밥   식당 칸막이   Socia

안티꼰대   권위의 종말   O2O(Online to Offline)   화상회의   Remote Work

Uncontact Society에 살고 있다

| Economy) | 언컨택트 사회(Uncontact Society) | 기본소득제 | Uncontact Shopping |

라우드 컴퓨팅(Cloud Computing) 서비스 | 빅데이터 | Privacy | 탄소배출 절감

금 없는 사회 | 투명성 | 전자투표제 | Online Game | 새로운 차별 | Smart Order

주행 배송로봇 | 비대면 진료 | 원격의료 | 종교의 언컨택트화 | Gig | AR Shopping

그들만의 리그 | OTT(Over The Top Service) | 재택근무

무크(MOOC, Massive Open Online Course) | 조직 문화 혁신

에듀테크(Edu-Tech) | 이러닝(e-Learning) | Office Free

대학의 위기 | 비대면 배송 | 가상현실(Virtual Reality) | 양극화 심화 | 수평화

두기 | 느슨한 연대(Weak Ties) | 관계 스트레스 | 공존현실(Coexistent Reality)

비대면 영업 | 새벽배송 | 애자일(Agile) | e스포츠 | 디지털 노마드(Digital Nomad)

컨트(location independent) | 드라이브 스루(Drive through) | 기후변화와 전염병의 관계

우린 지금 '언컨택트'의
시대에 살고 있다

언컨택트Uncontact는 비접촉, 비대면, 즉 사람과 직접적으로 연결되거나 접촉하지 않는다는 뜻이다. 사람에겐 사람과의 연결과 접촉이 무엇보다 중요한데 이를 부정하는 것이 바로 언컨택트다. 언컨택트는 '불안하고 편리한' 시대에 우리가 가진 욕망이자, 미래를 만드는 가장 중요한 메가 트렌드다. 언컨택트는 우리의 소비 방식만 바꾸는 게 아니라 유통 산업을 비롯, 기업들의 일하는 방식도, 종교와 정치, 연애도, 우리의 의식주와 사회적 관계, 공동체까지도 바꾸고 있다. 우린 지금 언컨택트의 시대를 맞이했다.

　단어가 주는 첫인상 때문에 오해하면 안 된다. 언컨택트는 서로 단절되어 고립되기 위해서가 아니라 계속 연결되기 위해서 선택된 트렌드라는 점을 이해할 필요가 있다. 불안과 위험의 시대, 우린 더 편리하고 안전한 컨택트를 위해 언컨택트를 받아들이는 것이지, 사람에게 사람이 필요 없어지는 것을 얘기하는 게 아니다. 우리가 가진 연결과 접촉의 방식이 바뀌는 것일 뿐, 우린 앞으로도 계속 사람끼리 연결되고 함께 살고 일하

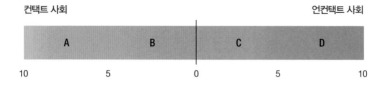

는, 서로가 필요한 사회적 동물이다. 기술적 진화, 산업적 진화, 사회적 진화는 결국 인간의 진화된 욕망을 채우기 위해 존재한다. 우린 컨택트와 언컨택트를 넘나들며 좀더 안전하고 편리하게 연결되며 살아가고 싶은 것이다. 이런 욕망은 갑자기 나온 게 아니라 아주 오래전부터 쌓여오고 진화되어왔던 흐름이다. 즉, 지금 우리가 맞은 언컨택트는 과거 시점에서 보면 예고된 미래였던 셈이다.

흥미로운 건 불안과 편리, 이 두 가지가 언컨택트 트렌드의 핵심 배경이라는 것이다. 서로 다른 두 가지 욕망, 그것도 두 가지가 서로 극과 극에 있는 욕망인데 어떻게 하나의 트렌드 속에 자리 잡고 있을까? 이것이 바로 언컨택트가 전방위적 욕망이자, 일시적인 것이 아닌 우리 사회가 그동안 진화해왔던 방향임을 보여주는 것이라 할 수 있다. 그리고 이건 소수가 아닌 우리 모두의 얘기가 된다는 것을 의미한다. 위기 때문에 언컨택트가 필요하고, 기회 때문에 언컨택트가 필요하다. 언컨택트는 기회와 위기가 공존하는 영역이자, 미래를 바꾸는 가장 강력한 메가 트렌드 중 하나다.

일상이 바뀌면 욕망도 바뀐다. 욕망이 바뀌면 일상도 변한다. 언컨택트는 우리의 일상을 바꾸고, 욕망을 바꾸고, 사회를 바꾼다. 당신도 이 변화에서 예외가 아니다. 우린 컨택트 사회에서 언컨택트 사회로 이동하는 중인데, B에서 C로의 이동이자, B와 C가 중첩되고 교차되는 시기로 볼 수 있다. 가장 많은 변화가 만들어지는 것이 바로 교차되는 과도기다. 언컨택트 사회를 지향한다고 해서 완전한 단절을 얘기하는 게 아니다. 과잉 컨택트의 시대(A)를 지나 적정 컨택트의 시대(B)까지 왔다면 이젠 적정 언컨택트(C)로 가는 것인데, 2020년은 그 중요한 기점이 된다.

이 책은 코로나19 때문에 쓰게 되었다. 한국 사회의 2020년 1분기를 잠식한 코로나19로 인해 우린 타인과의 접촉, 대면, 관계와 연결에 대한 변화를 겪었다. 불안과 위험이 초래한 언컨택트가 산업, 경제, 정치, 사회 전반에서 변화를 만들어내는 것을 보며 언컨택트 트렌드를 전방위적으로 분석해볼 필요를 느꼈다. 트렌드 분석가의 관점으로 이 문제를 들여다보고 싶었다. 연구자로서 시의성 있고 호기심 생기는 이슈를 연구하는 것은 당연하다. 사실 유통과 소비에서의 언컨택트는 오래전부터 확산된 트렌드였기에 어느 정도 연구해놓은 내용도 있었고, 소셜 네트워크 확산과 초연결 사회에서의 '연결의 확장'이 언컨택트 트렌드로 연결될 것이기에 이 부분도 오래전부터 주시하고 분석하던 중이었다.

때마침 필자는 코로나19로 의도치 않은 강제 휴가를 맞았다. 2020년 1월 하순부터 시작해, 2월과 3월에 있던 강연, 워크숍, 컨설팅 프로젝트 등 일정이 대부분 취소되거나 연기되면서 갑자기 시간이 생겼다. 경제적 손실도 꽤 컸지만, 당장 계획에 없던 시간이 생겼으니 그동안 관심 가져오던 이슈를 좀더 집중적으로 연구하며 책까지 써보기로 했다. 위기 상황에선 각자의 일에 충실한 것이 매우 중요하다. 의료인이었다면 코로나

19의 치료 현장으로 달려갔겠지만, 연구자로서 할 수 있는 최선은 연구하고 집필해서 사회적으로 공유할 수 있는 결과물을 만들어내는 것이다. 계획에 없던 일이었지만, 바뀐 현실에서 전화위복을 찾기로 했다. 우리의 일상은 계속되어야 하니까! 그렇게 이 책은 시작되었다.

때론 우연한 계기가 세상을 바꾸는 단서를 준다. 코로나19가 한국 사회를 역대급 불안에 빠지게도 했지만, 한국인들과 한국 사회가 얼마나 문제 해결 능력이 있는지도 보여줬다. 빨리빨리와 끈끈함은 지극히 한국적인 속성이다. 가장 심화된 컨택트 사회였던 한국 사회에 코로나19는 언컨택트를 더 증폭시키는 데 중요한 계기가 되어줬다. 의도치 않은 우연한 계기가 변화하는 흐름의 속도를 가속화시킨 셈이다. 코로나19가 언컨택트 트렌드의 티핑 포인트Tipping point라고 해도 과언이 아니다. 티핑 포인트는 어떠한 현상이 서서히 진행되다가 작은 요인으로 한순간 폭발하는 것을 말하는데, 2005년 노벨 경제학상을 받은 토머스 셸링Thomas Schelling이 하버드대 교수 시절인 1969년에 쓴 〈분리의 모델Models of Segregation〉 논문에서 제시한 티핑 이론에 나오는 개념이다. 코로나19가 바꾼 2020년 1분기 한국인의 일상, 한국 사회의 모습은 일시적 현상으로 끝나지 않는다. 2020년 전체를 관통하며 영향을 줄 것이고, 이건 한국인뿐 아니라 전 세계인에게도 마찬가지일 것이다.

코로나19는 세계적으로 전염병이 대유행하는 상태를 뜻하는 팬데믹pandemic 선언을 이끌어냈다. WHO는 전염병의 확산 위험도에 따라 경보단계를 1~6단계로 나누는데, 그 중 가장 높은 6단계를 팬데믹이라고 한다. 높은 감염력과 지속적인 사람 간 감염을 일으키는 신종 바이러스라는 이유인데, 팬데믹 선언 시점에서 114개국에 전염되었다. WHO가 발족한 1948년 이후 팬데믹은 1968년 홍콩독감, 2009년 신종 인플루엔자, 그리고 2020년 코로나19가 세 번째다. 팬데믹까진 안 갔지만 2003년 사스, 2014년 서아프리카 에볼라 바이러스, 2015년 메르스도 전 세계를 전염병 불안에 떨게 했다.

유독 2000년대 이후 세계적인 신종 전염병이 자주 보인다. 분명 의료 환경도, 건강 상태도 더 좋아졌지만, 또한 전 세계로 더 자주 이동하고 교류한다. 국제청정교통위원회ICCT에 따르면, 2018년 기준 전 세계 비행 건수는 3900만 회이고 탑승객은 40억 명이다. 전 세계 인구 수 77억 명(2019년 7월 기준)과 비교하면 절반이 넘는 숫자다. 물론 전 세계 절반의 사람이 비행기를 탄 건 아니다. 업무상 자주 출장 가거나 자주 여행 가는 사람들, 환승객 등이 이런 숫자의 착시를 만들어냈다.

또 다른 숫자를 말해보겠다. 유엔 세계관광기구UNWTO에 따르면, 2019년 국가 간 이동하는 전 세계 관광객 수(도착 기준)가 14억 6100만 명 정도였다. 이 숫자는 전 세계 인구 5명 줄의 1명 정도다 해외여행 가는 사람들이 이 정도라고 보면 된다. 2009년 8억 9200만 명이었던 숫자가 10년간 64% 정도가 늘었다. 20년 전인 1999년(6억 3300만 명)과 비교하면 더 극적이다. 지난 20년간 2.5배 정도 늘었다. 글로벌화라는 말이 실감날 증가세. 사람의 이동뿐 아니라 국경을 초월하는 글로벌 기업들도 급증했다. 지구 전체가 점점 더 하나의 경제권이 되어가는 셈이다.

코로나19의 팬데믹 선언 이후 세계 증시는 폭락했고, 전 세계가 대면 접촉에 대한 공포와 불안에 사로잡혔다. 이는 세계 경제를 비롯 한국 경제에도 큰 영향을 주고, 전 세계인의 라이프스타일과 타인에 대한 태도에도 영향을 준다. 언컨택트는 분명 전 세계적 메가 트렌드이고, 기술적 진화를 통해 서서히 이뤄지고 있었지만 코로나19를 계기로 한국 사회가 전 세계에서 언컨택트에 대한 욕망이 가장 커진 곳이 되었다. 물론 갑자기 생긴 일은 아니다. 우린 이미 언컨택트가 준비된 사회를 살고 있었다. 이미 언컨택트의 흐름이 만들어지고 있었고, 이 흐름을 증폭시키고 사람들에게 각인시켜줄 계기가 필요했다. 코로나19도 그 계기 중 하나인데, 아주 강력했다. 티핑 포인트는 진행되고 있는 흐름의 증폭 기점이기에, 애초에 진행되는 흐름이 없었다면 어떤 계기도 소용없다. 즉, 언컨택트는 전염병이 만든 트렌드가 아니라, 이미 확장되려는 트렌드였다는 것이다.

언컨택트를 줄여서 언택트Untact라고 하는 이들도 있는데,『트렌드 코리아 2018』에서 기술과 산업적 진화에 따라 비대면 거래와 무인 거래가 유통에서 중요한 트렌드가 된다며 '언택트 마케팅'을 키워드로 제시했었다. 트렌드 책에서 어떤 트렌드를 제시할 때 좀더 강력한 임팩트를 위해 신조어를 만들어내는 경우가 있는데, 가장 쉽게 쓰는 것이 영어 단어와의 조합이나 말줄임이다. 명확한 언컨택트라는 키워드를 군이 인위적 줄임말인 언택트로 할 필요가 있었을까 싶지만, 결과적으로 언택트라는 말은 한국에서 유통 트렌드 키워드로 자리 잡았고, 매스미디어에서도 아주 일상적으로 쓰는 보편적 용어가 되었다. 언컨택트와 함께 논컨택트Non-contact, 컨택트리스Contactless도 사전적으로 같은 의미로 쓰기에, 언컨택트의 시대The Age of Uncontact, 컨택트리스 사회Contactless Society라고 쓸 수 있을 것이다.

이 책에선 트렌드 키워드이자 신조어로서 좀더 강렬한 어감을 가진 '언컨택트'로 통일해서 쓰고자 한다. 지금까지 언컨택트를 유통과 소비 분야에서만 주목했다면, 이 책에선 범위를 더 확장시켜 우리의 일상에서 부터 라이프스타일, 소비, 유통은 물론이고 산업적 진화와 기업의 업무 방식, 인맥과 사회적 공동체, 종교, 정치, 문화 등 전방위적으로 확장된 언컨택트 트렌드를 다루고자 한다. 언컨택트가 사회를 어떻게 바꾸고, 우리의 욕망과는 어떻게 연관되며, 비즈니스에선 어떤 기회와 위기를 줄지 다양한 이슈들을 통해서 들여다본다. 지금 시기, 우리가 생각해야 할 가장 중요한 트렌드 화두가 바로 이것이 아닐까?

이 책은 지금 우리가 해야 할 고민에 대한 질문을 던지는 책이다. 분야를 넘나들고, 현상과 배경을 연결시키며 그 속에 담긴 인사이트를 찾아가는 것이 날카로운상상력연구소의 트렌드 분석 스타일인데, 이 책을 통해서 트렌드를 읽는 즐거움을 맘껏 누리길 당부드린다. 트렌드 분석서를 읽는 이유에서 가장 중요한 것이 변화의 흐름과 속도를 파악하고 이를 자신의 삶과 비즈니스에 적용하기 위해서가 아닐까. 책은 단서를 제공하고 방향을 보여주는 것이고, 실행과 도전을 통해 기회를 만들고 미래를 바꾸는 것은 결국 독자 여러분의 몫이다. 이 책의 진정한 완성은 독자 여러분들에게 달려 있는 것이다.

2020년 4월
트렌드 분석가 김용섭

CONTENTS

일상에서의 언컨택트
당연한 것이 당연하지 않게 될 때!

비즈니스에서의 언컨택트

기회와 위기가 치열하게 다투는 과도기!

공동체에서의 언컨택트

더 심화된 그들만의 리그와 양극화!

언 컨 택 트 | UNCONTACT

더 많은 연결을 위한 새로운 시대 진화 코드

일상에서의 언컨택트

당연한 것이 당연하지 않게 될 때!

마스크 키스와 코로나 모텔 : 우린 다 계획이 있다!

2020년 2월 20일, 필리핀의 도시 바콜로드 Bacolod에서 열린 220쌍의 합동결혼식 사진이 사람들의 시선을 사로잡았다. 혼인이 선언되는 순간에 찍힌 사진인데, 220쌍이 파란색 마스크를 쓴 채 키스하는 장면이다. 결혼식 내내 마스크를 썼고, 가장 중요한 순간에도 마스크를 쓴 채로 키스

2020년 2월 20일 필리핀의 한 합동결혼식장에서의 마스크 키스 장면
출처 : Bacolod City Public Information Office

를 한 사진은 바콜로드 시 홍보실에서 찍어서 로이터REUTERS 로 보냈고, 다시 전 세계 언론으로 퍼져나갔다.

살면서 합동결혼식 사진은 무수히 봤겠지만, 수많은 사람들이 마스크 쓰고 키스하는 장면은 처음 봤을 것이다. 인구 51만 명 규모의 바콜로드에선 시 정부 주최의 합동결혼식이 매년 전통행사로 치러지는데, 다른 해와 달리 2020년 2월의 합동결혼식을 위해 모든 예비부부에게 결혼식 전 14일간의 동선과 여행 기록을 제출받았고, 식장에 입장하는 모든 하객들에게 마스크를 쓰게 하고, 체온 측정과 손소독제로 손을 소독하게 했다. 주례자와 하객들도 다 마스크를 썼다. 이 모든 것이 코로나19 때문에 벌어진 일이다. 분명 전염병도 감염도 무섭지만, 그렇다고 결혼식을 안 할 수는 없다. 인류가 가진 문화와 습관을 하루아침에 다 바꿀 필요는 없는 것이고, 또 그렇게 바꾸지도 못한다. 하지만 변화는 생길 것이다.

우린 안전하고 평온할 때만 사랑을 시작하는 게 아니다. 불안하고 힘들고 괴로운 상황에서도 사랑에 빠진다. 고난 속에서도 사랑을 통해 행복과 희망을 얻기도 한다. 전염병의 공포는 이번이 처음이 아니다. 사스, 메르스를 지나 코로나19까지 겪었고, 앞으로도 새로운 전염병은 계속될 가능성이 크다. 계속 겪으면서 무덤덤해지는 게 아니라, 언컨택트에 대한 욕망과 필요는 갈수록 더 쌓인다. 지금은 전 세계가 과거에 비해 훨씬 촘촘히 연결되어 있고 교류도 잦다. 어디서 발생한 것이든 전염력이 높다면 순식간에 전 세계로 퍼질 수 있는 것이다.

사회적 관계나 업무를 위해서 만나는 방식을 화상회의를 비롯한 언컨택트의 방식으로 전환하는 것에 대해선 쉽게 납득이 간다. 어떤 방식이든 일만 잘 되면 되는 거니까. 하지만 언컨택트가 가장 어려운 것이 남녀 간의 애정 관계다. 사랑과 결혼은 스킨십과 키스 등 긴밀한 컨택트와 뗄 수 없기 때문이다. 그럼에도 불구하고 대안을 찾는 사람들이 자꾸 생긴다. 이것 자체가 변화다. 본능적 욕구나 인류가 쌓아온 남녀 간 애정 표현과 교감의 문화 자체를 바꾸는 게 아니라, 불안을 해소하는 방법을 찾음으로써 본능과 문화를 계속 지키려는 것이다. 컨택트의 욕망을 위해 언컨택트의 방법을 구사하는 셈이다.

마스크 키스를 보면서 르네 마그리트 René Magritte 의 〈연인 2 The Lovers II〉(1928)가 떠올랐다. 초현실주의 Surrealism 의 대표적 화가인 마그리트가 그린, 흰색 베일로 얼굴을 다 가린 남녀가 키스하는 모습은 아주 강렬하면서도 비현실적인데, 현실의 마

르네 마그리트, 〈연인 2 The Lovers II〉, 1928
(© René Magritte / ADAGP, Paris-SACK, Seoul 2020

스크 키스도 사실은 초현실적이다. 우리가 알던 키스의 이미지에서 크게 벗어나는 모습이기 때문이다. 1928년 마그리트의 머릿속에서 그려진 초현실적인 키스 이미지가, 2020년의 바콜로드 합동결혼식에서 현실적 이미지가 되어버렸다. 만약 마그리트가 그 합동결혼식을 봤더라면 뭐라고 했을까?

'마스크 키스'는 메르스 때도 있었다. 메르스가 한창이던 2015년 6월 19일자 〈대구매일신문〉 1면 톱에 실린, 대구의 한 버스정류장에서 마스

크를 쓴 채 키스하는 연인의 사진이다(《대구매일신문》 우태욱 기자가 찍은 이 사진은 얼마나 강렬했던지, 한국편집기자협회에서 선정한 2015년 '편집기자가 선정한 올해의 사진상'에서 2015년 최고의 작품으로 꼽히기도 했다). 이 사진을 1면에 실은 건, 메르스가 심각해도 결국 우린 이겨낼 것이고 일상은 계속되어야 한다는 메시지를 전달하고자 하는 의미도 있었을 것이다. 물론 정치적 해석을 하자면, 당시 정부의 대응이 지탄을 받고 있던 시기였는데, 《대구매일신문》에선 정부를 지지하는 뉘앙스로 '메르스가 심각하긴 해도 메르스 공포는 지나치니 너무 오버하지 말자'라는 메시지를 전하기 위해 의도적으로 마스크 키스 사진을 썼을 것이다. 물론 연인끼리 마스크 키스를 하는 경우가 분명 꽤 있었을 것이다. 아예 데이트를 덜 하고 키스할 기회를 줄였던 이들도 많았을 것이고, 별 신경 안 쓰고 평소처럼 그냥 키스하고 스킨십했던 이들도 꽤 있었을 것이다. 하지만 처음엔 덤덤하거나 둔감했던 사람들조차 시간이 지나면서 달라졌다.

코로나19 확진자가 처음 발생한 2020년 1월 20일부터 한 달간은 사람들이 덤덤했다. 2월 18일까지 31명이 발생했을 뿐이다. 그런데 이 다음날부터 하루에 두 배씩(2월 19일 51명, 20일 104명, 21일 204명, 22일 433명) 누적 확진자가 늘었다. 2월 18일 대비 2월 28일, 즉 10일간 누적 확진자 수가 75배나 증가하며 한국 사회가 패닉에 빠졌다. 세계 최고의 속도로 검사를 하고, 동선을 추적하고, 격리를 한 덕분에 이후 5일간은 2.5배 증가로 한풀 꺾였지만, 2월 확산된 불안이 3월까지 이어졌다. 사회적 관계를 일시적으로 중단하자는 정부나 지자체의 권고와 시민의 자발적 공감이 이어졌다.

필자는 이 시기를 주목했다. 우리가 가진 불안이 우리의 연애와 애정 표현까지 막을 순 없기 때문이다. 분명 불안을 극복할 대안을 마련할 테니 그 방법들을 관찰하기로 했다. 신문이든 방송이든 인터넷 매체든 유튜브든, 이 시기에 사람들이 가장 주목할 콘텐츠가 코로나19와 관련된 것이란 걸 파악하고 저마다 다양한 관점의 얘기를 쏟아내고 있었다. 그 중 흥미롭게 본 것이 News1에서 기사화한 "'마스크 키스' 코로나 사랑법? 확진자 동선 공개도 '무서워'"(2020. 3. 3)였다. 기사에선 코로나19 시대의 연인 간 데이트 유형 몇 가지를 A씨, 이모씨 등의 익명으로 그들이 직접 말한 것처럼 따옴표 안에 인용문으로 제시했다. 3개월 된 여자친구가 있는 남자 직장인이 코로나19로부터 안전한 청정구역 모텔 찾기에 열을 올린다는 얘기부터, 만남을 대폭 줄이고

화상통화, 메신저를 이용해 일상을 나누며 더 애틋해졌다는 대학생 얘기, 심지어 서울이 안전하지 못할 것 같아 앱을 뒤져 확진자가 적고 거리상 가까운 남양수의 부인호텔로 갔더니 풀방(만실)이더라는 노원十 사람 얘기 등이 소개되어 있었다.

사실 기사화된 익명의 존재가 실존하는지는 확실치 않다. 기자의 주변인 얘기거나 온라인 커뮤니티에 떠도는 얘길 취합해서 썼다고 해도 상관은 없다. 충분히 합리적 개연성이 있을 수 있는데다, 실제로 필자도 주변 사람들에게서 들어본 얘기기도 했다. 이런 추정에 좀더 근거를 덧붙여보

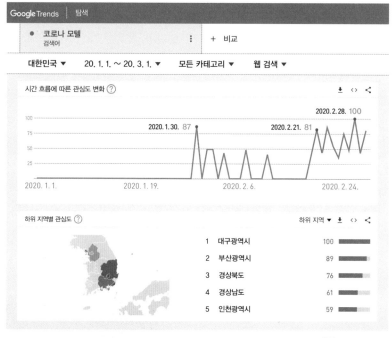

출처: Google Trends

자. 위의 그래프는 구글 트렌드에서 '코로나 모텔'을 검색했을 때의 결과다.

'모텔'을 검색했을 때 연관 검색어 중 급등 검색어 1위가 바로 '코로나 모텔'이었다. 즉, 불안한 시기임에도 연인 간 스킨십과 섹스를 위해 모텔에 간다면, 이왕 코로나19 확진자의 동선에서 벗어나고 확진자가 없는 지역의 모텔로 가겠다는 사람들이 꽤 있다는 증거다.

코로나19 확진자가 처음 발생한 이후, 추가적인 확진자들이 나오면서 역학조사로 얻은 동선 정보가 나오기 시작한 1월 말에 코로나 모텔에 대한 검색 관심도가 높아졌다. 하지만 2월 중순까지 관심은 사그라들고, 2월 13~19일 사이 기간은 관심도가 0에 가깝다. 그러다가 대구를 중심으로 확진자가 급증한 2월 20일부터 다시 코로나 모텔에 대한 검색 관심도가 급증하더니 2월 말엔 정점을 찍는다. 그 뒤로 조금 내려오긴 했지만 검색어 '코로나 모텔'에 대한 관심은 지속적으로 이어진다. 코로나19가 심각해도 연인 간 섹스는 포기할 수 없고, 대신 좀더 안전한(?) 모텔을 찾기 위해 노력한 것이다.

지역별 관심도를 보면, 대구광역시가 코로나 모텔 검색을 가장 많이 한 지역으로 나타났다. 이는 전체 확진자의 3/4 정도가 대구에서 나온 것과 무관하지 않다. 두 번째로 검색을 많이 한 지역은 부산광역시다. 물론 확진자 수에선 경상북도가 더 많지만, 부산광역시가 대구, 경북과 가까운데다 인구가 더 많이 밀집되어 있다. 상위 5개 지역 중 대구, 부산, 경북, 경남이 포진된 것은 결코 우연이 아니다. 위기 속에서도 사랑은 멈출 수 없다. 물론 다른 지역보다 불안과 공포가 훨씬 크다 보니 검색을 더 많이 하는 것이지, 이전보다 모텔에 가는 수요는 크게 줄었을 것이다. 코로나19로 인해 전국적으로 모든 모텔업계가 타격을 받았겠지만, 그 중에서도 가장 심각한 지역이 대구일 것이다. '야놀자'는 상생 지원책의 일환으로 2020년 2월 말 코로나19로 가장 많은 영향을 받은 대구, 경북과 제주 지역의 모든 제휴점에 3월 광고비 전액을 포인트로 돌려주겠다는 발표를 했다. 환급된 포인트는 '야놀자' 광고 및 마케팅에서 다시 쓸 수 있으니 결국 한 달치 광고비를 면제해준 셈이다.

전염병은 우리에게 접촉에 대한 불안감을 깊이 각인시켰다. 시간이 지나 코로나19는 종결되겠지만, 우리가 겪은 불안과 타인에 대한 불신은 아무 일 없었듯 쉽게 사라지진 않을 것이다.

불안감이 성욕을 이길 수 있을까?

사랑하는 사람과의 데이트에선 스킨십 빈도가 높아질 수 있다. 손잡고, 키스하고, 섹스까지도 한다. 가장 친밀하고 깊은 접촉이 이뤄지는 것이 연인과의 데이트일 것이다. 성욕은 가장 본능적이고, 가장 오래된 인간의 욕망 중 하나다. 과연 코로나19가 영향을 미친 언컨택트의 욕망이 여기서도 적용될 것인가가 궁금했다. 만약 적용되었다면 감염의 불안감이 성욕(혹은 남녀 간 스킨십)을 이기는 결과가 되는 셈이다. 물론 오랜 연인이나, 이미 결혼했거나, 동거하며 같이 사는 커플의 경우는 감염의 불안감이 성욕에 미치는 영향은 적을 것이다. 이미 같은 공간에서 대화하고, 밥 먹고, 스킨십하고, 집안의 물건을 같이 쓰고 지내고 있기에 서로에 대한 신뢰도 확보되었고, 설령 신뢰가 없더라도 상대로 인한 감염에 대해선 불가항력이기 때문이다.

하지만 따로 사는 연인, 그 중에서도 연애 초기나 이제 썸타는 관계, 그도 아니면 즉흥적으로 눈 맞는 원나잇의 상대에 대해선 감염의 불안

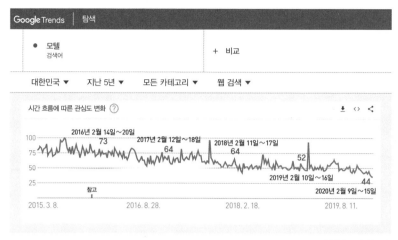

감이 더 크게 작용할 수 있다. 이걸 확인해보는 가장 좋은 방법 중 하나가 모텔이다. 상대적으로 비싸고 좋은 호텔은 여행이나 출장으로도 많이 간다. 하지만 모텔은 연인의 섹스 장소 중 가장 보편적인 공간이다. 특히 모텔의 대실은 100%라고 해도 과언이 아니다. 코로나19로 비롯된 접촉에 대한 불안감이 과연 섹스에 어떤 영향을 미쳤을까는 모텔 이용객이 줄었는지, 모텔에 대한 검색이나 관심도가 얼마나 줄었는지를 보면 된다.

위의 그래프는 구글 트렌드를 통해 본 모텔에 대한 관심도 수치다. 의미 있는 정도의 변화가 감지된다면 "불안감이 성욕을 이겼다"라고 말해도 비약은 아닌 것이다. 매년 같은 시기를 비교해보면 좀더 차이를 느낄 수 있을 것 같아서 발렌타인데이 시점을 주시해서 봤다.

발렌타인데이는 연인에겐 중요한 날이다. 썸타던 사이건, 연애를 진행하던 사이건, 이날은 그냥 초콜릿 하나 먹고 넘어갈 날이 아닌 것이다.

그래서 발렌타인데이가 있는 시점에 '모텔'에 대한 검색 관심도 추이를 구글 트렌드로 봤다. 2015년 3월 초부터 2020년 3월 초까지 5년간의 흐름을 봤는데, 다른 해보다 유독 2020년 발렌타인데이 때의 검색이 크게 낮았다. 5년 기간 중 모텔이란 키워드에 대해 가장 많이 검색했던 시점을 100으로 두는데, 대개 여름 휴가철과 크리스마스가 있는 12월 말에 가장 높다. 그런데 2020년 발렌타인데이 때는 이전의 발렌타인데이 때에 비해서만 낮은 게 아니라 5년 기간 통틀어서도 가장 낮은 편이다. 2020년 2월과 3월 초가 5년 전체 중에서 가장 낮다. 코로나19로 전 국민이 감염의 불안에 떨고, 출근은 물론 모임도 자제하며 사회적 관계를 잠시 단절하자는 분위기가 확산되던 시기다. 컨택트의 불안감이 모텔에 대한 관심도, 즉 연인 간의 섹스마저도 퇴색시켰다고 볼 수 있다.

사실 감염의 공포만큼이나 동선 노출의 공포도 있었을 것이다. 확진자가 되면 동선을 다 공개하게 하는데, 모텔이란 공간에 어떤 상대와 언제 가서 얼마나 있다가 나왔다는 지극히 사생활적인 정보가 노출될 수 있는 것이다. 전염병을 과학적 고증을 통해 실감나게 다룬 영화 〈컨테이전 Contagion〉(2011)에서 첫 번째 환자인 베스 엠호프(기네스 펠트로 분)가 홍콩 출장 갔다 온 후 죽는데, 전염병임이 확인되자 역학조사를 위해 동선을 추적해 그녀가 만난 사람들을 확인한다. 이를 통해 출장 갔다 돌아오는 길에 다른 남자와 호텔에 몇 시간 머물렀다는 사실, 불륜을 저질렀다는 사실을 알게 되고, 결국 그녀가 만난 남자도 죽는다. 중요한 건 이 사실을 그녀의 남편인 토머스 엠호프(맷 데이먼 분)도 알게 된다. 전염병으로 아내도 죽고, 심지어 아들마저 잃은 남자에게 아내의 동선 정보가 공

출처: Google Trends

유된 것이다.

이건 영화 속 얘기만이 아니다. 코로나19로 확진자들의 동선이 다 공개되었고, 그들이 머문 곳은 방역을 위해 일시적으로 폐쇄 조치되었다. 모텔, 호텔도 여기에 많이 포함되었고, 일부 네티즌은 확진자의 동선 정보를 보면서 누가 불륜이니, 누가 원나잇을 한 것 같다느니 추론하기도 했다. 사생활이 보호되어야 하는 것은 너무나 당연하지만, 예외가 있다. 그 예외 중 하나의 상황을 코로나19를 통해 많은 국민들이 경험했다. 감염병의 불안이 있는 상황에선 혹시나 드러나도 문제가 되지 않을 범위에서의 사생활을 가지려는 이들도 늘어날 소지가 있다. 성욕마저도 불안감 앞에선 자제될 수 있다는 의미다. 물론 앞서 '코로나 모텔'을 검색하면서 불안감을 해소시키는 노력도 병행된다. 참고로, '야놀자'에 대한 검색도 지난 1년(2019년 3월 둘째주부터 2020년 3월 둘째주까지) 중 2월 이후 급감소세였다가 3월 둘째주가 최저 시점이었다. 통상적으로 최고점이 여름 휴가철, 그리고 연말이고, 2월은 발렌타인데이, 3월은 화이트데이 이슈가 있어서 이때도 평균 이상이었지만 2020년 2, 3월은 달랐다.

코로나19 같은 전염병이 이슈가 되면 가장 타격을 입는 업종이 숙박, 여행업계인데, '야놀자'가 바로 그에 해당되는 회사다. 일반인들이 '코로나 모텔'을 찾으면서 위기를 극복할 방법을 찾듯, '야놀자' 같은 회사로서도 접촉에 대한 불안이 커져 언컨택트가 확산되는 것에 대한 대비와 모색이 필요하다. '야놀자'와 제휴를 맺고 있는 모텔, 호텔 같은 숙박업계의 대비가 필요한 것이다. 언제든 다시 생길 수 있는 이슈가 전염병이다. 대비된 위기는 위기가 아니라고 했으니, 숙박업계로서 리스크 관리 차원에서도 대비는 필요한 것이다. 공간 설계, 동선, 비품, 직원과 손님의 접촉 등의 부분에서 좀더 안전한 개선책을 고민할 필요가 있다.

언컨택트의 욕망은 컨택트의 본능이자 문화를 지속하려는 관성에서 비롯된다. 전면적 언컨택트가 아닌, 컨택트의 위험 요소를 최소화하는 것으로의 부분적 언컨택트는 선택이 아닌 필수가 될 수 있다.

레니나 헉슬리는 왜 존 스파르탄에게 섹스를 하자고 했을까?

영화 〈데몰리션 맨Demolition Man〉(1993)은 2032년이 시대 배경인 SF영화다. 냉동감옥에서 냉동 상태로 있다가 30여 년 만에 복귀한 경찰 존 스파르탄(실베스타 스탤론 분)에게, 파트너가 된 경찰 레니나 헉슬리(산드라 블록 분)가 섹스를 제안한다. 하지만 실제 섹스가 아닌 가상 섹스다. 센서가 부착된 헤드셋 같은 도구로 뇌파를 조작해 실제 오르가슴을 느끼는데, 일종의 증강현실AR인 셈이다. 영화 속 존 스파르탄은 이런 방식의 섹스가 어이없었는지 레니나 헉슬리에게 실제 키스를 하려한다. 물론 거절당하고 바로 쫓겨난다.

영화 〈데몰리션 맨〉의 한 장면

영화 속 배경인 2032년은 성병을 비롯해 건강상의 안전을 위해 신체 접촉을 통한 생식 활동이 없어진 사회다. 키스나 섹스가 금기인 시대다. 이런 가상 섹스가 원격으로도 가능한지, 영화 속에서 존 스파르탄이 머무는 숙소로 나체의 여인이 화상통화를 걸었던 장면도 있다. 지금 시대에도 충분히 적용되지 않는 증강현실 기술을 1993년에 개봉한 영화에서 다루고 있는 것이다. 물론 영화 속 배경은 지금보다 훨씬 미래이긴 하다. 어떻게 수십 년 전 사람들이 그런 미래를 그릴 수 있었을까? 이는 우연이 아니라 인간이 가진 욕망의 흐름 혹은 방향이었을 수 있다. 가장 기본이 되는 욕망이자 말초적 욕구가 수천 년간 계속 이어져왔던 건 다른 대안이 필요 없을 만큼 완벽하고 당연해서라기보다, 다른 대안을 가질 능력과 방법이 없어서였을 수도 있다. 어쩌면 인간은 아주 오래전부터, 기술적 진화가 성욕이나 출산에 대한 방법도 바꿔주지 않을까 하는 기대를 가졌던 게 아닐까 싶다.

레나나 헉슬리라는 이름은 그냥 만들어진 게 아니다. 과학 문명이 발달한 미래의 모습을 디스토피아로 그려낸 소설 중 가장 유명한 것을 꼽으면 아마도 올더스 헉슬리 Aldous Huxley 의 『멋진 신세계 Brave New World 』(1932)와 조지 오웰의 『1984』(1949)가 아닐까 싶다. 흥미롭게도 두 작가 모두 영국 소설가다. 영국은 1921년까지도 전 세계 영토의 1/4, 전 세계 인구의 1/4을 식민 지배하던 나라다. 『멋진 신세계』는 1차 세계대전 이후, 『1984』는 2차 세계대전 이후에 출간되었다. 전쟁은 영국에게 큰 고난이었다. 기술 문명의 발달이 전쟁을 더 참혹하게 만들었다. 이러니 그들이 기술 문명이 발달한 미래 사회를 디스토피아로 그려내는 게 당연했을지

모른다.

놀랍게도 『멋진 신세계』에 등장하는 뛰어난 외모와 호기심 왕성한 캐릭터의 여주인공 이름이 레니나 크라운이다. 소설가 이름과 그의 작품 속 여주인공 이름을 결합해 영화의 여주인공 이름을 만들었다는 것만 봐도 올더스 헉슬리에 대한 오마주가 담겨 있다고 볼 수 있다. 시대 배경이 『멋진 신세계』가 나온 1932년의 100년 후 시점인 것도 우연은 아니다. 〈데몰리션 맨〉뿐 아니라 상당수의 SF영화에 영향을 미친 소설이 『멋진 신세계』다. 『멋진 신세계』에서 모든 인간은 인공수정으로 태어나고, 아이의 양육은 국가가 책임진다. 〈데몰리션 맨〉에서도 아이는 인큐베이터를 이용해서 인공수정하는 것만 허용된다. 결혼도 출산도 부정하는 세계관이다.

앞서 영화 속에서 레니나 헉슬리가 만난 지 얼마 안 된 존 스파르탄에게 섹스를 하자고 한 것도, 섹스가 자유로운 오락 수단으로 아이든 어른이든 누구나 즐긴다는 『멋진 신세계』의 설정을 이어온 것으로 보인다. 2032년을 살아가는 레니나 헉슬리로선 새로 맞은 동료와 재미있는 오락이자 유희를 나누자는 의미, 즉 술 한잔 하자 혹은 당구 한 게임 치자 같은 정도의 의미였을 것이나. 직접적인 접촉이 중심이 되는 섹스와 비접촉의 가상 섹스는 분명 다르다. 접촉과 비접촉의 차이뿐 아니라 섹스를 바라보는 태도 자체가 다르다. 접촉을 통한 키스나 섹스는 상대를 믿어야만 가능하지만, 비접촉의 가상 섹스는 상대적으로 안전하다. 설령 상대를 못 믿더라도 불안할 것이 없다. 성병을 비롯한 각종 질병 감염의 불안, 원치 않는 임신에 대한 불안으로부터 자유로울 수 있는 것이다. 물론 그렇다고 해서 키스와 섹스가 미래에 사라질 리는 결코 없다. 인공지능과 가상현실, 홀로그램 등 별의별 기술이 언컨택트를 통한 성적 쾌락을 만들어내겠지만, 오리지널을 완전 대체하진 못할 것이다.

〈데몰리션 맨〉 마지막 장면에 레니나 헉슬리와 존 스파르탄의 키스 신이 있는데, 헤드셋과 센서가 만들어내는 가상 섹스만 해왔던 헉슬리가 그동안 얻지 못했던 쾌감을 느끼는 것으로 끝이 난다. 진짜 키스의 강력함을 보여주며 '역시 우린 사람이 꼭 있어야 해' 같은 마무리를 한 것이 90년대 정서라면, 2000년대 들어서, 특히 2010년대 이후는 확실히 달라졌다. 영화 〈엑스 마키나Ex Machina〉(2015)에선 인공지능 휴머노이드 로봇과 사람의 에로틱한 상황을 만들어낸다. 영화가 아닌 실제 현실도 바뀌었다. 미국에선 이미 2010년부터 섹스로봇이 개발되어 상품화되기도 했고, 인공지능이 적용된 섹스로봇도 계속 개발 중이다. 언제가 될진 몰라도 우리의 일상에 로봇이 깊숙히 들어올 것이고, 가사로봇이든 반려로봇이든 연인로봇이든, 사람을 대신해서 우리 옆에 둘 수도 있다. 결국 사람과 사람의 직접 접촉은 당연한 필수에서 선택이 될 수도 있는 것이다.

미국 잡지 〈디 애틀랜틱The Atlantic〉 2018년 12월호의 표지를 장식한 커버 스토리가 "The Sex Recession"이다. 경기 후퇴, 불황을 일컫는 '리세션'을 섹스에 붙인 것이다. 구체적으로는 젊은 세대(밀레니얼 세대)가 베이비붐 세대나 X세대보다 섹스를 덜 한다는 내용을 다루고 있다. 미국 NORC National Opinion Research Center의 종합사회조사General Social Survey 자료에 따르면, 18~30세 남자 중 2018년에 섹스를 한 번도 안 한 사람이

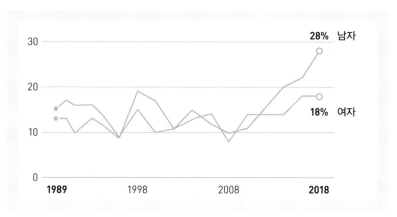

2018년 섹스를 하지 않은 미국의 18~30세 남녀 비율

28% 남자

18% 여자

1989   1998   2008   2018

출처: General Social Survey

28%였다. 이는 2008년과 비교하면 3배 정도 증가한 수치다. 같은 해 18~30세 여자는 18%로, 2008년과 비교해서 2배 정도 증가했다. 밀레니얼만 그런 게 아니라 Z세대도 마찬가지다. 미국 질병통제예방센터[CDC]에 따르면, 섹스를 경험한 고등학생의 비율이 1991년 54%에서 2017년 40%로 떨어졌다. 이런 영향으로 미국에선 청소년 임신률, 성병 감염자 또한 크게 줄었다.

섹스에 대한 관심이 줄어드는 건 미국만의 현상이 아니다. 전 세계에서 밀레니얼 세대가 이전 세대보다 섹스를 덜 한다는 연구 결과들이 나왔다. 서울대학교 보라매병원 비뇨기과 박주현 연구팀이 2014년 여성 5만 명을 대상으로 성생활에 대해 설문조사한 결과에 따르면, 20대 여성의 한 달 평균 섹스 횟수가 3.52회였는데, 2004년 진행한 동일한 조사에선 5.67회였다. 즉, 10년 사이 2.15회가 줄어든 것이다. 30대 여성의 경우는

2004년 5.31회에서 2014년 4.18회로 1.13회 감소했다. 영국의 '성적인 태도와 생활 양식에 대한 전국 조사National Survey of Sexual Attitudes and Lifestyles ' 자료에 따르면, 16~44세 사이 사람들이 2001년에는 평균 월 6회 이상의 섹스를 했지만, 2012년에는 월 5회 미만으로 떨어졌다.

각 나라가 비슷한 상황인데, 원인에 대한 분석도 비슷하다. 감소 이유로 취업난과 경제적 어려움에 따른 스트레스를 들기도 하고, 스마트폰과 넷플릭스, 유튜브 등에서 즐거움을 찾고 시간을 보내다 보니 연애 자체가 줄어서라는 이유도 든다. 그리고 HIV를 비롯한 성병에 대한 두려움이나 타인에 대한 불신, 성폭력에 대한 우려 등으로 섹스에 대한 거부감을 가진 이들이 늘었다는 데서도 이유를 찾는다.

반면, 미국 오스틴 가족문화연구소The Austin Institute for the Study of Family and Culture의 연구를 인용해 〈워싱턴포스트〉가 쓴 기사에 따르면, 매주 최소한 번 이상 자위를 하는 남성이 2014년 기준 54%였는데, 이는 1992년보다 2배 이상 증가한 것이다. 여성의 경우도 2014년 26%로 1992년보다 3배 이상 증가했다. 섹스는 줄어드는데 자위는 느는 것이다. 성욕 자체가 사라졌다기보다 직접 섹스하는 것에 대한 불편, 불신, 불안이 작용했다고도 볼 수 있다. 이미 그들은 언컨택트를 하고 있는 셈이다. 이런 상황에서 사이버 섹스가 기술적·문화적으로 진화하면 밀레니얼 세대나 Z세대들이 받아들일 여지는 이전 세대보다 훨씬 클 것이다.

섹스라고 국한짓지 않아도 우린 타인과 관계를 맺고 살아간다. 얼굴을 마주 보며 대화하고, 일하고, 어울린다. 악수를 비롯해 신체적 접촉도 한다. 그런데 이런 타인과의 관계와 접촉이 불안하면 어떻게 할까? 기피하고 서로 단절해야 할까? 아니다. 안전하게 연결될 방법, 즉 언컨택트로 컨택트의 효과를 낼 수 있는 방법을 찾으면 된다.

이미 소셜 네트워크를 통해서도 우린 관계를 맺는다. 눈앞에 사람이 없어도, 직접적인 접촉으로 온기를 주고받지 않아도, 우린 일도 사랑도 불가능하지 않은 시대에 살고 있다. 완전히는 아니더라도 일부 대체 가능한 시대를 이미 살고 있는 것이다. 기술적 진화는 우리의 욕망과 무관하지 않다. 언컨택트 사회가 심화되면 가상현실, 증강현실, 혼합현실과 홀로그램 기술, 각종 센서 기술과 신체 감응 장치 등이 보편적 현실이 된다.

사회적·문화적 진화도 마찬가지다. 우리의 애정 표현과 섹스, 남녀 관계에 대한 욕망이 과거의 익숙한 관성을 대신해 새로운 대안을 계속 찾아낼 것이다. 아니, 이미 그 과정을 거치면서 지금까지 왔다. 컨택트 사회에서 가졌던 불편과 불만이 계속해서 언컨택트 사회의 욕망을 만들어왔던 것이다. 그러니 레나나 헉슬리는 우리가 미래에 만날 보편적 모습일 가능성이 크다.

사만다와 사랑을 나눈 테오도르는 현실의 당신일 수 있다

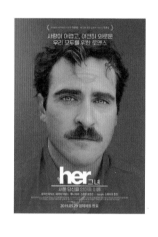

영화 〈그녀Her〉(2013)와 〈조Zoe〉(2018)는 SF
이면서 로맨틱 멜로다. 〈그녀〉는 남자와 소
프트웨어 간의 사랑을 그린 영화로, 물리적
실체가 없는 가상의 존재일 뿐인데도 사이
버 섹스를 하고 남자는 사랑에 빠진다. 〈조〉
는 사람인 남자와 자신이 진짜 여자인 줄
아는 로봇과의 사랑을 그린 영화다. 두 영화
모두 사람과 사람 간의 사랑도 아니고, 사람
과 사람 간의 접촉을 통해 사랑을 나누는 것도 아니다. 하지만 분명 사랑
을 다룬 영화다.

〈그녀〉의 시대 배경은 2025년이고, 〈조〉는 따로 시대 명시가 되진 않았
지만 인간 같은 로봇이 등장한다는 것 빼곤 시대 배경이 지금 우리의 현
재와 다를 바 없다. 즉, 두 영화 모두 아주 먼 미래를 얘기하는 게 아니

다. 어쩌면 현재인지도 모를 시대다. 특히 〈그녀〉의 사만다는 현재 혹은 아주 가까운 미래의 일 같아서 더 몰입된다. 사만다는 네트워크에 연결된 인공지능 운영체제로 스스로 학습하며 진화하는데, 물리적 실체만 없을 뿐 대화하고 감정도 공유하며 사랑에도 빠지는 인간 같은 존재다. 테오도르(호아킨 피닉스 분)는 사만다(스칼렛 요한슨 목소리)가 처음부터 사람이 아닌 걸 알고 있다. 테오도르의 스마트폰에 있는 운영체제일 뿐이지만, 테오도르는 사만다와 뜨거운 밤을 보낸다. 사만다도 오르가슴을 느꼈다고는 하지만 그 말이 실제인지, 인공지능 운영체제로서 상대를 기분 좋게 해주려고 그런 건지는 알 수 없다. 중요한 건, 테오도르 입장에선 상대가 사람이든 소프트웨어든 가상 섹스를 하고 사랑에 빠지는데는 차이가 없다는 점이다.

과연 테오도르가 별종이어서 그런 걸까? 아니다. 상대의 실체와 물리적 접촉을 하지 않아도 섹스와 사랑 모두 충분히 가능하다. 다만 우리가 가진 과거의 고정관념만 벗어나면 말이다. 이미 현실의 우리는 시리나 빅스비, 오케 구글을 부르며 인공지능 음성인식 비서와 대화를 나눈다. 함께할 사람이 눈앞에 없어서 어쩔 수 없이 인공지능 음성인식과 대화하는 게 아니다. 과거가 접족과 대면이 당연하던 시대였다면, 미래는 비접촉과 비대면이 당연한 시대가 될 수 있다. 지금은 서로 다른 시대가 공존하는 과도기이자, 언컨택트가 급속도로 성장하고 확장되는 시기다.

스티븐 스필버그가 감독한 〈레디 플레이어 원 Ready Player One〉(2018)에는 가상현실 오아시스 OASIS 가 있다. 이곳에선 누구나 원하는 캐릭터가 될 수 있고, 어디든 가고 뭐든지 할 수 있다. 2045년이 배경인데, 빈민촌의

암울한 현실 속에서 대부분의 사람들은 가상현실 고글을 끼고 하루종일 오아시스에 머문다. 잠자고 먹는 시간을 빼곤 현실이 아닌 가상세계에서 산다. 팍팍한 현실을 잊는 방법은 진짜 대신 가짜의 현실 속에서 즐거움을 찾는 것이다. 이건 영화의 얘기가 아닌 우리들의 욕망이기도 하다.

브루스 윌리스가 주연한 〈써로게이트 Surrogates〉(2009) 속 세상에선, 사람들이 대리로봇(로봇이지만 사람처럼 보이는)인 써로게이트를 통해 자신은 집에 있으면서 로봇이 자신의 정체성을 담아서 밖에서 대신 일한다. 자신의 늙고 병든 몸과 달리 자신을 대신할 로봇은 젊고 매력적일 수 있다. 어떤 대리로봇 스타일을 할 것인지는 자신이 선택하는 것이기 때문이다. 사람들이 서로 일을 하고 어울리면서도 실제 사람이 아닌 각자의 대리로봇끼리 만난다. 사랑도 대리로봇끼리 나누지만, 그것에 연결된 실제 사람이 감각을 느끼는 식이다. SF영화에선 언컨택트가 아주 보편적으로 구현된다. 그들이 그린 미래에서 당연한 듯 나오는 설정이기 때문이다.

이건 SF영화 속 얘기만도, 아직 오지 않은 미래 얘기만도 아니다. 이미 현실이기도 하다. 머리에 착용하는 HMD Head Mounted Display를 통해 가상현실과 증강현실을 경험하고, 극장에서 4D IMAX를 통해 시각과 청각뿐 아니라, 진동과 물 등을 통한 촉각까지도 구현해서 화면 속으로 생생하게 몰입하게 만드는 건 우리가 실제로 누리는 현실이다. 서로 멀리 떨어져 있는 연인을 위해 스마트폰으로 조종하는 섹스 토이도 팔리고 있다. 기술적 진화가 더뎌서 가상 섹스가 확산되지 않는 게 아니라, 접촉을 통한 직접 섹스가 보편적 문화이자 굳이 대체할 필요가 없다고 여겨지는 것이 더 큰 제약일 것이다.

하지만 코로나19를 비롯해 우리가 점점 접촉에 대한 불안이 커지면서 상황은 달라질 수 있다. 연애가 필수인 시대도 아니다. 오히려 20대의 섹스 경험은 과거보다 줄어들었다. 결혼도 기피하고 연애마저도 소극적인 시대가 된 건 불투명하고 불확실한 미래에 대한 불안과 함께 팍팍한 현실이 주는 불안감이 더해졌기 때문일 것이다. 낭만이 사라지는 시대, 남는 건 효율뿐이다. 가성비를 따져 소비하듯, 뭐든 계산하고 따지는 시대에 연애나 섹스는 비용 대비 효율은 낮은 분야일 수 있다. 거기다 접촉을 통한 질병 전염에 대한 공포를 겪은 사람들이 안전한 새로운 대안을 고민해보는 건 당연한 일이다. 완전히 대체되진 않겠지만, 변화는 충분히 이뤄질 것이다. 우리의 욕망이 바뀌면 그 속에서 새로운 비즈니스 기회가 커지게 될 것이고 산업적 대응도 적극적으로 바뀔 것이다. 욕망은 결국 우리의 일상뿐 아니라 비즈니스 기회도 바꾼다.

조지 버나드 쇼와 엘런 테리는 언컨택트한 것인가?

조지 버나드 쇼 George Bernard Shaw, 1856 ~ 1950 는 노벨문학상(1925)과 아카데미상(각색상, 1938)을 수상한 세계적인 작가다. 비평가, 극작가, 소설가, 화가 등으로 활동한 당대 지성인의 대표격이던 그는 결혼과 섹스에 대해선 부정적이고 회의적인 명언을 많이 남겼다. '결혼은 인간이 만든 가장 방탕한(음란한) 제도다 Marriage is the most licentious of human institutions '라며, 결혼 제도가 여성을 억압하고, 일부일처제가 위선적인 제도라는 점을 강조했다.

남성 중심의 가부장적 결혼 제도에 반기를 든데다 지나치게 금욕적이었다는 평가를 받던 그였기에 평생 독신일 것 같던 버나드 쇼는 당시로는 늦은 42세에 결혼했다. 영국의 지식인들이 주도해서 1884년에 만든 사회주의 단체인 페이비언 협회 Fabian Society에 초기부터 참여했고, 같은 협회 회원이던 정치 운동가 샬럿 페인 타운센트 Charlotte Payne-Townshend, 1857~1943 와 1898년에 결혼한 것이다. 과로로 중병에 걸린 그를 간호해준

게 인연이 되었는데, 버나드 쇼가 당시 병에 걸리지 않았다면 결혼도 하지 않았을 수 있다는 평가도 많다. 샬럿이 자녀를 원치 않았기에 둘은 평생 부부 관계를 갖지 않았다고 전해진다. 금욕적 결혼 생활인 셈인데, 이 또한 보편적이진 않은 일이었다. 물론 지금은 딩크족도 많아졌고, 무성애자나 동성애자의 연대적 결혼도 낯선 일이 아니지만, 버나드 쇼가 결혼 생활을

조지 버나드 쇼

하던 100년 전엔 그렇지 않았던 게 사실이다. 결혼 생활은 샬럿이 죽은 1943년까지 45년간 유지되었다.

홍미로운 건 결혼 기간 중에 버나드 쇼가 편지를 통해 감정을 나눴던 여성이 여러 명이라는 점이다. 특히 당대 최고의 여배우로 꼽히던 엘런 테리Ellen Terry, 1847~1928는 버나드 쇼와 30여 년간 편지를 주고받은 사이다. 물론 그들의 연애편지가 시작되던 때는 버나드 쇼가 결혼하기 전이었다. 당시 36살 버나드 쇼는 소설 출판에 실패한 때였고, 45살 엘런 테리는 세계적 명성을 가진 배우지만 결혼에 두 번이나 실패한 후였다.

우성과 애성을 넘나드는 연애편지를 주고받는 동안 버나드 쇼는 결혼을 했고, 엘런 테리는 세 번째 결혼을 했다. 편지만 주고받는 데 무슨 연애인가, 그냥 인간적 교류나 우정이라고 하는 사람들도 있을 것이다. 하지만 둘은 20분 거리에 살기도 했는데 서로 마주치지 않으려 조심했다고 한다. 우정 이상의 감정이 있었음을 추정할 수 있는 대목이다. 이들은 만나게 될 경우 자신들이 가졌던 감정이 깨지는 것을 우려했다고 한다.

우연히 마주친 적도 있는데, 편지 중에는 거리를 지나다가 쇼윈도 안에 있는 엘런 테리를 보고 직접 다가가진 않고, 그날 그녀를 봤다는 얘기와 입은 옷이 너무 짧았다는 내용도 있다고 전해진다.

이들이 주고받은 편지 중 일부는 서간문 형태의 책으로 나온 것도 있고, 편지 원본 중 일부는 지금도 여전히 거래된다. 연애편지를 쓰려면 이 정도는 써야 한다는 얘기도 할 텐데, 자그마치 노벨문학상을 받은 사람이 수십 년간 주고받은 연애편지다. 금욕주의자이자 일부일처제가 위선적이라고 하는 버나드 쇼에겐 샬럿 페인 타운센트와의 결혼 생활도, 또 엘런 테리와의 편지를 통한 감정적 교류도 분명 남녀 간에 가질 수 있는 애정 관계였을 것이다. 어느 것이 더 낫다 못하다, 옳다 그르다의 문제로 볼 수는 없다.

조지 버나드 쇼가 보여준 결혼과 연애를 보면서 떠오르는 또 다른 커플이 있다. 바로 시몬 드 보부아르Simone de Beauvoir, 1908~1986와 장 폴 사르트르Jean-Paul Sartre, 1905~1980다. 둘 다 철학자이자 작가로, 당대의 세계적 지성인으로 꼽히던 인물이다. 사르트르는 노벨문학상(1964) 수상자가 되었지만 수상을 거부한다. 역사상 노벨상을 거부한 몇 안 되는 인물 중 하나다. 참고로, 조지 버나드 쇼도 노벨문학상 수상자가 되자 처음엔 상만 받고 상금은 거부했다. 보부아르는 실존주의자이자 여성해방운동에도 앞장선 사상가다.

보부아르와 사르트르는 계약 결혼으로도 유명하다. 소르본대학 출신의 보부아르는 21세이던 1929년 철학교수 자격시험agrégation에 최연소로 합격한다. 여성에다 최연소, 심지어 2등 합격자란 사실이 알려지며 순식간에 프랑스에서 주목받는 인물이 된다. 이 시험의 1등은 사르트르다. 이렇게 인연이 된 둘은 연인이 되었고, 사르트르가 보부아르에게 청혼을 하지만 부모의 강력한 반대로 그녀는 청혼을 거절할 수밖에 없었다. 그때 사르트르가 꺼낸 카드가 2년간의 계약 결혼이었고, 당시 프랑스 사회에 파장을 일으킬 이슈가 된다. 2년 후엔 30살까지로 계약을 연장한다. 그 뒤로 계약에 대한 갱신은 별도로 없었지만 둘의 계약 결혼은 51년간 이어진다. 계약 결혼 기간 동안 둘은 자유연애를 누렸고, 특히나 사르트르는 바람둥이로 유명했을 정도다.

하지만 둘은 서로를 신뢰했다. 보부아르가 여성해방을 외칠 때 사르트르가 함께 하고, 사르트르가 프랑스의 알제리 저항운동 탄압에 반대할 때 보부아르도 함께 했다. 이들 커플은 일부일처제라는 기존의 결혼이 가진 관성에 반기를 들며 서로에 대한 지지와 연대를 중요시했다. 실제로 보부아르는 계약 결혼이 자신의 인생에서 가장 성공적인 일이었다고 얘기하기도 했다. 보부아르는 자신보다 먼저 죽은 사르트르의 묘 옆에 자신도 묻히길 원했고, 현재 파리 몽파르나스 묘지에 하나의 표지석 아래 함께 묻혀 있다.

51년간의 계약 결혼으로 유명한 당대의 지성인 사르트르와 보부아르

사르트르와 보부아르가 계약 결혼을 하면서 했던 세 가지 약속이 있었다. 첫째는 서로를 사랑하고 관계를 지키는 동시에 다른 사람을 우연히 만나 사랑에 빠지는 것을 인정한다는 것이고, 둘째는 서로에게 거짓말을 하지 않으며 숨기지 않는다는 것이고, 셋째는 경제적으로는 서로 독립한다는 것이다. 이게 뭔 결혼이냐 싶겠지만, 사실 계약 결혼은 구두로 하는 약속이다. 법과 제도가 규정하는 것이 아닌 서로의 신의로 규정하는 셈이다. 2차 세계대전 이후 프랑스를 비롯, 유럽에서 계약 결혼이 유행처럼 번지게 된 것도 다 이들 커플의 영향이었다.

이후 기존의 질서에 대한 저항이자 차별을 없애고 자유를 얻고자 한 프랑스의 68혁명의 영향으로 연애와 결혼에 대한 관점을 바꾸는 이들이 프랑스는 물론이고 유럽 전반, 심지어 미국까지 확산되었다. 자유연애와 동거혼이 확산되는 건, 결혼이 가진 의무와 억압이 여자뿐 아니라 남자에게도 굴레가 된다는 공감 때문이다. 이는 낙태에 대한 관점 변화를 비롯, 피임약이 1970년대 들어 보급되고, 성소수자에 대한 인식 전환이 요구되고, 인종주의를 비롯한 각종 차별 철폐와 여성해방운동으로도 연결된다. 1990년대 들어 유럽에서 결혼을 거부한 이들을 위해 동거법을 만들어 결혼 제도를 보완하게 하는 나라들이 늘어난 것도, 2010년대 들어 젠더 뉴트럴Gender Neutral, 성 중립성이 확산되는 것도 갑자기 생긴 변화가 아니다.

인류에게 결혼이 제도가 된 건 신석기 시대부터라고 보는데, 이미 1만 년이 훨씬 넘은 역사를 가지는 셈이다. 결혼 제도가 남성과 여성의 권리를 침해한다는 비판이 15세기부터 제기되었는데, 1만 년 정도 이어온 제도에 대한 문제의식이 생기는 건 시대가 변하면서 사람들의 문화와 사회적 조건이 바뀌기 때문이다. 15세기부터 제기된 결혼에 대한 문제 제기가, 19세기가 되면서 결혼은 반드시 해야 한다는 인식에 금이 가게 만들었다. 우린 21세기를 살고 있다. 결혼은 물론이고 연애와 섹스에 대한 관점이 과거의 관성에 지배당할 필요는 없다. 각자가 선택하면 된다. 이것도 옳고 그름의 문제가 아닌 선택의 문제일 뿐이다.

육체적 사랑과 대비되는 말로 플라토닉 러브platonic love라는 말을 쓰는데, 육체가 배제된 순수하고 정신적인 연애라는 뜻이다. 그리스 철학자 플라톤은 지금까지도 영향력을 미치는 철학자인데, 사실 그는 2500년 전의 사람이다. 놀랍게도 그 오래전에도 섹스나 키스 같은 신체적 접촉 없이도 연애가 가능하다고 한 셈이다. 사실 육체적 사랑과 정신적 사랑을 군이 이분화시킬 필요는 없다. 그 또한 각자의 선택일 뿐이다. 어쩌면 언컨택트는 인류에겐 꽤 오래된 욕망 중 하나다. 컨택트가 대세이던 시대에 그 반대의 욕망을 찾아냈던 게 인류다. 지금처럼 언컨택트가 기술적으로나 사회적으로, 또 산업적으로 좀더 확대될 환경을 맞았으니, 이제 언컨택트가 대세이자 주류가 된다고 해도 늘날 일도 아닌 셈이다.

왜 독일 내무장관은 메르켈 총리의 악수를 거절했을까?

2020년 3월 2일, 독일의 앙겔라 메르켈 총리가 회의실에 들어오며 먼저 앉아 있던 호르스트 제호퍼 내무장관에게 악수를 청했다가 거절당하는 일이 있었다. 내무장관은 총리가 내민 손을 웃으며 거절하고, 총리는 겸 연쩍게 손을 거둬들이는 모습이 카메라에 담겼다. 분명 우리가 아는 상 식에선, 악수를 거절하는 건 명백히 무례한 행동이고 적대감을 표현하 는 것이다. 하지만 이때는 좀 달랐다. 코로나19로 독일 보건당국에서도 악수를 자제하라고 한 시점이었다. 관성적으로 손을 내민 총리에게 내무 장관이 센스 있게 대응한 것이다. 악수의 거절에 대한 예외 사항이 발생 한 셈이다.

메르켈 총리가 악수를 거절당한 적이 또 한 번 있었다. 그땐 좀 다른 의미였다. 2017년 3월 17일, 도널드 트럼프 대통령과 정상회담을 위해 백 악관 집무실에 갔을 때다. 기자들이 나란히 앉은 그들에게 악수하는 장 면을 거듭 요청했는데, 메르켈 총리가 마지못해 트럼프를 보며 "악수할까요?"하고 물었지만, 트럼프는 못 들은 척 얼굴을 찌푸리고 손끝을 모은 채 기자들만 쳐다봤다. 메르켈 총리는 당황했고, 이는 명백한 외교 결례였다. 이건 외교를 떠나 상대에 대한 존중이 없는 무례한 행동이었다. 트럼프는 대통령 취임 전부터 메르켈 총리의 난민 수용 정책을 원색적으로 비판했다. 이 둘은 무역과 안보 등에서도 견해차가 있었다. 그러니 트럼프의 행동은 의도적인 악수 거절(?)로 볼 여지가 충분했다.

둘은 그해 7월 독일 함부르크에서 열린 G20 정상회담에서 다시 만났는데, 이때는 메르켈 총리가 손을 내밀자 트럼프가 즉각 손을 잡았다. 외교에서 악수의 행위는 그냥 인사가 아니라 아주 중요한 메시지가 담겨 있기도 한다.

트럼프 대통령은 악수에 있어선 늘 공격적인 태도를 보여줬다. 정상과의 악수인데도 늘 손에 힘을 꽉 주고는 자기 쪽으로 끌어당긴다. 이렇게 하면 상대는 팔을 쭉 뻗듯이 하게 되고, 자신은 안정적인 'ㄴ'자를 유지한다. 그리고 자신의 손을 아래로 두고 상대를 위에 올려둔 채 흔들며 당긴다. 먼저 기선제압을 하겠다는 느낌으로 힘을 과시하고 위협하듯이 악수를 한다. 악수하는 장면만 사진으로 보면 확실히 트럼프가 우위에 선 듯한 이미지가 연출된다. 블라디미르 푸틴 러시아 대통령과 악수할 때도 그랬고, 문재인 대통령, 김정은 북한 국무위원장, 에마뉘엘 마크롱 프랑스 대통령, 하메드 빈 자이드 알 나흐얀 아랍에미리트UAE 왕세자와 할 때도, 아베 신조 일본 총리와 할 때도 그랬다. 심지어 대통령 취임 후 아베 총리와 첫 정상회담을 할 때는 손을 19초간 잡고 흔든 적도 있다. 사업가로서 독선적으로 일할 때야 이런 공격적 악수법이 상관없겠지만, 대

악수하는 트럼프와 마크롱

통령으로서 그의 악수법은 외교 결례에 가깝다고도 볼 수 있다. 외교는 상호적이어야 하고, 상대 국가에 대한 존중이 기본적으로 필요하지만 트럼프는 그렇게 하지 않았다.

이런 그의 악수법에 반격을 가한 사례가 있었는데, 2018년 6월 8일 캐나다에서 열린 G7 정상회의 때 에마뉘엘 마크롱 프랑스 대통령이 트럼프에게 악수를 청하고는 트럼프 스타일로 악수를 했다. 심지어 아주 세게 쥐고 흔들어서 악수 후 트럼프 대통령의 손에 손가락 자국이 선명하게 남은 것이 사진에 찍힐 정도였다. 당시 그가 세게 쥐고 흔들면서 윙크까지 한 것이 사진에 포착되었다. 이전에 트럼프와 악수하면서 겪은 불편했던 경험을 되갚으려는 의도적 행동이었던 것이다.

인사법에서 가장 보편적으로 쓰이는 것이 악수다. 이는 전 세계 공통의 인사법이다. 악수의 시초에 대한 설 중에 고대 로마 집정관인 카이사르 얘기가 있다. 율리우스 카이사르^{Julius Caesar}가 오른손으로 악수하는 인사법을 장군들에게 가르쳤다. 당시는 칼로 싸우던 시대이고 칼은 오른손으로 쥐는 게 보편적이다 보니, 오른손을 내밀어 자기 손에 무기가 없음을 보여주고 상대와 싸울 의사가 없음을 나타내는 것이 악수가 시작된 유래라는 것이다. 여러 설이 있지만 이것이 가장 신빙성 있고 타당해 보인다. 악수를 하고 팔을 흔드는 행위도 맞잡은 손의 소매 부분에 무기를 숨기지 않았음을 확인하는 의미라는 해석도 있다. 악수가 무기 유무와 관련되어 만들어진 인사법이라서 남자끼리만 악수를 하고, 무기를 들고 싸우지 않는 여자들은 악수를 하지 않았다고 한다.

악수 인사법은 중세 이후에 뿌리내렸고, 우리나라에서도 고려나 조선시대 때 서구와 마찬가지로 손에 무기가 없음을 증명하는 방법으로 시작되었을 것으로 본다. 미국의 서부 개척시대 때 낯선 사람을 만나면 자신의 총이나 칼에 손을 대고 있다가, 서로를 살핀 후 싸울 뜻이 없다고 확인되면 오른손으로 악수를 했다.

동서고금을 막론하고 악수는 싸울 뜻이 없다는 걸 보여주는 가장 직접적 증거다. 처음에는 악수가 무기가 없고 싸울 의사가 없다는 의미에서 시작해 나중에는 소통하고 친해지고 싶다는 의미의 인사로 자리 잡게 된 것이다. 명함을 건네며 악수를 하는 것부터 비즈니스 관계가 시작되고, 외교든 정치든 악수는 아주 중요한 수사를 가진다. 전쟁이 끝나고 평화협정을 맺을 때도 악수하는 장면이 연출되고, 학교에서 아이들이 싸우면 선생님이 화해의 악수를 시키는 경우도 많다.

19세기까지만 해도 악수는 윗사람이 먼저 청하는 것이지, 아랫사람이 먼저 청하는 걸 무례하다고 보는 나라가 많았다. 악수가 보편적 인사법으로 전 세계로 퍼진 것에 대해 평화의 확산, 권위주의가 퇴색하고 수평화가 확산되어서라고 보기도 한다. 신체 접촉이 이루어지는 거라서 남자가 여자에게 먼저 악수를 청하는 것을 무례하게 보기도 했다고 한다. 이렇듯 우리는 그동안 악수를 두고 시대별로 다양한 의미를 해석해내고, 그 속에서 예의도 따져왔다. 그런데 이젠 여기에 더해 악수에 대한 위생과 안전까지 본격적으로 따지기 시작했다.

왜 미국에선 의사도, 야구선수도 악수를 금지하려 할까?

〈미국 감염통제저널American Journal of Infection Control〉 2014년 8월호에 피스트 범프Fist bump(주먹치기)와 하이파이브(손뼉치기), 악수 등의 인사법이 상대방에게 어느 정도 세균을 전염시킬 수 있는지를 다룬 영국 에버리스트위스대학 데이비드 위트워스 박사의 연구 결과가 실렸다. 세균이 가득한 용기에 위생장갑을 넣었다가 말린 후, 이 장갑을 낀 채 각각 피스트 범프와 하이파이브, 악수를 하게 했다.

연구 결과, 서로의 주먹을 가볍게 맞대듯 치는 피스트 범프는 악수보다 세균 전염 정도가 1/20에 불과했다. 이 주 짧은 순간 손뼉을 바꾸지는 하이파이브는 악수보다 1/2 정도였다. 서로의 손을 꼭 잡고 몇 초간 있는 악수는 다른 인사법에 비해 닿는 면적이나 시간에서 압도적으로 세균 전염 위험이 높을 수밖에 없다. 악수는 가장 오래된 인사법이지만, 현대 사회에선 가장 위험한 인사법인 셈이다.

악수를 대체할 새로운 현대식 인사법으로 피스트 범프가 주목된 건 안

피스트 범프를 하는 버락 오바마 미국 전 대통령

전 때문이다. 피스트 범프를 애용했던 유명 인사로는 버락 오바마 대통령이 있다. 그는 재임 시절 피스트 범프 하는 장면을 자주 보여줬는데, 캐주얼하고 친근한 이미지와 함께 세균 전염으로부터 좀더 안전하게 자신을 지킨 것이다. 일석이조였던 셈이다.

주먹을 치는 피스트 범프 대신 팔꿈치를 갖다 대는 인사법도 있다. 손등이든 손바닥이든, 손으로는 접촉하기 싫다는 것인데, 손으로 하는 인사는 해야겠고 감염에 대한 불안감은 있으니, 둘 다 만족시킬 방법을 찾다가 결국 팔꿈치로 인사하는 것이다. 악수를 고집하던 사람들도 코로나19를 계기로 바뀌고 있다. 경박해 보인다던 피스트 범프를 하거나, 아예 그냥 목례만 하는 걸로 인사를 끝내기도 한다. 예전부터 악수를 싫어하는 사람들도 꽤 있었다. 업무적 자리에서 관성적으로 악수를 하다 보니, 땀이 난 상대의 손을 만지는 것도 불쾌하고, 세균 감염과 위생 문제도 늘 불안했던 게 사실이다. 악수를 예의라고 생각하는 관성에 따르느라 악수하면서도 찜찜하고 불안했던 이들로선 코로나19가 바꾼 인사법이 오히려 반가울 수 있다. 인류의 오랜 인사법이자 문화도 현대 사회의 변화 앞에선 고집을 부릴 수 없다.

미국 의학협회는 의료 종사자들의 악수를 금기한 바 있다. 미국 질병

통제예방센터CDC의 통계에 따르면, 병원에 입원한 환자 100명 중 4명 정도가 의료 종사자의 손을 통해 옮겨진 세균에 감염되는데, 이로 인한 사망자만 연간 7만 5000명이었다. 병원의 환자와 의료 종사자가 인사한다고 악수하다가 죽는 사람이 매년 7만 5000명이라는 건, 병원 외에 일상에서 악수하다가 손을 통해 옮겨진 세균에 감염되어 병에 걸리거나 죽는 사람들까지 포함하면 매년 10만여 명이 악수 잘못해서 생명의 위협을 받는 셈이다. 이건 미국만의 숫자니까, 전 세계로 확장시키면 말도 안 되는 엄청난 숫자의 사람들이 악수 때문에 죽는 것이다.

심지어 2020년 2월, MLB의 탬파베이 구단은 전체 공지로 코로나19 예방을 위해 선수들에게 일체의 하이파이브와 악수를 금지시켰다. 야구 선수들은 경기 중 동료가 홈런을 치고 오거나 희생번트를 성공시켜도 하이파이브를 하며 서로를 응원하고 격려하는 게 일반적이다. 그뿐만 아니라 경기 시작이나 끝날 때도 하고, 팬들과도 많이 한다. 이러한 금지 조치는 탬파베이뿐만 아니라 다른 구단으로 확산될 수밖에 없다. 단체 스포츠인 야구는 로커룸이나 덕아웃에서 함께 있고, 경기 중에도 근거리 접촉이 많다 보니 선수단 중 한 명이 감염되면 나머지도 위험할 수밖에 없다. 확진자 한 명 나오면 접촉한 동료 선수들이 격리되고, 함께 경기한 상대팀 선수까지도 격리될 수 있다. 이런 상황이 발생하면 몇 경기 못 하는 정도가 아니라 시즌이 정상적으로 치러지지 못할 수도 있다. 이러다간 스포츠에서 보편적으로 자리 잡은 문화인 하이파이브가 퇴출될 수도 있는 것이다.

총선에 나선 출마자들도 코로나19로 인해 악수하던 관성을 버리기 시작했다. 정치인들은 선거철이면 으레 경쟁하듯 유권자를 만나 악수하는 스킨십을 해왔지만, 코로나19 때문에 손잡는 건 유권자도 꺼리고 출마자도 꺼리는 상황이 된 것이다. 일대일 대면 접촉도 꺼리고, 다중이 함께 모이는 공간도 꺼리다 보니 SNS를 통한 유세에 집중하는 출마자들도 늘었다. 정치도 언컨택트 시대에 대비해야 하는 것이다. 접촉에 대한 불안과 공포를 경험한 사람들로선 아무 일 없었던 듯이 과거로 돌아가지 못한다. 결국 컨택트 중심의 정치 문화, 선거 문화에도 변화가 불가피하다. 네트워크에 연결된 각자의 스마트폰으로 전자투표를 하며 간접 정치를 위한 대표자를 뽑는 게 아니라 중요 이슈마다 국민투표라는 직접 정치를 하는 것도 가능해지는 시대다. 기술적 진화와 보안 문제 해결은 결국 정치 환경 자체를 바꾸게 할 수 있는데, 편리 때문만이 아니라 접촉에 따른 불안 때문에라도 정치에서 언컨택트 이슈를 진지하게 다룰 수밖에 없다.

변화는 당연했던 것을 버리고 새로운 것을 선택하는 일이다. 당연히 기존 방식과 문화를 지지하는 이들의 저항이 나올 수밖에 없고, 이해관계에 따라서 기존 방식과 새로운 변화 중 어떤 것이 이득일지도 따질 수밖에 없다. 중요한 건 2천 년 이상 이어온 악수라는 세계 공통의 보편적 인사법마저도 언컨택트 시대를 맞아 사라질 위기에 처했다는 사실이다.

가장 친밀한 인사인 비주, 앞으로도 계속될 수 있을까?

'비주Bisou, Baiser'는 프랑스식 인사법으로 서로 뺨을 맞닿듯 가까이 붙이고 입술로만 쪽 소리를 내는데, 이때 양쪽 뺨을 번갈아서 한다. 보편적으로는 두 번을 하지만 남프랑스의 지역에서는 세 번 하는 곳도 많고, 심지어 북프랑스에서는 네 번 하는 지역도 있다. 지역에 따라 왼쪽 뺨을 먼저 하는지, 오른쪽 뺨을 먼저 하는지도 다르다. 볼 키스라고 부르지만, 사실은 볼에 입술로 직접 뽀뽀하는 게 아니다. 그냥 자기 입술로 소리만 낸다. 서로의 뺨도 직접 맞닿지 않고 닿은 듯 가깝게 하는 경우도 많다.

인사시만 아부나와 비주늘 하는 건 아니나. 여자끼리 옥은 남녀끼리는 비주를 하지만, 남자끼리는 매우 친한 사이, 혹은 가족이나 친척 관계일 때만 한다. 물론 결혼이나 생일, 특별한 파티 때는 남자끼리도 한다. 비주 자체가 친밀함을 드러내는 것이기에, 감기에 걸렸거나 뭔가 사정이 있어 비주를 못하게 된다면 양해를 구해야 한다. 그런데 이 인사법을 자제해 달라고 프랑스와 스위스 정부가 공식적으로 발표한 적이 있다. 바로 코로나19 때문이다. 비주가 감염을 가속화시킬 가능성이 제기되면서 정부가 나서서 자제를 권고하게 된 것이다.

입맞춤, 키스를 뜻하는 프랑스어 baiser는 라틴어 basium이 어원이다. 가벼운 볼맞춤을 뜻하는 Bisou도 여기서 나온 말이다. 라틴어에서 유래했다는 점만 보더라도 프랑스만의 문화보단 남유럽을 중심으로 유럽에 보편적으로 퍼진 문화로 볼 수 있다. 실제로 비주는 프랑스와 인접한 스페인, 이탈리아, 스위스, 벨기에, 네덜란드, 룩셈부르크 등에서도 하고, 영국과 터키에서도 한다.

하와이에서도 서로 안고 양쪽 볼을 비비면서 인사를 한다. 에스키모족은 서로의 뺨을 치고, 친하면 서로 마주보고 코를 비비며 인사한다. 심지어 뉴질랜드 마오리족은 코를 두 번 부딪치듯 비비는 게 인사인데 비주와도 비슷하다. 코를 세 번 부딪치면 청혼의 뜻이 된다. 유럽에서 많이 하긴 하지만, 비주와 비슷한 방식의 인사는 전 세계에 퍼져 있는 셈이다. 뺨을 맞대거나 코를 비빌 정도면 얼굴을 바로 앞에 둔다는 것인데, 이는 상대를 믿는다는 의미다. 이런 식의 인사는 경계를 푸는 것이고, 상대를 믿겠다는 강력한 메시지다. 상대에 대한 위협이 느껴진다면 절대 하지 못한다. 가장 친밀한 인사법인 것이다.

비주와 악수의 결합 같은 손등 키스는 16세기 스페인에서 시작되었고, 유럽의 일부 국가들에선 여전히 통용되는 인사법이다. 친한 사이에서 만나거나 헤어질 때 건네는데, 남자가 여자에게 하는 인사다. 남자가 여자의 손가락 끝을 잡고 입술을 손등에 가까이 대지만 입술이 닿지는 않게 하는 인사다. 비주가 입술이 뺨에 닿지 않는 것과 마찬가지다. 이 손등 키스는 사적 관계의 남녀 사이에서만 하는 것이지 비즈니스 관계에선 하지 않는다.

판문점에서 작별하는 남북 정상

2018년 5월 26일, 판문점 북측 지역 통일각에서 열린 2차 남북정상회담에서 만난 문재인 대통령과 김정은 국무위원장이 회담을 끝내고 나눈 인사가 이슈가 된 적이 있다. 서로 악수를 한 다음, 김정은 위원장이 문재인 대통령을 왼쪽, 오른쪽 번갈아가며 세 번 포옹한 것이다. 스위스에서 유학한 김정은 위원장이 스위스의 비주를 포옹처럼 한 것으로 보인다. 프랑스에서도 지역에 따라 비주 횟수가 1~4번으로 달라서 몇 번 했느냐를 가지고도 지역을 추정할 수 있는데, 스위스는 비주를 세 번 한다. 그래서 비주 문화에 익숙한 김정은 위원장이 비주의 형식을 띠지만, 상대가 낯설어할 수 있는 인사법이라 포옹처럼 한 것으로 해석할 수도 있다.

또 다른 해석은 사회주의 형제 포옹이다. 19세기 말에 시작되어 러시아의 10월혁명 때 퍼뜨려진 '사회주의 형제 키스The socialist fraternal kiss'가 있다. 열악한 환경에서 노동자 운동과 공산주의 운동을 하던 이들은 피를 나눈 동지에게 존경과 애정과 신뢰를 담아 사회주의 형제 키스를 했다. 이는 소련소비에트 사회주의 공화국 연방을 비롯해 사회주의 국가들이 건재하던 냉전 시절에는 가장 격식 있는 인사법이었다. 인류가 얼마나 사람과 사람

브레즈네프와 호네커의 형제 키스 장면을 그린 베를린 장벽 그림

의 끈끈한 접촉을 중요하게 여겼는지를 단적으로 보여주는 인사법이기도 하다.

1979년 동독 수립 30주년 행사에서 소련 공산당 서기장 브레즈네프와 동독 공산당 서기장 호네커의 형제 키스 장면은 역사적 장면 중 하나다. 1989년 동독 수립 40주년 행사에선 고르바초프가 호네커와 형제 키스를 나눴다. 사회주의 국가들이 건재했던 1960년대에서 1980년대 중반까지의 냉전시대 때 사회주의 국가 정상들끼리 나눈 사회주의 형제 키스나 포옹 사진이 꽤 남아 있는데, 이것이 광고에 패러디되어 쓰이기도 했다.

사회주의 형제 키스는 비주와 달리 아주 열정적이고 입술도 접촉하는 키스다. 다만 유럽과 달리 아시아는 키스 인사법이 익숙하지 않아 아시아의 사회주의 국가 정상이 만났을 때는 '사회주의 형제 포옹The socialist fraternal embrace'으로 바꿔서 한다. 사회주의 국가 정상이 만났는데 사회주의 형제 키스를 생략한다면 양국 관계가 친밀하지 않다는 의미였다고 한다. 실제로 1991년 12월 소련이 붕괴된 후 고르바초프를 만난 장쩌민이 형제 포옹을 하지 않았다고 전해진다. 소련 붕괴 후 사회주의 국가들이 대거 사라지면서 사회주의 형제 키스는 자취를 감췄고, 그나마 중국과 북한 정도만 사회주의 형제 포옹을 한다. 그래서 판문점에서 보여준 김정은의 포옹을 사회주의 형제 포옹을 재현한 것이라 해석하기도 한다.

악수만큼 보편적인 인사가 포옹이다. 남자와 남자끼리도 가볍게 포옹하거나 스포츠 경기에선 터프한 포옹도 하며 서로를 격려하거나 위로한다. 비주를 하는 문화권에서 포옹은 더 자연스럽다. 2001년 제이슨 헌터 Jason G. Hunter 가 프리허그닷컴free-hugs.com을 만들고 '프리허그Free Hug' 캠페인을 시작했는데, 불특정 다수의 사람을 안아주며 위로와 격려를 나누는 것이다. 현대인이 가진 고립감이나 정신적 상처, 차별 없고 평화로운 세상을 위해서 가장 중요한 건 결국 사람이라는 의미로 시작된 건데, 포옹 문화를 상대적으로 낯설어하던 한국에서마저 프리허그 캠페인이 유행했을 정도다.

악수나 포옹까진 한국인도 편하게 한다. 하지만 비주는 낯설다. 상대가 비주 인사를 하면 당황스러워하는 한국인이 대부분이었다. 분명 우리의 문화는 아니기 때문이다. 하지만 달라질 여지가 충분히 있다. 전 세계가 하나의 문화권이 되고 있고, 트렌드도 유튜브나 소셜 네트워크를 통해 실시간으로 전 세계에 동시에 퍼지며 영향을 주고받는다. 해외여행은 이미 보편적 문화가 되었을 정도이고, 해외 유학, 해외 취업, 국제 결혼도 점점 늘어간다.

심지어 국내에 체류하는 외국인도 급증세다. 2008년 116만 명이었는데 2018년엔 237만 명으로, 10년새 두 배쯤 늘어난 것이다. 통계청의 '연도별 체류 외국인 현황'에 따르면, 2014년 국내 체류 외국인은 약 180만 명이었는데, 2015년 190만 명, 2016년 205만 명, 2017년 218만 명, 2018년 237만 명으로, 지난 4년간 57만 명 정도 증가했으니 매년 14만 2500여 명씩 늘어난 셈이다. 이런 추세가 이어진다면 수년 내 국내 체류 외국인이 300만 명에 이를 수도 있는 것이다. 이는 달리 말해 외국의 다양한 문화가 한국 사회에 점점 더 깊숙이 유입된다는 의미다. 외국인이 한국에서 산다는 건 그 사람이 가진 언어와 문화가 함께 들어온다는 뜻이다. 포옹도 자연스럽게 받아들였듯, 이제 비주도 자연스럽게 받아들일 수 있는 날이 올 것이다.

악수보다 포옹이, 포옹보다 비주가 더 친밀한 인사다. 인사 방식이지만 연인이 할 때는 스킨십이자 애정 표현이 된다. 손잡고 포옹하고 키스하는 건 연인의 전형적인 스킨십 유형이다. 그동안 우리의 인사법은 신체적 접촉을 관대하게 허용하고 있었던 것이다. 친밀함을 드러내고 신뢰를 보여주는 데 접촉만큼 강력한 것도 없기 때문이다. 그런데 앞으로는 달라질 수밖에 없다. 지금 우리가 겪고 있는 접촉에 대한 감염의 불안, 공포는 코로나19가 지나가면 언제 그랬냐는 듯 사라지는 한시적인 문제가 아니다. 우리가 접촉 중심의 인사법에 대한 변화를 간절히 욕망하게 될 가능성이 충분히 커진 것이다.

구내식당도 바뀌는데 회식은 언제까지 유효할까?

LG그룹은 코로나19가 한창 이슈이던 2020년 3월 초, 본사인 LG트윈타워(서울 여의도) 구내 사원식당 테이블에 가림막을 설치했다. 업무 중에 마스크를 쓰더라도 식당에선 밥 먹기 위해 마스크를 벗을 수밖에 없다. 그래서 서로 마주앉아 식사하며 비말(침방울)로 감염이 확산되는 것을 예방하는 차원에서 칸막이를 세운 것이다. 아울러 식사 전 손을 씻거나 손소독제를 반드시 사용하기, 식당 내 이동 중에도 마스크 쓰기, 식사 대기를 위해 줄 설 때도 앞뒤 사람과 충분한 간격 유지하기 등의 내용을 안내문으로 설치했다. 그리고 다수 인원의 밀집을 막기 위해 식당 운영 시간을 늘려 직원들의 식사 시간을 분산시켰고, 도시락을 비롯한 테이크아웃 메뉴를 만들어 식당 대신 사무실의 자기 자리에서 식사할 수 있도록 배려했다. 이는 구미, 창원, 평택 등 LG그룹 주요 사업장의 사원식당에서 모두 시행했다.

　다른 주요 대기업들도 이와 유사한 지침을 내려 시행했고, 정부의 출연 연구기관이나 지자체 등 사원식당을 운영하는 곳에서도 보편적으로 시행했다. 즉, 민간이든 공무원이든, 서울이든 지방이든, 업의 종류나 기업의 규모와 상관없이 함께 모여 밥 먹는 것에 대한 불안감을 드러낸 것이다.

기업의 구내 사원식당은 밥만 먹는 곳이 아니다. 대부분의 사원식당은 4~8인석 테이블로 되어 있다. 점심은 기본적으로 여럿이 함께 먹는 것이 일반적이었다. 매일 동료들과 함께 밥을 먹으면서 일 얘기도 하고 자연스럽게 친분도 쌓는다. 외부에 나가서 밥 먹는 것보다 시간과 비용을 줄여 일에 좀더 투자할 수 있게 하는 것도 사원식당의 존재 이유지만, 동료와의 관계와 단합, 애사심 등 집단적 속성을 이끌어내는 것도 큰 몫을 차지한다. 그러다 보니 사회가 바뀌고 1인 가구 증가와 혼밥 문화가 2010년대 들어 보편적으로 확산되었음에도 사원식당에 1인용 좌석을 만드는

가림막을 설치한 구내식당

건 소극적이었다.

한국의 직장 문화 중 함께 밥을 먹는 것은 중요한 문화였다. 부서나 팀별로 점심을 같이 먹거나, 저녁이나 회식도 함께 모여 앉아 먹는 일이 보편적이었다. 평생직장을 미덕으로 여겼던 시대엔 동료가 '식구'였다. 같이 밥 먹는 가족 같은 존재였다. 회식도 자주 하며 끈끈함을 나눴고, 서로 술에 취해 특유의 정을 나누는 것도 미덕으로 여겼다.

하지만 2000년 들어서 이런 문화에 금이 가기 시작했다. 평생직장도 사라진 시대인데다, 개성과 취향을 중시하는 개인주의적인 밀레니얼 세대가 직장에 들어오면서 기성세대의 식구 문화가 자연스럽게 받아들여지지 않기 시작했다. 이들은 회식도 꺼려하고, 상명하복 같은 군대식 위계서열 문화에도 반기를 들기 시작했다. 이는 2010년대 들어 본격화되었고, 2010년대 중후반에 '꼰대'가 한국 사회의 중요 이슈로 부각하면서 '안티꼰대' 문화가 급격히 퍼졌다. 회식도 확연히 줄어들었고, 동료들과 함께 밥을 먹는 일도 필수에서 선택으로 바뀌기 시작했다. 1인 가구는 주류가 되었고, 혼밥·혼술도 보편적 문화로 자리 잡았다.

이런 변화는 구내식당에도 영향을 주었다. 먼저 바뀐 건 대학 캠퍼스의 학생식당이다. 서울대, 연세대, 성균관대, 이화여대 등의 학교에서는 학생식당의 좌석 일부를 1인석으로 바꿨다. 큰 테이블은 중간에 가림막을 만들어 맞은편 사람과 시선이 마주치지 않게 만들었고, 창가에 바 테이블처럼 아예 맞은편이 없는 인석을 만들었다. 사실 특정 학교를 나열하기 어려울 정도로 지금은 거의 모든 학교의 학생식당에 1인석이 만들어졌다. 변화의 시작 시점은 대략 2017년 이후다.

구내식당 운영을 전문적으로 하는 식품 서비스 기업인 삼성웰스토리는 2017년 이후부터 평균 5% 정도를 1인석으로 구성하고 있다고 했다. 그 전까진 1인석을 요구하는 고객사가 없었는데 2017년부터 달라졌다고 한다. 삼성웰스토리에 따르면, IT 기업이나 R&D 연구소, 대학교 등에서 1인석에 대한 관심이 높고, 경우에 따라 좌석 중 20% 이상을 1인석으로 설계하기도 한다. 1인석의 확장과 함께 간편식과 테이크아웃 메뉴도 급증했다. 이런 변화는 삼성웰스토리를 비롯, 아워홈, CJ프레시웨이, 현대그린푸드 등 구내식당 운영 분야의 대표 회사들 모두의 보편적 상황이다.

1997년 일본 후쿠오카의 라면 체인 '이치란'은 식당 내부를 독서실처럼 칸막이를 가진 좌석으로만 운영을 시작했다. 이러한 시도가 놀랍게도 큰 성공을 거둬 일본 전역으로 확산되었다. 그 뒤 일본에선 고깃집까지 1인용 식당으로 나오고, 노래방까지 1인용으로 나왔다. 어울리는 문화에서 혼자 노는 문화로의 전환이 대거 이뤄진 것이다. 일본의 대학 학생식당에서 칸막이나 가림막이 있는 1인석이 나온 것은 2012년 교토대, 2013년 고베대부터다. 이때부터 급증하여 이제 학생식당의 1인석은 당연해졌고, 이는 기업의 사원식당으로도 이어졌다. 이런 수순은 최근 몇 년간 한국 대학과 기업들이 겪은 과정과 비슷하다. 변화의 방향은 같았던 셈이다. 2012년부터 일본 TV도쿄에서 방영된 드라마 〈고독한 미식가〉는 시즌 8까지 이어지며 일본뿐 아니라 한국에서도 큰 인기를 끌고 있다. 일본과 한국 모두 집단주의적 문화라는 공통점이 있고, 1인 가구 증가와 탈집단주의를 겪으며 새로운 소비와 라이프 트렌드를 만들어갔는데, 그

공통점이 바로 혼밥과 1인용 식당이었던 것이다. 언컨택트는 갑자기 나온 게 아니라 우리의 욕망이 계속해서 쌓이다 나온 현상인 셈이다.

칸막이가 있는 1인석이 처음 등장했을 때는 '참 별 이상한 곳이 다 있네'라는 시선이었다. 일본의 칸막이 식당 얘기가 처음 한국에 전해졌을 땐 그냥 그들만의 일로 여겼었다. 경제 호황 후 잃어버린 10년을 보낸 일본에선 오타쿠, 히키코모리 같은 말이 만들어졌고, 이후 잃어버린 20년이 되면서 이 개인들의 삶의 형태가 더 큰 사회적 문제로 부각되었다. 타인에게 피해를 끼치지 않겠다는 특유의 생각이 타인과의 단절과 개인주의적 속성을 심화시키기도 했다. 그래서 초기엔 일본의 혼밥 문화, 1인용 식당 문화를 부정적인 시각으로 본 사람들도 많았다.

한국에 처음 생긴 칸막이 식당은 2008년 신촌에 생긴 라멘식당 '이찌멘'이다. 일본의 이치란을 벤치마킹한 식당이다. 처음 '이찌멘'이 등장했을 때, 대학생들이 상대적으로 많은 신촌이었지만 그리 성과가 좋거나 이슈가 되진 못했다. 하지만 2010년대 들어서며 국내에서도 1인용 식당이 늘어갔고, 이젠 1인용 고깃집도 생겼다. 1인용 좌석에 칸막이가 있고, 칸막이에는 모니터가 달려 있어서 TV를 보면서 밥을 먹을 수도 있다. 좌석엔 충전용 케이블도 있다. 혼자 먹으면서 원하게 유튜브를 보거나 친구와 톡을 할 수도 있다. 분명 혼자 먹지만 완전한 단절은 아닌 셈이다.

한국인에게 혼밥은 처음엔 부정적인 단어였다. 어울리지 못하고 혼자먹는 것에 대해 소외, 단절, 외톨이, 부적응 등을 먼저 떠올렸다. 하지만지금은 대부분 혼밥을 긍정적으로 받아들인다. 효율성, 합리성, 자발성이 결합된 의미가 되었기 때문이다. 이건 일본의 봇치메시ボッチ飯라는 말

도 마찬가지다. 우리의 혼밥에 해당되는 말인데, 봇치가 고독, 외톨이란 의미다. 처음엔 친구 없고 대인관계가 문제 있는 사람들의 식문화로 여겼던 것이 지금은 자발적으로 혼자 밥 먹는 의미로, 주체적이고 독립적 혹은 미식가 같은 의미로도 받아들이기 시작했다. 이 또한 일본과 한국이 비슷하다.

밥 먹는 문제도 이렇게 바뀌었는데, 회식은 언제까지 유효한 문화일까? 2018년 1월, 〈동아일보〉와 '블라인드'(직장인 익명 소셜 네트워크 서비스)가 직장인 7956명을 대상으로 온라인 설문조사를 한 결과에 따르면, '회식 때문에 일상에 어려움을 겪었다'는 응답이 69.8%에 달했다. 적정한 수준의 회식을 묻는 질문에선 45.7%가 저녁식사로 1차만 하는 것을, 34.5%가 저녁 대신 점심으로 회식을 간단히 하는 것을 적정 수준의 회식이라고 답했다. 대부분의 직장인들이 간단한 회식을 원하고 있었다. 저녁식사를 겸한 술 회식과 함께 노래방까지 가는 소위 화려한 2차 회식을 원하는 응답자는 0.5%에 불과했다. 이 정도 비율이면 부장만 원한다고 해도 과언이 아니다. 아무도 원치 않는 술자리를 위해 왜 회삿돈을 써야 하는가?

회식에 대한 생각이 갑자기 바뀐 건 아니다. 이미 2010년대 초반부터 회식 기피와 거부는 시작되었고, 2010년대 중반 들어 본격화되면서, 2020년 이후 정점에 이르게 될 흐름이었는데 여기에 코로나19가 카운터 펀치까지 날렸다. 기성세대식 회식 문화는 직장에 밀레니얼 세대가 많아진 지금 시대에선 직원들의 화합과 단결과도 무관해졌다. 오히려 회식이

화합을 더 해칠 수 있다. 함께 하는 자리가 전혀 필요 없다는 게 아니라, 술자리 중심의 회식 문화는 한계점을 맞았다는 얘기다. 이런 상황에서 코로나19는 회식 문화가 저물어가는 데 쐐기를 박았다. 오래전부터 비위생과 감염 문제가 내내 제기돼도 잘 고쳐지지 않았던 술잔 돌리는 문화도 역사 속으로 사라지기 직전이다. 많은 사람들은 술잔 주고받으며 끈끈하게 스킨십하거나 만취하지 않아도 충분히 관계를 형성하고 소통하는 시대를 원하고 있다.

전 세계로 확산된 사회적 거리두기 캠페인

코로나19가 확산되면서 한국 사회에선 '사회적 거리'라는 화두가 제기되었다. 정부와 지자체, 기업들이 한목소리로 사회적 거리두기를 지지했다. 기침과 재채기를 하면 나오는 비말이 튀는 거리가 1~2m 정도다. 의학계에 따르면, 기침을 하면 입과 코로 약 3000개의 침방울이 시속 80km로 분사되고, 재채기할 때는 평균 4만 개가 나온다고 한다. 재채기의 비말이 2m 이상 튀는 경우도 있을 것이다. 기침과 재채기는 갑자기 나오기도 해서 상대가 가까이 있을 경우 즉각적 대비가 잘 안 된다.

  기침과 재채기를 할 때 나오는 비말은 직선으로만 날아가는 게 아니라 사방으로 퍼진다. 이는 말할 때도 마찬가지다. 일부러 침 튀기며 열변을 토하지 않더라도 대화 중에 의지와 무관하게 침이 튈 수 있다. 비말이 묻은 문 손잡이·테이블·집기를 나도 모르게 만지거나, 만진 사람의 손과 악수하다가 옮겨올 수도 있다. 그래서 아예 사람과 근접 거리, 적어도 2m 이내는 있지 말자는 게 사회적 거리두기다. 그 이상의 거리를 유지하

려면 가급적 외출을 금해야 한다. 엘리베이터를 타도, 대중교통을 이용해도, 사람들이 모이는 어떤 공간을 가도 2m 거리 이내로 사람들이 쉽게 들어온다.

사회적 거리두기를 위해 기업들은 재택근무를 적극 시행했다. 임직원을 2개조로 나눠 하루씩 번갈아가며 재택근무를 하는 곳도 많았고, 직원 모두 공동휴가를 쓰거나, 연차를 적극 쓰게 하기도 했다. 회사 내에서 동료들끼리의 접촉도 최소화하려는 것이다. 출근을 하더라도 시차 출퇴근 제도를 선택하여, 직원들이 분산되어 출근과 퇴근을 하도록 유도했다. 엘리베이터의 밀집도 막고, 대중교통의 혼잡 시간대도 피해 밀집 접촉 자체를 최대한 피해갈 수 있게 하기 위해서다. 구내식당도 임시 폐쇄하고, 직원 교육은 오프라인 대신 온라인으로 전환시켰다. 정부와 지자체를 비롯, 각종 단체의 대외적 행사는 중단되었고, 종교행사나 결혼식도 중단되었으며, 불가피하게 치러진 장례식에도 사람들의 발길이 크게 줄었다.

사회적 관계를 잠시 중단하자는 것이 사회적 거리두기다. 이는 한국만의 일이 아니다. 전 세계적으로 코로나19 확진자가 늘어난 나라들 대부분이 '사회적 거리'에 대한 화두를 제기했다. 바이러스성 전염병을 막기 위해 가장 필요한 것이 사람과 사람의 접촉을 차단시키는 것이다. 즉, 우리를 언컨택트하게 만드는 것이다.

미국의 문화인류학자 에드워드 홀Edward T. Hall은 프록세믹스proxemics, 공간학를 만들어낸 석학으로, 자신의 저서 『The Hidden Dimension』(1966)에서 사람과 사람 간의 거리를 4가지로 구분했다.

첫째, '친밀한 거리Intimate Distance'는 0~45cm 거리의 공간인데, 여기에 들어올 수 있는 건 연인, 가족이다. 손만 뻗으면 닿을 정도이기 때문에 신체 접촉이 자주 발생할 수 있다. 숨소리는 물론 심장 박동도 느낄 거리다. 얼굴의 잡티까지 보일 정도로 자신의 사생활까지 드러낼 수 있는 사이다. 게다가 작게 속삭여도 잘 들린다. 아주 끈끈하고 신뢰할 수 있는 사이다.

둘째, '개인적 거리Personal Distance'는 46~120cm 거리의 공간으로, 친구나 가까운 지인이 들어올 수 있다. '친밀한 거리'보다는 멀지만, 언제든 상대방을 만지거나 붙잡을 수도 있을 거리다. 사생활도 일부 개입될 여지가 있다. 상대를 신뢰하지 않으면 들어올 수 없는 거리다.

셋째, '사회적 거리Social Distance'는 1.2~3.6m 거리의 공간으로, 사적인 사이가 아니라 공적인 관계의 사람들이 들어올 수 있다. 직장 동료나 업무적으로 만난 사이, 종교 활동, 사회적 관계로 연결된 사이다. 사생활에 개입할 수 없는 사이다. 그들은 일로 만난 사이일 뿐 친구도 가족도 아니다.

넷째, '공적 거리Public Distance'는 3.6m 이상의 거리로서 상호적 연결을 가지는 관계는 아니다. 공연장에서 무대와 관객석의 거리, 강

사람과 사람 간의 거리

의장에서 강사와 청중들 간의 거리가 대표적 '공적 거리'가 될 것이다. 언어학자들의 연구에 따르면, 이 거리에선 단어나 어휘, 문법 사용에도 차이가 발생한다고 한다.

실제로 호텔 로비 커피숍의 좌석은 사회적 거리 정도의 간격을 가지고 만든다. 테이블을 사이에 두고 서로 앉으면 1.2m 이상은 된다. 사무실의 책상 배치에서도 사회적 거리는 지켜진다. 공연장과 강의장의 무대와 관객석과의 거리도 이를 고려하고 설계한다. 우리가 비행기 이코노미석을 타고 갈 때 옆 좌석에 앉은 사람이 연인이니 가족, 친구라면 좌석이 비좁아서 육체적으로 피곤한 것만 느낄 것이다. 만약 전혀 모르는 사람이 옆 좌석에 앉았을 때는 여기에 심리적 불편함과 스트레스가 추가될 것이다. 낯선 타인이 개인적 거리, 심지어 의자 팔걸이를 사이에 두고 친밀한 거리까지 침범하는 것이기 때문이다.

동물들도 본능적으로 일정한 거리를 유지하려 한다. 동물은 사람이 다

가온다고 무조건 도망가는 게 아니다. 사람이 어느 정도 거리 이내로 들어왔을 때 도망간다. 이를 '도주 거리'라고 부르는데, 사람뿐 아니라 다른 종의 동물이 침범해올 때 작용한다. 동물들에게서 공통적으로 발생하는 거리 유지는 같은 종 내부에서도 드러난다. 힘의 우위에 따라 위계가 만들어지는 동물 중에선 지배적인 동물이 더 넓은 공간을 차지한다. 집단 생활하는 동물은 번식과 식량을 위해 적당한 밀도를 유지한다. 동물들이 일정한 거리를 유지하는 건 생존을 위해서다. 이건 사람도 마찬가지다.

악수는 개인적 거리를 유지한 채 친밀한 거리로 살짝 들어가는 행위다. 악수는 단순히 손만 잡는 게 아니라 개인적 공간으로 잠시 침범하는 것이고, 스킨십을 통해 친근함을 나누는 행위다. 악수, 포옹, 비주 등의 인사를 비롯, 토닥이거나 스킨십을 하거나, 상대를 보며 환하게 웃거나, 상대의 얘기에 크게 리액션을 하는 등, 우린 근접 거리에서 컨택트 문화에 기반해서 상대와 소통해왔다.

시대가 바뀌고, 환경이 바뀌고, 욕망이 바뀌면 소통 방식도 달라진다. 과거와 달리 지금은 문자나 메신저로 소통하는 걸 익숙해하는 사람들도 많고, 화상회의도 익숙해진 사람들이 늘어가고, 소셜 네트워크에서 사귄 친구가 현실의 친구가 되고 있다. 사람과 직접 대면하지 않고도 일하고, 쇼핑하고, 사람과 관계를 맺으며 살아갈 수 있는 시대다. 친밀한 거리, 개인적 거리 안에 들어올 수 있는 사람들은 점점 줄어들고, 그만큼 우리의 사회적 거리는 더 멀어지고 있다.

진짜 얼굴을 숨기고 싶어서 쓰는 다테마스크

일본에는 '다테마스크伊達マスク'라는 말이 있다.

　남에게 피해를 주지 않아야 한다거나, 손님에게는 무조건 친절하게 응대해야 한다는 일본 특유의 대인관계 문화의 배경에 다테마에建前가 있다. 상대방에게 드러내는 마음을 다테마에라고 하고 자신의 실제 속내를 혼네本音라고 하는데, 사회적 관계뿐 아니라 심지어 연인, 부부, 가족 간에도 다테마에가 존재한다. 자신의 의견을 자제하고 상대를 배려하는 모습이 친절한 것으로 보여질 수 있겠지만, 이건 분쟁이나 갈등을 피하고자 하는 태도다. 자

마스크 쓰고 도쿄 신주쿠 지하도를 걷는 일본 시민들

신의 속마음을 드러내지 않으려는 문화가 일본의 칸막이 문화, 타인과의 교류 대신 자신에게만 집중하는 오타쿠 문화 등으로도 연결됐다. 이들이 마스크를 쓰고 자신을 가리는 것을 다테마스크라고 한다. 자신을 드러내고 싶지 않아서, 남에게 자신의 얼굴과 표정을 보여주기 싫어서라는 이유로 마스크를 쓰는 것인데, 마스크를 쓰지 않으면 외출하지 못하는 다테마스크 의존증이란 말도 있을 정도다.

일본은 2차 세계대전 때 전쟁 물자와 선박, 건축을 위해 대규모 벌목을 했고, 그 자리에 빨리 자라면서 값이 싼 삼나무를 주로 심었다. 일본 전역에 삼나무가 유독 많아지게 된 배경이다. 이 삼나무 꽃가루가 비염 알레르기를 많이 일으킨다. 그래서 일본인들이 마스크를 많이 쓰게 되었는데, 여기에 다테마 문화까지 결합하면서 사시사철 마스크를 쓰는 사람들이 많아졌다. 패션 마스크가 일본에서 유행하는 이유도 이것과 무관하지 않다. 마스크가 타인과의 대면을 위한 하나의 가림막이자 자신을 보호하는 위장막인 셈이다.

이 다테마스크가 일본만의 문화로 머물지 않을 수 있다. 이미 전 세계적으로 타인에 대한 불안, 접촉에 대한 불안이 커진 이유도 있고, 점점 개인주의적 속성을 가진 이들이 늘어나고 있기 때문이다.

보호용 마스크의 역사는 고대 그리스와 로마 시대로 거슬러올라간다. 당시 전쟁에서 연기를 피워 숨쉬기 곤란하게 만드는 작전을 많이 썼고, 이때 입과 코를 가리기 위해 쓴 것이 보호용 마스크의 시초라 할 수 있다. 그 뒤 전쟁이나 전염병이 창궐할 때마다 마스크가 활용되었지만, 현재의 마스크가 널리 퍼진 건 1918~1919년 전 세계에서 사망자 5000만 명 이상을 기록한 스페인 독감 때였다. 1952년 1만 2000명을 사망케 한 런던의 스모그를 기점으로 마스크는 대기오염의 상징이 되기도 했다.

인류에게 마스크는 건강, 보건의 이유로 선택되었고, 지금도 마찬가지다. 일본과 같은 이유로 마스크가 선택되는 건 일본만의 특수성이라 할 수 있다. 하지만 패션 마스크의 유행은 한국도 받아들였다. 미세먼지가 심각해지면서 마스크를 일상적으로 쓰는 시대가 되기도 했고, 화장을 안 하거나, 자신의 기분과 표정을 숨기고 싶거나, 얼굴을 크게 가린 마스크로 다른 이미지를 연출하고자 하거나 등의 이유로 마스크를 받아들이는 이들이 늘었다.

코로나19 때문에 마스크를 쓴 사람들을 불안하고 불편하게 보던 시선에서, 이제 마스크를 안 쓴 사람을 불편하게 보는 시선으로 바뀌기도 했다. 한국 사람들 중에선 웃을 때 손으로 입을 가리는 경우가 있다. 그런데 서양에선 손으로 입을 가리고 웃으면 비웃는다고 오해할 수도 있다. 문화적 차이 때문에 같은 행동이라도 해석이 달라진다. 우리에겐 예의가 다른 문화권에선 무례가 되기도 하는 것이다. 그래서 마스크를 쓴 사람들을 불안하고 불편하게 보는 나라들도 있다. 환자일 수도 있고, 자신을 드러내지 않고 숨기려는 사람일 수도 있기 때문이다.

코로나19 때문에 한국 사회가 마스크 광풍을 겪었다. 가격도 폭등하고 사재기에 품귀, 배급제까지 나타났다. 한국 사회가 언제 이렇게 마스크를 갈망해본 적이 있던가? 구글 트렌드에서 2015년 3월 첫째주부터 2020년 3월 첫째주까지 5년간 '마스크'에 대한 검색 관심도를 살펴보니

출처: Google Trends

2020년 3월 첫째주가 최고치(100)였다. 2015년 메르스 때는 11에 불과했다. 즉, 메르스 때보다 10배 정도 더 마스크에 대한 관심도가 늘었다는 얘기다. 코로나19 이전 5년간 가장 높았던 세 번 중 한 번은 메르스, 다른 두 번은 극심한 미세먼지였다. 그런데 그마저도 11~15 사이였는데, 코로나19 확진자가 처음 발생한 시점에 34로 급등하고, 3월 첫째주에 100이 되었다. 이후에도 한동안 최고치가 계속해서 경신되었다.

코로나19가 장기화되면서 마스크 구매 5부제까지 나오고, 전 국민이 줄을 서서라도 마스크를 사는 걸 받아들였다. 확실히 코로나19는 한국인에게 마스크에 대한 강력한 욕망을 만들어줬다. 이건 타인과의 대면이자 접촉에 대한 불안감이 극대화되었다는 얘기이고, 이런 경험을 한 사람들은 앞으로도 대면과 접촉에 대해 과거와 달리 좀더 신경 쓸 가능성이 크다. 경험은 그 어떤 지식보다 강력하게 뇌리에 남고, 우리의 사고와 행동방식에 영향을 준다.

다테마스크는 한국인에게도 충분히 확산될 욕망이다. 한국 사회가 그동안 타인에 대한 의식을 많이 한 건 단일민족, 혈연과 나이, 서열을 중시하는 집단주의적 문화 때문이기도 한데, 기성세대에겐 당연했던 관성이 밀레니얼 세대나 Z세대로 갈수록 퇴색되어간다. 혈연, 학연, 지연 중심의 끈끈한 인맥이 퇴색되고, 역대 최저 혼인율, 역대 최저 출생률이 매년 경신되는 중이다. 평생직장에 대한 환상도 완전히 사라지고, 긱gig 고용(비정규 근로 고용)이 보편화되며, 직장 동료와의 관계도 끈끈한 위계서열 구조에서 벗어난다. 관계에서의 느슨한 연대가 전방위적으로 확산되는 시대다. 지금까지는 대면과 접촉이 중심이자 주류이고 비대면, 비접촉이 보조와 보완 수단이었다면, 이제는 그 반대가 될 가능성이 생긴 것이다.

불편한 소통 대신 편한 단절 : 초연결 시대의 역설

초연결 사회 Hyper-connected Society는 인터넷과 모바일 기기, 센서 기술 등의 진화로 사람과 사물 등 모든 것이 네트워크로 연결된 사회를 말한다. 사물인터넷, 인공지능, 빅데이터, 증강현실, 자율주행 자동차, 스마트 시티 등 미래 유망하다는 비즈니스도 모두 초연결 사회의 산물이다. 전 세계 인구의 절반은 스마트폰을 쓰고 있고, 한국에선 스마트폰 가입자 수가 5000만 명을 넘었다. 95% 이상이 쓴다고 해도 과언이 아니다. 전 세계 사람들이 실시간으로 연결되어 끊임없이 데이터를 쏟아내고 있다. 소셜 네트워크 서비스를 통해 사람과 사람이 더 긴밀하게 연결되고 있다.

우린 연결되지 않으면 안 되는 시대를 살고 있는데, 아이러니하게도 초연결 시대에 단절이 더 중요해지고 있다. 사람과의 연결에서 오는 불필요한 갈등과 오해, 감정 소모, 피로에 대한 거부다. 하루종일 사람을 대면하지 않고도, 말 한마디 꺼내지 않아도 불편하지 않을 수 있는 세상이다. 배달앱을 통해 말하지 않고도 음식을 배달시키고, 장을 보는 것도 당일배송, 새벽배송을 통해 말하지 않고 심지어 문 앞에 배달해달라고 하면 배달원과 대면할 필요도 없다. 세탁물도 직접 세탁소로 가져가거나 세탁소 직원을 부를 필요 없이, 세탁 배달앱을 통해 빨랫감을 문 앞에 걸어두면 가져가서 세탁을 완료한 후 다시 가져다 둔다. 택시를 부를 때도 손 들고 길거리에 서 있을 필요 없이 택시앱으로 부르고, 목적지도 설정해두기에 어디 가자고 말할 필요도 없다. 식당에서도 무인 주문 시스템으로 주문하고, 은행에 가지 않고서도 모바일로 비대면 금융 거래를 하고, 사람 대신 쇼핑 도우미 로봇을 둔 매장도 생기고, 호텔 프런트에 로봇이 손님을 응대하는 곳도 있다.

사람과 직접적 대면 없이도 살아가는 데 아무 지장이 없고, 타인과 말을 직접 주고받거나 접촉하는 걸 꺼리는 사람들이 계속 늘어난다. 기성세대로는 낯선 변화겠지만, 지금 시대를 살아가는 이들에겐 편리한 변화다. 불편한 소통 대신 편한 단절을 선택하는 시대가 되었기 때문이다. 사람은 사람과 어울리며 살아야 한다는 말은 언제까지 유효할까? 사람은 원래 사람을 좋아해서 소통과 연결을 해왔던 걸까? 아니면 소통과 연결을 하지 않으면 불이익을 보거나 사회생활을 할 수 없어서 그랬던 걸까? 우리 사회의 진화는 기술만 주도하는 게 아니다. 문화와 욕망이 견인하는 부분도 크다. 우리가 원하는 '편리한 단절'을 앱이나 기술적 진화를 통해 해결하지만, 문화적으로 해결하려는 시도도 계속되고 있다. 타인과 대화하고, 개입하고, 오지랖 부리는 사람들이 부담스럽고 싫어서 피하는 사람들이 의외로 많기 때문이다.

일본의 의류 브랜드 '어반리서치'는 2017년 5월 19일부터 매장 입구에

'말 걸 필요 없음'이라고 적힌 파란색 가방을 비치했다. 이 파란 가방을 든 손님에겐 점원이 다가가 말을 걸지 않는다. 옷 고를 때 그냥 가만 좀 놔뒀으면 좋겠는데 옆에 점원이 붙어서 자꾸 말 거는 것이 불편했던 이들이라면 아주 좋아할 서비스다. 22개 매장에서 시범 운영 후 확대 시행하고 있다.

이런 서비스는 2016년부터 한국의 화장품 브랜드 '이니스프리' 매장에서도 하고 있다. 매장에는 '혼자 볼게요'와 '도움이 필요해요'라는 두 개의 장바구니가 비치되어 있다. '혼자 볼게요' 바구니를 들면 고객이 필요해 부를 때만 직원이 다가온다. 반면 '도움이 필요해요' 바구니를 들면 직원이 먼저 고객에게 다가가 좋은 제품을 추천하고, 무료 피부 진단 서비스도 실시한다. '좀더 챙겨줬으면'을 원하는 소비자와 '그냥 가만 놔뒀으면' 하는 소비자가 다를 테니 이걸 구분할 수 있는 바구니를 비치해 점원과 손님 모두 편하게 만든 것이다.

사실 이런 서비스의 원조는 따로 있다. 2012년, 글로벌 화장품 브랜드 크리니크CLINIQUE가 뷰티 컨셉바 '서비스 애즈 유 라이크 잇Service as you Like it'을 오픈하면서 매장 입구에 세 가지 컬러의 밴드(팔찌)가 담긴 통을 비치해뒀다. 여기서 밴드 하나를 골라서 차면 되는데, 흰색 밴드에는 'Time is of the Essence'가 쓰여 있는데 바쁘니까 말 걸지 말라는 의미고, 분홍색 밴드엔 'Browsing and happy', 즉 둘러보다가 궁금한 게 생기면 물어보겠다는 의미고, 연두색 밴드엔 'I have Time, Let's Talk'가 쓰여 있어서 시간도 있고 도움도 필요하니 말 걸라는 의미다. 손님이 어떤 밴드를 손목에 찼는지에 따라 매장 직원이 서비스를 달리 할 수 있게 한 것이다. 들어온 손님을 어떻게든 붙잡고 말 걸어서 하나라도 더 팔겠다는 방식은 과거식이다. 소비자가 달라졌고, 소비의 태도도 달라졌다. 결국 서비스의 개념도 달라질 수밖에 없다. 대면과 접촉을 통한 스킨십이 유통매장에서의 영업 방식에서 중요한 역할이었다면, 이젠 그 반대의 욕망을 가진 소비자를 위해 선택권을 주는 걸 적극 받아들이고 있다. 당연하던 대면과 접촉이 이제 당연하지 않아진 것이다.

친절하게 설명하는 게 서비스가 아니라 아예 말 걸지 않는 게 서비스가 된 건 관계에 따른 스트레스 때문이다. 낯선 사람과의 관계가 불편한 사람들이 많아졌다. SNS로 사람과 관계를 맺고 메신저나 문자로 소통하는 이들이 늘면서, 직접 차림을 피하고 말을 하면서 관세를 받는 게 어색하고 불편해진 2030세대들이 많아졌다. 과거엔 낯선 사람과 직접 부딪혀가며 문제를 풀어야 할 상황이 많다 보니 친절과 오지랖이 미덕이었다면, 이젠 친절마저도 불편하게 여겨질 수 있는 것이다. 이건 손님뿐 아니라 직원들의 입장에서도 마찬가지다. 서비스업에서는 사람과의 갈등이 가장 큰 스트레스다. 이걸 줄이는 가장 좋은 방법은 서비스에서 사람과 사람의 관계를 꼭 필요한 것만 하고 줄일 수 있는 건 줄이는 것이다.

일본 교토에 본사를 둔 운수회사 미야코택시는 2017년 3월 말부터 '침묵 택시' 10대를 최초로 운행하기 시작했다. 택시기사는 차에 타는 손님에게 인사할 때, 목적지를 물을 때, 계산할 때, 손님의 질문에 답할 때를 제외하곤 잡담 금지를 원칙으로 한다. 택시기사도 손님에게 어떤 말을 건넬까가 스트레스일 수도 있고, 특히 손님 입장에선 조용히 가고 싶은데 기사가 말을 걸면 대답을 안 하기도 그렇고 하자니 피곤하기도 하다. 결국 '침묵 택시'처럼 말 걸지 않고 가만 놔두는 게 서비스인 셈이다.

이런 택시는 한국에 도입되어야 한다고 생각하는 사람들이 많을 것이다. 유독 한국의 택시기사들이 오지랖도 넓고 말도 많다. 택시처럼 밀폐된 공간에서의 침묵은 의외로 중요한 서비스가 된다. 아마 한국에서 '침묵 택시'를 운영하면 꽤나 주목받을 것이다. 택시 회사 차원의 서비스여도 좋고, 영리한 개인택시의 전략이어도 좋다. 실제로 '타다'와 '우버블랙' 같은 서비스에선 상대적으로 기사들이 말하지 않는다. 함부로 기사 취향의 트로트를 크게 틀어놓아 강요하지도 않는다. 시대가 바뀌어 이제 침묵도 서비스가 되고 있다. 여기서도 핵심은 침묵이 아니라 언컨택트다.

그동안 인간관계든, 사회적 관계든, 비즈니스든 대면을 통한 관계가 주축을 이루는 방식이었다. 비대면은 극히 일부였을 뿐이다. 이것을 바꾸는 건 단지 두 가지를 물리적으로 뒤집는 게 아니라, 비대면을 통해서 인간관계, 사회적 관계, 비즈니스를 하는 데 아무런 문제가 없도록 만드는 것이다. 타인과의 대면과 접촉을 피할 수 있고 줄일 수 있다면, 피하고 줄이는 게 언컨택트다. 무조건적인 단절이 아니라, 피하고 줄여도 아무런 지장이 없도록 만드는 것이 언컨택트 기술이자 서비스의 방향이다.

기술적 진화의 목적은 위험 회피와 안전 지향과도 연관이 있다. 기술이 위험으로부터 우릴 보호해주고, 이를 통해 우리의 자유를 더 확대시켜준다. 결국 언컨택트는 우리가 가진 활동성을 더 확장시켜주고, 우리의 자유를 더 보장하기 위한 진화 화두다. 비대면의 위상이 높아지는 계기는 기술 문제가 아니라 우리가 가진 욕망의 문제다. 사회가 바뀌고 문화가 바뀌는 것도 결국 우리가 가진 욕망이 바뀌어 우리가 필요로 하는 대로 변화하는 것이다. 언컨택트는 욕망의 진화인 셈이다.

언컨택트가 어떻게 투명성을 높여줄까?

코로나19에 대한 대응에서 지역사회로의 전파를 막는 방법 중 필수가 확진자의 동선 파악이다. 사생활이 보호되지 않는 예외 상황인 건데, 확진자 동선 파악 과정에서 불륜을 비롯, 자신의 부끄러운 일상의 비밀(가령 사이비종교거나, 부정비리가 있거나, 성매매나 도박을 한다거나 등)이 드러나게 될 수 있다는 것도 사람들에겐 위험 요소다. 자신이 확진자가 아니어도, 확진자와 접촉한 것만으로도 동선이 노출된다. 상대가 확진자가 될지 알고 만나는 사람은 없다. 결국 우리 모두 생각지도 못한 상황에서 자신의 일상이 노출될 가능성이 언제든 발생할 수 있다는 사실을 간접적으로 경험하게 되었다.

코로나19는 누굴 만나고, 어떤 모임에 나가고, 어떤 활동을 하는지 등 평판 관리와 투명성에 대한 자각에 좀더 눈뜨게 만든 계기가 되었다. 낯선 상대의 호의나 오지랖에 대해 더 경계할 수 있게 되었고, 자신의 행동에서도 남들이 알았을 때 문제가 될 것에 대해 더 조심하게 될 가능성이 커졌다. 유흥업소에서 접대받고, 뇌물 주고받고, 짬짜미로 계약하는 것에 대해 너무 오랫동안 관성으로 받아들이다 보니 이것이 문제라는 자각이 부족했던 이들도 생각의 변화가 생

태블릿 PC로 전자결제도 OK!

길 수 있다. 접대 없이는 비즈니스가 안 된다는 한국적 마인드를 깨는 데 사회적 투명성과 함께 언컨택트 트렌드도 일조할 수 있을 것이라 확신한다. 직접 대면하면서 몰래 하던 것과 달리, 언컨택트의 방식으로 하게 되면 근거가 다 남는다. 가장 대표적인 언컨택트가 캐시리스cashless다.

현금 없는 사회를 지향하는 대표적인 국가가 스웨덴이다. 1661년 유럽 최초로 지폐를 만든 스웨덴이 지금은 현금을 세계 최초로 없애려는 중이다. 스웨덴은 2023년까지 현금 없는 사회를 구현하는 것을 목표로 신규 지폐와 동전의 발행을 중단하고 유통 중인 현금을 점차 회수하고 있다. 스웨덴의 상점 상당수는 '현금 없는 가게'라는 표시를 써 붙였고, 상점에서 손님이 현금을 낼 때 거절할 수 있는 법도 만들었다. 대중교통 요금에서 현금을 받지 않은 지도 오래되었고, 교회 헌금에서도 현금 비중이 매우 낮다. 심지어 2015~2016년 스웨덴 정부가 새로운 크로나 지폐를 발행했는데 아직까지 실물로 보지 못한 사람도 많다. 또 수년간 현금을 써본 적이 없다는 스웨덴 사람들도 많다.

한국은행의 〈최근 현금 없는 사회 진전 국가들의 주요 이슈와 시사점〉 (2020. 1)이라는 보고서에 따르면, 2018년 기준 국가별 현금 결제 비중에서 스웨덴이 13.0%, 한국이 19.8%였다. 전 세계에서 현금 없는 사회에 가장 먼저 다가선 스웨덴과 비교해서도 우리가 꽤 높아 보인다. 하지만 스웨덴 사람들의 현금 결제 비중 자료는 최근 상품 구입에 이용한 결제수단이 현금이라고 응답한 비중이니 총액 중 비중이 아니라 총 거래 건수의 비중에 가깝다. 보통 금액이 작은 건 현금으로 내고 큰 건 카드나 디지털 화폐로 낼 가능성이 더 크다 보니 건수보단 금액도 봐야 한다.

스웨덴 자료 중 경제 규모 전체에서의 현금 사용률(민간에서 물건을 사고팔 때 현금으로 결제하는 총금액을 국내총생산으로 나눈 비중)은 2016년 기준 1.4%였다. 물론 우리나라도 점점 현금 사용률이 줄고 있고, 현금 없는 사회에 가장 가까이 다가간 국가 중 하나이긴 하다. OECD 국가의 2018년 GDP 대비 화폐 발행 잔액 비중 평균이 6.9%인데, 스웨덴은 1.3%이고, 뉴질랜드는 2.1%, 영국은 3.9%다. 현금 없는 사회로 가장 앞서가는 나라로 3개국(스웨덴, 영국, 뉴질랜드)을 꼽는데, 이들 나라는 현재 ATM 기기가 계속 감소세이고, 화폐 발행도 감소세다. 확실히 일본 21.1%, 유로존 10.9%, 미국 8.3%와 비교된다. 한국은 6.1%로 평균에 가깝다.

스웨덴의 상업 은행에선 2008년 말에는 전체 은행 1777개 지점 중 100%인 1777곳이 현금을 취급했지만, 2012년 말에는 1665개 중 909개, 2014년 말에는 1629개 중 733개에서만 현금을 취급했다. 2018년 말에는 은행 지점이 1176개로 줄었는데, 현금 취급은 400~500개 정도로 추정된다(스웨덴 은행연합회 현금 지점 통계는 2014년 말까지만 공표). 스웨덴에서

2008년에 발생한 은행 강도 사건은 210건이었지만 2017년에는 2건이 발생했다. 2013년 4월 스톡홀름에서 은행 강도가 은행에 현금이 없어 빈손으로 나왔던 웃지 못할 사건도 있었다. 은행 강도가 스웨덴에선 사라질 수밖에 없는 것이다. 심지어 2019년 기준으로, 은행에서도 현금 수납을 하지 않는 곳이 70% 이상이고, 대형 은행인 SEB는 전국 지점 118곳 중 7곳에서만 현금을 취급한다. 이런 상황이 되자 스웨덴에선 오히려 금융 소외자나 노약자, 저소득층 등 디지털 계좌가 없거나 신용카드를 사용하지 않는 이들의 역차별 방지를 위해 현금 없는 사회 구현 속도를 늦추고 있다.

캐시리스는 모든 국가들이 고려하는 미래의 금융 환경이다. 스웨덴을 비롯, 북유럽 국가나 영국 같은 금융 강국들은 캐시리스 금융 서비스에서 우위를 선점하기 위해 적극적으로 나서고 있다. 지폐나 동전 없이 신용카드나 디지털 화폐로 거래를 하면 실물이 오가지 않기 때문에 화폐를 만들고 관리하는 비용도 줄이고, 현금을 보다 생산적인 영역으로 흐르게 하기도 용이하며, 사회적 투명성을 높이는 데도 효과적이다.

직접 대면, 직접 접촉의 컨택트 시대엔 사람의 역할이 상대적으로 컸고, 이에 따라 부정과 비리에 연루된 기회도 더 많았다. 사과 상자에 현금을 넣어 차 트렁크에서 꺼내 다른 차 트렁크로 옮겨 싣는 일도, 봉투에 현금을 넣어 슬쩍 찔러주는 것도 현실이었다. 그러다 보니 박카스 박스에 5만 원권을 넣으면 얼마, 100달러 지폐로는 얼마가 들어가고, 007가방에는 얼마가 들어가는지 계산해보기도 한다. 서로 입 다물면 들키지 않을 거란 믿음이 있기에 짬짜미든 작당이든 할 수 있었던 것이다.

하지만 캐시리스의 시대에는 이게 다 불가능하다. 돈이 어디서 어디로 갔는지 근거가 싹 남기 때문이다. 캐시리스로의 전환은 음성자금, 지하경제가 타격을 받을 수밖에 없고, 사회적 투명성이 높아질 수밖에 없다. 특히 인도가 캐시리스를 지향하는 가장 큰 이유도 이것이다. 나렌드라 모디 인도 총리가 2016년 고액권 지폐 사용을 전격 금지하며 현금 없는 사회 실험을 시작했는데, 초기엔 현금 거래 중단의 부작용이 있었지만, 결과적으로는 세수 확보가 늘고 모바일 결제 시장이 커져 관련 산업이 성장하는 효과를 거뒀다. 정치적·산업적 차원에서도 캐시리스를 지향하는 국가가 많아질 수밖에 없는 이유다.

물론 투명성, 효율성은 누구나 바라지만 이해관계에 따라 그걸 거부하는 세력도 있다. 하지만 기술적 진화와 사회적 진화는 그 문제를 풀어갈 방법을 찾아줄 수 있다. 언컨택트는 결국 사회적 진화의 산물이자, 우리가 가진 라이프스타일에서의 기본적 요소가 되는 것이다. 과거엔 하지 못했다면, 이젠 할 수 있어서다. 당연하던 컨택트를 대신해 당연하지 않았던 언컨택트에 대해 우리가 자꾸 관심을 가지고 방법을 모색하는 건 결코 우연이 아니다. 진화에는 다 이유가 있는 것이다.

그 누구의 잘못이 아니다? 단지 운이 나빴던 걸까?

코로나19 같은 바이러스성 전염병에 걸린다는 것은 누구의 잘못일까? 감염자의 잘못인가? 아니다. 감염자는 그냥 누군가를 만났을 뿐이고, 어딘가를 갔을 뿐이다. 자신이 감염자인 걸 알면서도 돌아다닌 소수를 제외하고, 다수의 일반 감염자는 그냥 컨택트 사회에서 지극히 평범하고 일상적인 것을 했던 것뿐이다. 감염된 사람과 안 된 사람의 차이는 단지 자신이 만난 사람과 다닌 동선에 감염자가 있었거나 없었거나의 차이다. 이건 운이라고 할 수 있다. 심각한 문제가 생겼는데 자신의

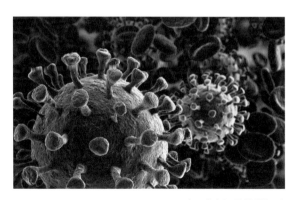

코로나19 바이러스를 확대한 모습

잘못도 아니고, 운 나빠서 그렇다고 하는 건 참 끔찍하다. 굳이 잘못을 따지자면 그건 사람을 만났다는 것이다.

사람과 만나지 않으면 일도 못 하고, 돈도 못 벌고, 사회적 관계를 유지할 수 없는 이들이 대다수다. 그런데 사회적 동물인 사람이 사람을 만난 것이 잘못이라고 하는 것도 참 가혹하고 아이러니한 일이다. 당연한 것이 당연하지 않을 때, 일상적인 것이 위험하다고 여겨질 때, 우린 가장 힘들어진다. 결국 우리의 욕망은 대안을 원할 수밖에 없다.

코로나19가 팬데믹이 된 건 누구 잘못일까? 중국 우한 잘못일까? 중국 정부 잘못일까? 아니면 각국 정부의 잘못일까? 물론 각국 정부의 대처 방식에 대해서도 잘잘못을 따질 수 있고, 각국의 의료 시스템을 따질 수도 있다. 하지만 가장 큰 잘못은 아마 도시화, 세계화, 기후변화가 아닐까? 도시화는 점점 더 빠른 지역사회 감염을 가능케 했고, 세계화는 감염이 전 세계로 퍼져가는 데 역할을 했고, 기후변화가 초래한 문제가 인수전염병의 확산을 불러왔다. 이들 세 가지는 다 인류의 잘못이다. 개개인의 잘못을 따질 순 없지만 우리 인류가 이런 위험한 사회를 만들어놓은 것이다. 그렇다고 고의는 아니다. 이럴 줄 몰랐다. 도시화, 세계화로 우린 더 잘살 줄 알았고, 우리의 욕망은 그걸 지지했다. 그리고 우린 문제를 애써 외면했다.

2015년 4월, 빌 게이츠가 TED 강연 "Bill Gates: The next outbreak? We're not ready"에서 "앞으로 몇십 년간 만약 무언가가 1천만 명 넘는 사람들을 죽인다면 그건 아마도 전쟁이 아니라 매우 전염성 강한 바이러스일 겁니다. 인류는 핵 억제에 막대한 돈을 투자했지만, 전염병을 멈

출 시스템에는 매우 적게 투자했습니다."라고 얘기했다. 빌 게이츠는 2014
년 서아프리카 에볼라 바이러스가 전 세계로 퍼지지 않은 이유에 대해
서 의료진의 용기, 에볼라가 공기 중 전파가 아니라는 점, 그리고 도시로
퍼지지 않았다는 점을 꼽았다. 도시로 퍼지지 않은 이유는 그저 운이 좋
았을 뿐이라고 했다. 운은 매번 생기는 게 아니다.

참고로, 빌 & 멀린다 게이츠 재단Bill & Melinda Gates Foundation은 1994년
빌 게이츠와 멀린다 게이츠에 의해 설립되었다. 세계에서 가장 규모가 큰
민간 재단으로, 국제적 보건의료 확대와 빈곤 퇴치를 주 목적으로 운영
한다. 기금은 주로 에이즈, 독감, 말라리아 등 질병 예방과 퇴치에 쓰이
고, 전염병 예방에서 중요한 변수 중 하나가 화장실이란 점에 착안해
2005년부터는 제3세계에 화장실을 공급하는 프로젝트를 진행하고 있다.
전 세계에서 화장실 없이 살아가는 인구가 무려 25억 명이다. 전염병에
서 손씻기를 중요시하는데, 화장실이 없다는 것은 손씻기는커녕 대소변
에 의한 일상적 오염과 감염 위험이 심각할 수 있다는 의미가 된다.

미 경제전문지 〈포춘Fortune〉에 따르면, 빌 게이츠와 멀린다 게이츠는
빌 & 멀린다 게이츠 재단에 1995년 1월부터 2017년말까지 455억 달러
(약 55조 원)를 기부했다. 워런 버핏은 2006년 자신의 재산 83%(당시 기
준 370억 달러)를 자선기금으로 내놓기로 했는데, 이중 310억 달러를 빌
& 멀린다 게이츠 재단에 기부했다. 이런 돈을 가지고 운영되는 빌 & 멀
린다 게이츠 재단의 연간 예산은 WHO보다 많다고 한다.

2009년 신종 인플루엔자, 2012~2015년 메르스, 2014년 서아프리카 에

볼라, 그리고 코로나19까지, 최근 10년간 전 세계는 네 번이나 강력한 전염병을 겪었다. 2003년 사스를 비롯해, 유독 2000년대 이후 세계적인 신종 전염병이 자주 보인다. 이렇게 등장했던 신종 전염병이 다 사라져버린건 아니다. 메르스는 아직까지도 치료제나 백신이 나오지 않았다. 심지어 병을 발견한 지 39년이 지났지만 여전히 에이즈AIDS 치료제는 완치가아니라, 바이러스 증식을 억제해 증상을 감추고, 다른 사람에게 전염되는 것을 예방하는 수준까지다. 1981년 에이즈의 병원체인 HIVHuman Immunodeficiency Virus, 인간면역결핍 바이러스가 발견된 후 2018년까지 3617만 명이사망했다. 2016년 84만 명, 2017년 80만 명, 2018년 77만 명으로 조금씩줄어가긴 해도 연간 75만 명 이상이 사망한다. 여전히 전 세계적으로 감염자가 3790만 명(2018년 기준)이나 된다.

우리나라는 에이즈 발생 환자 수가 OECD 36개국 중 35위로 두 번째로 낮은 국가이긴 하지만, 1만 3000명가량이 감염자로 살아가는 중이다. 2018년 신규 발생 환자도 1200명이 넘는다. 워낙 에이즈가 나온 지 오래되다 보니 둔감해져서인지 이렇게 많은 감염자가 있고 여전히 유효한 현재진행형의 전염병이란 걸 잘 모르는 사람들도 많다. 단순 접촉만으로전파되는 것이 아닌데다 치료제도 나와서인지 사망자 수나 신규 발생 환자 수에 비해선 경각심이 낮은 편이다. 말라리아도 여전히 유효한 전염병이다. 18세기에 이탈리아에서 명명된 질병 이름이자, 우리나라에서도 조선시대부터 존재했던 병(당시 학질이라고 불렸다)이다.

WHO의 〈World Malaria Report 2017〉에 따르면, 2016년 전 세계에서발생한 말라리아 감염자는 2억 1600만 명이고, 사망자는 44만 5000명에서 73만 명 사이이다. 이것도 크게 줄어든 것이다. 10여 년 전까진 연간 100만 명 이상 죽었다. 이렇게 오래된 질병이지만 예방약만 있을 뿐 여전히 백신은 없다. 말라리아 발병 지역은 현재 더 확산되어가고 있고, 변종의 가능성도 있어서 치명률이 더 높아질 가능성도 배제하지 못한다. 조류독감도 반복적으로 자주 발생하고 있고, 2000년대 들어 소, 닭, 돼지에게 광우병, 조류독감, 돼지열병 등 가축 전염병도 매년 생기다시피 하여 대규모 살처분도 자수 겪게 된다. 왜 유독 21세기 들어서 이런 일을 더 자주 겪는 걸까? 단지 운이 나빠서일까?

전염병은 과거에 비해 늘고 있고, 그 중 동물에서 인간에게로 병원체가 옮겨져 발생하는 인수공통감염병의 비중이 높다. 미국 〈수의학 저널 Veterinary Science〉(2019. 6)에 따르면, 지난 80년간 유행한 전염병들은 거의 인수공통감염병이고, 그 중 70% 정도가 야생동물에 의한 것이라고 한다. 인수공통감염병의 대부분이 가축이 아닌 야생동물에 의한 것이라는 점은, 인류가 했던 생태계 파괴와 무관하지 않다. 도시화, 세계화로 점점 많은 개발이 이뤄지며 생태계가 파괴되자, 서식지가 줄어든 동물들이 먹이를 찾기 위해 위험을 감수하고 인간 세계로 올 수밖에 없는 것이다. 기후변화로 인해 산불, 가뭄, 수몰 등 이상기후가 빈번하게 발생하면서 서식지를 잃은 야생동물이 인간이 거주하는 지역이나 인간과 접촉이 가능한 지역으로 이동하는 경우도 늘고 있다.

인간과 동물은 각각 오랜 진화 과정을 통해 면역체계를 구축해왔지만, 동물의 것이 인간에게 들어왔을 때는 다른 문제가 된다. 수많은 변종과 돌연변이가 생기고, 이것이 무서운 전염병으로 발전할 수 있다. 특히 기후변화에 따른 온도 상승이나 가혹한 환경에서도 적응하며 살아남은 동물의 몸 속 병원체는 사람의 몸 속에서도 적응할 가능성이 높아진다. 전염병과 생태계 파괴와 기후변화 문제가 별개가 아닌 셈이다.

기후변화로 지구 온도가 올라가는 건 단지 더워지는 문제로 끝나는 것이 아니다. 해수면이 높아져 침수되는 지역이 생기는 정도로 끝나는 문제가 아니다. 온도가 올라가면 모기 서식지가 확대되면서 모기가 매개가 되는 바이러스도 확산된다. 아프리카에 있던 지카 바이러스Zika virus 가 아메리카로도 옮겨갔고, 아프리카와 동남아시아에 있던 치쿤구니아 바이러스Chikungunya virus 가 아열대와 서반구로도 옮겨갔고, 우간다에 있던 웨스트 나일 바이러스West Nile virus 가 캐나다로도 옮겨간 것이 모두 모기 서식지 확대와 연관이 있다.

세계적인 의학 학술지 〈랜싯The Lancet〉의 2019년 연례 보고서에 따르면, 기온 상승, 해수 온도 상승, 습도 상승 등 기후변화로 모기가 번식하기 좋은 환경이 조성되었고, 이로 인해 말라리아와 뎅기열 같은 모기가 전파하는 질병 피해가 더 늘었다는 것이다. 10년 단위로 봤을 때, 역대 뎅기열 피해가 가장 심각했던 10년이 바로 최근 2009~2019년 사이 10년이었다. 즉, 과거에 비해 점점 더 극심해지는 바이러스 전염을 우린 걱정해야 한다. 코로나19로 겪은 우리의 언컨택트 욕망이 일시적으로 왔다 사라질 수 없는 이유가 바로 이 때문이다. 존재하는 위험을 감수하며 운에 기댄 채 살 수는 없다.

20세기 동안 인류가 생태계를 지속적으로 파괴해왔고, 20세기 후반부터 이 문제가 본격적으로 제기되어왔음에도 모두가 기후변화에 소극적으로 대처해왔던 것이 사실이다. 이는 21세기인 지금도 마찬가지다. 결국 우리가 전염병에 대한 불안과 불편을 겪을 일은 앞으로 더 잦을 수도 있다는 얘기다. 그리고 이는 노령, 장애, 빈곤을 가진 사회적 약자에겐 더 취약한 상황이 된다. 위생을 신경 쓰고 면역력을 키우는 건 각자의 몫이지만, 대면과 접촉을 줄여서도 사회와 경제가 잘 돌아갈 수 있는 환경을 구축하는 건 정부와 기업의 몫이다.

분명한 것은, 언컨택트 사회를 지향하는 건 선택이 아니라 필수라는 것이다. 이런 과정에서 기후변화 대응에 적극 나서야 하는 것도, 정부와 기업에 이런 변화를 원하는 목소리를 내는 것도, 일상에서 탄소배출 절감을 위해 행동하는 것도 우리 모두를 위해 필요한 일이다. 당연하던 모든 것이 당연해지지 않기 전에, 당연했던 것 중에서 문제 될 것들을 과감히 내려놓는 것을 우린 받아들여야 한다. 컨택트 사회만 고집하다간 위기 상황 앞에서 일상이 멈춰버린다. 언컨택트 사회를 받아들이면서 우린 계속 일상을 이어가야 한다.

PART 2

비즈니스에서의 언컨택트

기회와 위기가 치열하게 다투는 과도기!

재택근무 확산의 우연한 계기

앨빈 토플러Alvin Toffler 가 쓴 『제3의 물결The Third Wave 』(1980)에 재택근무 얘기가 나온다. 그는 이를 '전자 오두막Electronic Cottage '이라고 표현했는데, 지식 근로자들이 자기 집에서 컴퓨터와 통신장비 등을 이용해 일하고 새로운 네트워크도 만들 수 있다고 썼다. 1980년에 출간한 책에서 20세기 후반과 21세기의 정보화 사회, 정보 혁명을 예측한 앨빈 토플러다.

재택근무Work-From-Home 와 원격근무Telework는 이미 20세기 후반에 미국과 유럽에서 확산되기 시작했고, 1997년 자크 아탈리 Jacques Attali는 디지털 노마드 Digital Nomad 라는 개념을 자신의 책 『21세기 사전Dictionnarie du 21e Siècle 』에서 다뤘다. 21세기 들어서 미국과 유럽 등에선 재택근무, 원격근무 등을 경험하는 직장인이 급증했고, 디지털 노마드도 확산되었다.

미국 갤럽Gallup에 따르면, 미국에서 원격근무(모든 시간을 원격근무만 하는 게 아니라 원격근무 형태가 포함된 근무)를 하는 직장인의 비율이 2016년 43%였다. 미국 통계청에 따르면, 2005년부터 2015년 사이 재택근무 비율 증가율이 115%였다. 캐나다 IT 서비스업체 '소프트초이스Softchoice'의 조사에 따르면, 재택근무를 허용하는 회사가 있다면 현재 직장을 그만둘 의사가 있다는 응답자가 74%였다. 확실히 재택근무, 원격근무에 대한 앨빈 토플러의 예측은 맞았다.

하지만 한국은 예외였다. 기술적 여건의 문제가 아니다. 한국은 1984년 PC 통신 서비스가 시작되어 90년대 초중반까지 전성기를 이어갔다. 인터넷은 90년대 중반 이후 대중화되기 시작해 PC가 집집마다 보급되기 시작했고, 90년대 말 초고속 인터넷이 확산되기에 이르렀다. 스마트폰 보급률은 세계 최고 수준이다. 그럼에도 불구하고 재택근무에는 소극적이었다.

통계청의 '경제활동 인구 조사-근로 형태별 부가 조사'에 따르면, 2019년에 유연근무제(시차 출퇴근제나 탄력적 근무제, 선택적 근무시간제, 재택·원격근무제 등)를 경험한 노동자가 221만 5000명인데, 이 중에서도 재택·원격근무제 경험자는 4.3%에 불과하다. 숫자로 보면 2019년에 우리나라에서 재택·원격근무를 경험한 노동자의 숫자가 9만 5000명이다. 2015년 6만 5000명, 2018년 7만 9000명에 비해선 늘었지만, 전체 임금 노동자가 2000만 명이 넘고 정규직 노동자가 1300만 명 정도인 걸 감안해보면 재택·원격근무 경험 비율은 말도 안 되게 낮은 편이다. 우린 재택근무를 불신했고, 비효율적이라고 여겼다.

앨빈 토플러의 예측이 왜 유독 한국에서만 안 통한 것일까? 그가 예측한 재택근무는 '만나야 일이 된다'고 보는 한국식 문화를 깰 수 없었던 것이다. 그런데 앨빈 토플러도 깨지 못한 벽을 코로나19가 깨뜨렸다. 2020년 들어 한국 기업들 사이에서 재택근무, 원격근무가 확산되기 시작했다. 심지어 SK이노베이션 노사는 임금 교섭 회의를 화상회의로 하기도 했다. 쟁점이 있는 중요한 협상이자 회의도 비대면으로 가능하다고 판단하는 것 자체가 놀라운 변화의 신호인 셈이다.

원격근무와 재택근무는 오래전부터 중요한 화두였다. 미래의 업무 방식이 이런 방향으로 간다는 데는 이견이 없었다. 하지만 실행은 달랐다. 새로운 것이 나오면 그것을 경험하기 전까진 큰 문제가 없는 한 기존 방식이자 관성을 유지하려는 경향이 있다. 서로 마주보며 회의하고, 치열하게 일하고, 야근하고, 회식하며 친밀하게 어울려 일하는 문화에 익숙한 기성세대의 조직 문화에선 재택근무를 오히려 비효율적으로 봤다. 자신들이 계속해왔던 방식이 익숙하고 검증된 것이다 보니 굳이 새로운 시도를 하고 싶지 않았다. 원격근무와 재택근무가 기술적으로 충분히 가능해진 시대가 되었음에도 기업들이 적용에 소극적이었던 이유다.

관성은 깨는 건 늘 어렵다. 그래서 변화와 혁신이란 말은 구호로 쓰긴 좋지만, 막상 실행으로 하기엔 부담스러워하는 이들이 의외로 많다. 한국 대기업들은 2000년대에 들어서면서부터 변화, 혁신을 입에 달고 살았지만 막상 조직 문화를 바꾸는 작업에선 소극적이었고, 기존 직원들의 저항도 많았다. 그런데 코로나19가 놀라운 트리거^{trigger, 방아쇠}가 되었다. 혁신에서 거센 저항으로 벽에 부딪혀 진전하지 못하는 경우가 많은데,

이때 아주 강력한 트리거가 등장해 저항 세력의 논리와 힘을 무력화시키는 경우가 있다. 코로나19가 위기를 몰고 왔지만 그 속에서 기회가 만들어지기도 한 것이다.

가장 무서운 게 경험이다. 하기 전까지는 막연히 두렵고 불편해 보였던 것이 해보고 나니 그 속에 있는 장점이 보이기 시작한다. 해보니 괜찮은 점이 있다는 걸 느끼는 것이다. 이런 경험이 새로운 변화를 받아들이는 중요한 원동력이 된다. 코로나19로 어쩔 수 없이 직장을 한시적으로 폐쇄하고 재택근무와 원격근무를 시도했던 기업들이 이후에도 이 방식을 계속 적용할 가능성이 높아졌다. 2015년 메르스 때도 재택근무를 시도해본 국내 기업들이 있었지만 잠시였을 뿐이다.

그런데 코로나19로 인한 재택근무 때는 달랐다. 임시적 조처가 아니라, 이를 계기로 업무 방식의 전환을 모색하는 기업이 늘었기 때문이다. 마침 한국의 대기업들이 2019년부터 조직 문화 혁신, 성과 위주 승진, 수평화, 애자일agile을 더욱 적극 받아들이며 한국식 위계구조 중심의 조직 문화에서 탈피하려고 강력하게 혁신하던 중이었다. 그동안 재택·원격근무가 확산되지 못한 것이 한국식 조직 문화가 가진 문화적 장벽 때문이었는데, 의도치 않게 코로나19가 기업에게 혁신의 계기를 만들어준 셈이다.

영화 〈킹스맨 : 골든 서클〉(2017)에서 서로 다른 공간에 있는 사람들이 증강현실 고글을 쓰고 회의실 테이블에 모여 앉아서 회의하는 장면이 있다. 이걸 진화시키면 고글 없이도 홀로그램으로 서로 다른 사람들이 한 공간에서 직접 눈앞에 있듯 회의할 수 있게 된다. 화상회의의 미래가

이런 모습일 것이다. 현재는 화상회의를 할 때 상대는 모니터 안에 있다. 여러 곳에 있는 여러 명과 동시에 화상회의를 하면 모니터 화면 안에 여러 명의 얼굴이 나온다. 사람이 직접 대면하는 건 아니지만 말 그대로 얼굴 보며 회의하는 것이다. 굳이 얼굴 보지 않고 모바일 메신저를 통해 회의를 하기도 한다. 또는 이메일로 주고받기도 한다. 이럴 경우 실시간으로 업무 용건만 간단명료하게 전하게 된다. 아직 홀로그램 회의를 할 수는 없지만, 과학 기술은 공간적 제약을 없애는 방향으로 컨택트의 방법도 계속해서 진화시킬 것이다.

　일하는 방식이 달라지는 건 당연하다. 사실 재택·원격근무의 핵심은 IT 솔루션이 아니다. 이미 업무를 클라우드 기반 소프트웨어로 처리하고, 문서 결제 시스템과 업무용 모바일 메신저를 이용하는 기업들이 많다. 화상회의 솔루션도 많이 쓰고 있다. 하지만 이것만 있다고 일이 되는 게 아니다. 결국은 조직 문화가 중요하다. 비대면 상황에서도 효율성을 가질 수평적 조직 문화가 필요하고, 특히 성과를 명확히 측정하고 평가

하는 것도 필수다. 자율과 책임을 강조하는 미국 기업들이 재택근무를 잘 받아들인 이유도 이 때문이다. 상대평가 대신 절대평가를 하는 기업들이 늘어가는 것도 이런 흐름과 연관된다. 직접 대면하며 술도 마시고 스킨십하고 아부도 하며 끈끈해진 사이가 평가와 인사, 승진에서 유리할 수 있다는 인식 자체가 사라지게 하는 게 필요하다. 업무 성과만 가지고 투명하게 평가한다면 직원들은 효율성과 생산성 차원에서 좀더 나은 업무 방식을 적극적으로 고민할 것이기 때문이다.

이제는 더이상 사람이 사람을 직접 보며 감시하고 관리할 필요가 없어졌다. 기술적 진화와 산업적 진화 때문이다. 우리의 사무실 공간이나 일하는 방식은 우리가 임의로 정한 게 아니다. 기술적·산업적 진화에 사회적 진화가 더해져서 만들어진 산물이다. 그때는 맞았지만 지금은 틀린 것이 있을 수밖에 없다. 미국의 기계공학자이자 산업공학자 엔지니어 프레드릭 테일러Frederick Winslow Taylor, 1856~1915는 '과학적 관리법Scientific Management'을 창안해 공장 개혁과 경영 합리화에 큰 기여를 했다. 그에 의해 완성된 테일러리즘Taylorism(1904)은 사무실 공간 설계를 할 때, 업무의 효율적 진행과 함께 쉬운 감시 감독을 중요하게 생각했다. 탁 트인 넓은 공간에 책상들이 직급별로 일렬로 배치된다. 동일 공간 내에서 가장 많은 책상을 밀집시켜 배치할 수 있다는 장점이 있었고, 초기 사무실은 대부분 이런 형태였다.

여전히 이런 구조를 유지하는 업종들도 있다. 사실 사람들이 앉아 있을 때 그들을 감시 감독하고 제어하는 것이 훨씬 쉽다. 사무실 내의 모든 사람들이 일하는 모습을 한눈에 파악하기도 쉽다. 현대적 사무실의 책상과 의자 배치는 이런 의도가 담긴 채 만들어졌고, 이 방식은 전 세계 기업의 사무실에 가장 많은 영향을 주었다. 이후 1960년대 '독일식 사무 공간'이라는 뜻의 뷔로란트샤프트Bürolandschaft가 독일을 중심으로 유럽에서 유행했는데, 파티션도 일부 도입되고 프라이버시 보호에도 신경 쓰는 등 테일러리즘의 관료적이고 감시 감독하는 환경에서 조금 벗어나는 흐름을 만들어냈다. 1980년대 들어 개방된 공간에서 벗어나 파티션도 많아지고, 아예 독립적인 칸막이로 나눠진 구조가 확산되었다. 1990년대 들어 컴퓨터가 사무실 책상에서 중요한 역할을 하게 되면서 사무 공간 구조도 변화하게 되었고, 2000년대 들어서는 실리콘밸리의 IT 기업들이 개성적이고 독특한 사무 공간을 만들어내기에 이르렀다. 그리고 재택근무와 원격근무가 더 보편화되면서, 매일 출근하는 게 아니다 보니 상시적 자기 책상이 있는 사무 공간에서 공용으로 쓰는 사무 공간으로 바꾸기 시작했다.

이렇게 100년여 동안 사무실 공간은 눈에 띄는 변화를 겪어왔다. 이건 단지 공간의 변화만이 아니라 산업 구조와 조직 문화의 변화, 일하는 방식과 사회의 변화 얘기다. 20세기 컨택트 기반의 일하는 방식이 21세기 언컨택트 기반의 일하는 방식으로 전환되는 것도 이런 변화에 따른 것이다. 재택·원격근무는 결국 진화의 산물이다. 기업이 더 높은 생산성과 효율성을 얻기 위해 선택하는 것이지, 굳이 사무실 나오지 않고서도 일할 수 있다는 이유 때문에 하는 게 결코 아니다. 언컨택트는 수단이지 목적이 아니다.

대면 중심의 영업 방식에 대해서도 고민이 필요하다. 이미 과거에 비해서는 대면이 많이 줄었다. 과거엔 무조건 만나야만 일이 되었다면 지금은 해외 출장을 가지 않고서도 화상회의로 해외 바이어와 협상하는 일이 보편적이다. 컨택트의 시대를 살아왔던 기성세대로선 이런 변화가 낯설 수도 있는데, 그렇다고 익숙한 과거를 고집해선 안 된다. 언컨택트 시대에 쉽게 적응할 밀레니얼 세대, Z세대가 비즈니스의 주도권을 잡는 것은 시간 문제다. 결국 비즈니스 환경 자체가 언컨택트로 갈 수밖에 없다. 영업 방식, 교류 방식, 전시회나 컨퍼런스의 방식에서도 변화가 나오는 건 당연하다. 빅데이터와 인공지능은 사람을 직접 만나서 시장조사하고 소비자 분석하던 환경들을 변화시켰다.

심지어 이런 변화는 과자를 만들 때도 적용된다. 롯데제과는 2016년 12월부터 IBM의 인공지능AI 왓슨을 도입해 2년의 공동 개발 끝에 인공지능 트렌드 예측 시스템인 엘시아LCIA, Lotte Confectionery Intelligence Advisor를 개발해 2018년부터 제품 개발에 활용하고 있다. 식품 관련한 수천만 건의 소셜 미디어 데이터를 수집해 긍정과 부정을 가려내 소비자의 선호를 분석하고, 여기에 판매 데이터, 날씨, 연령, 지역별 소비 패턴 등의 자료들을 통해 제품 개발과 마케팅에 적용하는 것이다. 기존에는 이런 소비자 선호 분석을 위해서 소비자를 대상으로 하는 설문조사나 관찰조사 등 대면해서 문제를 푸는 방법을 주로 활용했다. 이제 인공지능 시스템을 활용하는 건 모든 기업의 보편적 숙제다. 일하는 방식의 변화는 단지 사무실에서 하느냐, 집에서 하느냐의 문제가 아니다. 어떤 기술을 활용해 효율성과 생산성을 높일 것인지가 핵심이지 공간이 핵심은 아니다.

코로나19는 한국 기업뿐 아니라 전 세계 기업에게 재택근무의 필요성을 부각시켰고, 화상회의를 비롯한 비대면에서의 협업을 도와주는 IT 솔루션에 대한 수요를 증대시켰다. 클라우드 기반 업무용 메신저 서비스 '슬랙Slack'을 서비스하는 슬랙 테크놀로지스 Slack Technologies 와 화상회의 솔루션 '줌Zoom'을 서비스하는 줌 비디오 커뮤니케이션 Zoom Video Communications 등, 재택·원격근무를 도와주는 IT 솔루션 기업들은 코로나19 이슈 시기에 주가도 상승했고 신규 사용자도 증가했다. 특히 중국의 재택·원격근무 확산도 주목할 시장으로 떠오르고 있다. 재택근무 확산은 관련 솔루션 기업에겐 새로운 기회가 되고 있고, 사무실 중심 업무 환경의 수혜를 봤던 일부 영역엔 위기가 되고 있다. 변화는 늘 위기와 기회를 동시에 품고 온다. 또한 놀랄 만큼 갑작스레 올 수도 있다.

재택·원격근무는 삶의 방식 자체가 바뀌는 일이다

일하는 방식이 바뀌면 삶의 태도와 라이프스타일도 바뀐다. 원격근무를 한다는 건 우리의 삶의 방식도 바뀐다는 의미이고, 컨택트 중심에서 언컨택트 중심으로 전환되는 삶이 가질 장점도 누릴 수 있다는 것이다.

원격근무는 실리콘밸리 IT 기업들에겐 익숙한 문화로, 이미 오래전부터 원격근무가 확산되었다. 특히 밀레니얼 세대, Z세대 직장인들에겐 원격근무 선호도가 더 높다. 네트워크 환경에 익숙한 세대일수록 원격근무 선호도는 더 높아질 수밖에 없다. 딜로이트가 42개국 1만 3400명의 밀레니얼 세대에게 조사한 〈The Deloitte Global Millennial Survey 2019〉에 따르면, 75%의 밀레니얼 세대가 재택근무나 원격근무가 자신에게 중요한 요소라고 답했다. 결국 밀레니얼 세대, Z세대 인재를 확보하기 위해서라도 기업에선 재택·원격근무를 진화시킬 필요가 있는 것이다.

영국의 컨설팅 회사 머천트 사비Merchant Savvy의 〈글로벌 원격근무 분석 보고서Global Remote Working Data & Statistics, Updated Q1 2020〉에 따르면, 2005년부

터 2020년까지 15년간 전 세계의 원격근무자가 159% 증가했다. 아울러 미국 기업의 69%가 재택근무 정책을 시행하고 있고, 영국 기업의 68%가 유연근무제를 도입하고 있다. 심지어 리코 유럽Ricoh Europe이 약 3000명의 유럽 내 직원을 대상으로 조사한 보고서에 따르면, 32%의 직원은 유연근무제를 실시할 경우 10%의 임금 삭감도 감수할 수 있다고 했다.

유연근무제는 복지 이슈이기도 하다. 유연근무제를 통해 원격근무, 재택근무도 좀더 수월하게 하고, 이를 통해 가족과 함께하는 시간을 늘리는 것을 복지 혜택으로 보는 셈이다. 맞벌이가 필수가 되면서 출산 후 아이를 양육하는 문제도 커졌고, 출산과 육아 때문에 경력단절녀가 되는 여성 문제도 커졌다. 이를 해소하는 데에도 유연근무제이자 원격근무, 재택근무는 중요하다. 원격근무와 재택근무는 엄밀히 말해 유연근무제에 포함된다. 유연근무제를 통해 생산성과 효율성을 높이고, 회사로선 사무실 유지 비용도 줄이고, 직원으로선 출퇴근에 따른 이동 시간과 비용도 줄인다.

장점도 많고 합리적인 제도로 보이지만, 그렇다고 장점만 있는 건 아니다. 원격근무는 일과 일상의 경계를 무너뜨리기 쉽다 보니 오히려 워라밸이 어려워지는 경우가 있다. 원격근무는 성과를 가시고 평가를 받고, 직원에게 주어진 자율만큼 회사와 직원 간의 신뢰가 중요하다. 이러다 보니 오히려 회사에서 대면하며 일할 때보다 더 열심히 일하고 과로할 수 있다는 지적도 있다. 원격근무가 통제하지 않고 자율로 하다 보니 느슨해져서 일을 더 못하지 않을까 우려하는 사람들의 관점과 반대인데, 이또한 충분히 가능성이 있다.

밀레니얼 세대, Z세대 등 네트워크 환경에 익숙한 세대일수록 재택·원격근무 선호도가 더 높다.

    물리적으론 비대면, 비접촉이지만 네트워크 연결에선 과잉 대면, 과잉 접촉이 될 수도 있다. 그래서 원격근무를 위해선 시간 관리와 커뮤니케이션 관리가 중요하다. 경계를 확보하기 위해 업무시간 외에는 직장과 일부러 연결을 끊는 직원들도 늘어날 수밖에 없다.

    원격근무를 위한 법은 아니지만, 프랑스는 2017년 1월 1일부터 '연결되지 않을 권리 right to disconnect'를 발효시켰다. 말 그대로 퇴근 시간 이후에는 회사와 상사로부터 연결되지 않을 권리를 법적으로 보장받는다. 2013년 독일 노동부는 업무시간 이후엔 비상시가 아니면 상사가 직원에게 전화나 이메일로 연락하지 못하도록 하는 지침을 발표한 바 있다. 영국은 노동당 유력 정치인이자 산업부장관을 지낸 레베카 롱베일리가 항상 연결되는 '24/7 문화'를 종식하겠다고 선언한 바 있다. 다임러벤츠그룹의 경우 휴가 중인 사람의 메일 수신을 자동 응답하고 제거하는 시스템을 운용 중이다. 휴가 중인 사람에게 보내졌던 메일을 분석했더니 업무상 정말 중요한 사내 메일은 20% 정도이며, 이것들도 상사나 다른 동료들이 충분히 커버할 수 있다고 했다. 그래서 휴가 간 사람에겐 업무 메일이 안 가도록 하는 걸 제도적으로 만든 것이다.

여러 정부와 다수의 기업들에서 이런 법적 제도나 지침을 만들어낸다는 건 결국 자발적으로 알아서 하는 것이 쉽지 않음을 의미하기도 한다. 우리나라에선 2018년 12월, 공무원 갑질 행위의 개념과 유형을 구체화한 공무원 행동 강령 개정안이 시행되었는데, 그 내용 중 휴일이나 밤낮을 가리지 않고 시도 때도 없이 산하기관에 카톡을 통해 업무를 지시하거나 떠넘기는 것도 갑질에 해당하며, 이는 공무원 징계 사유가 된다. 2019년 7월 16일은 '직장 내 괴롭힘 방지법'(근로기준법 개정안)이 시행된 날이다. 직장 내에서 지위, 관계의 우위를 이용해 업무상 적정 범위를 넘어 신체적·정신적 고통을 주거나 근무 환경을 악화시키는 행위가 모두 불법이 되었다. 휴일에 카톡으로 과도한 업무 지시를 하거나 막말을 하는 것도 괴롭힘에 해당한다. 우리나라에서는 '연결되지 않을 권리'라는 것 자체를 법제화하진 않았지만, 분명 그 권리를 포함하는 법 제도는 일부 존재하는 셈이다. 이는 향후 원격근무, 재택근무가 확산될수록 더 중요해지는 법 제도다.

원격근무가 외로움, 소외감 같은 정신건강 문제를 초래할 수 있다는 지적은 여전히 유효하다. 가뜩이나 현대인들은 정신건강 문제가 적지 않은데, 원격근무의 확산은 자칫 사람들에게 부정적인 영향을 줄 수도 있다는 것이다. 따라서 원격근무를 하면서 소외감과 고립감을 느꼈을 때 이를 해소할 방법을 찾는 것도 앞으로 기업이 관심을 기울일 일이다. 원격근무를 위한 IT 솔루션만 지원하는 것으로는 끝나지 않는다. 원격근무가 일하는 방식만 바꾸는 게 아니라 삶의 방식 전체를 바꾸는 것이기에, 단순하게 생각해서도 안 되고 장밋빛 환상을 가져서도 안 된다. 문화를 바꾸는 것이기에 당연히 적응과 문제 개선을 위한 시간과 이를 위한 투자도 필요하다.

참고로 빌 & 멀린다 게이츠 재단이 설립한, 세계 보건 통계와 영향 평가를 연구하는 IHME Institute for Health Metrics and Evaluation에 따르면, 전 세계에서 정신건강Mental Health 장애를 겪은 사람은 2017년 기준 7억 9900만 명 정도로 추정된다. 이는 전 세계 인구 중 10.7%, 즉 10명 중 한 명은 정신건강 장애를 겪었다는 얘기다. 취업 인구로 보면 15% 정도가 정신건강 장애를 겪는 것으로 추정된다. WHO의 국제질병분류ICD-10에 따라 광범위하게 정의하면 우울증, 불안, 양극성장애, 섭식장애, 정신분열증 등이 포함된다.

소셜 미디어 매니지먼트 플랫폼 버퍼Buffer는 원격근무 제도를 확산시키는 데 앞장서는 기업으로서 원격근무에 대한 다양한 조사를 하기도 했는데, 설문조사 결과에 따르면 응답자의 19%가 원격근무로 인해 외로운 감정을 느끼고, 17%는 의사소통에 어려움이 있었다. 버퍼는 15개국에 진출한 기업으로, 2010년 창업 후 2012년부터 모든 직원이 원하는 지역에서 자유롭게 근무할 수 있도록 완전 원격근무제를 시작했고, 2015년엔 본사 사무실도 없애 오피스 프리office free를 이루었다. 오토매틱Automattic에게 영향을 준 기업이 버퍼이기도 하다.

오피스 프리와 로케이션 인디펜던트

2005년 샌프란시스코에서 창업한 오토매틱은 웹페이지를 만드는 소프트웨어 워드프레스WordPress를 비롯한 다양한 소프트웨어를 개발했고, 마이크로 블로그 Tumblr를 소유하고 있는 기업이다. 특히 전 세계 웹사이트 3개 중 1개는 워드프레스로 제작되었다고 할 정도로, 웹사이트 제작툴 점유율에서 2019년 10월 기준으로 34.7%(W3Techs 통계)를 차지한다. 흥미로운 건, 이 회사는 창업자이자 CEO인 매트 뮬렌웨그가 초기부터 원격근무를 기업 문화로 자리 잡게 했는데, 2017년엔 아예 본사 사무실조차 없앴다. 본사 상주 지인이 없다는 이유였는데, 전 직원이 원격근무를 하는 오피스 프리office free 기업이 되었다. 일부만 원격근무하는 조직에선 원격근무하는 직원들이 상대적으로 소외감을 가지는 경우가 있어 단점으로 지적되기도 하는데, 오토매틱처럼 모두가 원격근무하면 그 단점도 사라진다.

2020년 2월 기준, 1170명의 직원이 70여 개국에서 일한다. 1년에 한 번

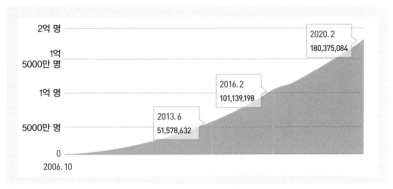

오피스 프리 기업 오토매틱의 놀라운 성장 속도

WordPress.com, Akismet, Growdsignal, Jetpack의 사용자 총합

출처: Automattic

만 이들이 다 모이고, 그외에는 카페든 집이든 공유 오피스든, 설령 해변 앞의 선베드든, 각자가 선택한 공간에서 일한다. 일은 결과로 말하는 것이지, 과정이나 업무 환경이야 각자가 판단할 몫이다. 홈오피스를 꾸미는 비용부터 공유 오피스 빌리는 비용, 심지어 카페에서 일할 때 마실 음료 비용까지 회사가 지원한다. 그것이 다 업무 공간에서 쓰는 비용이라고 보기 때문인데, 이런 비용을 다 합쳐도 대형 사무실을 운영하는 비용보다 훨씬 싸다는 것이 오토매틱의 입장이다. 회의나 업무적 커뮤니케이션도, 업무 관리는 물론이고 채용도 온라인 인터뷰로만 진행한다. 이런데도 오토매틱은 계속 성장하는 기업이다. 오토매틱의 대표 소프트웨어 서비스인 WordPress.com, Akismet, Growdsignal, Jetpack의 사용자 총합이 2020년 2월 기준 1억 8000만 명 이상인데, 2016년 2월에는 1억 명 조금 넘었었다. 4년새 80% 이상 늘어난 것이다. 사용자 총합의 증가 그래프를 보면 거의 45도의 가파른 속도를 지속적으로 이어오고 있다.

오토매틱은 2019년 9월 세일즈포스Salesforce로부터 3억 달러를 투자받았는데, 이때 평가받은 기업 가치가 30억 달러였다. 2014년에 10억 달러 이상으로 평가받았으니 5년 후 3배가 된 것이다. 원격근무를 하고 오피스 프리를 해서 그들이 성장하는 기업이 된 건 아니지만, 사무실 없이 원격근무만 해도 비즈니스가 원활히 돌아갈 수 있는 건 확실하다. 필요에 따라선 사무실 공간에서 사람을 마주하고 대면하면서 일해야 한다고 주장할 수는 있겠지만, 관성적으로 그걸 고집할 필요는 없는 시대다.

전 세계를 커버하는 글로벌 기업이나 미국처럼 아주 넓은 국가에선 원격근무가 효율성 측면에서도 필요하다. 실리콘밸리의 스타트업 중에선 처음부터 글로벌 비즈니스를 고려해 각 나라에서 직원을 뽑아 원격으로 일하는 경우도 많다. 본사는 미국이지만 각국에 있는 직원들이 화상회의도 하고, 채팅으로 커뮤니케이션을 하고, 프로젝트 관리 툴을 이용해서 업무를 관리한다. 프리랜서들이 서로 다른 곳에 있으면서 공동의 목표를 가진 회사를 위해 일하는 것으로도 보인다. 사무실에 출근할 필요 없이 각자의 컴퓨터로 일하면 되니 전통적인 의미의 직장과는 다르다.

같은 시간, 같은 공간에 모여 대면하면서 일하긴 않지만, 그렇다고 업무적 문제는 없다. 이건 같은 국가 내 서로 다른 도시에서 일하는 경우도 마찬가지다. 엄밀히 말해 물리적인 위치라는 것이 업무에 직접적인 상관이 있는 경우를 제외하고선, 우리가 어디에 있건 일하는 데 지장이 없는 네트워크 환경을 가진 시대를 살고 있다. 그래서 로케이션 인디펜던트Location Independent가 가능해진 사람도 그만큼 많아진다. 치앙마이나 방콕, 호치민의 어느 카페나 공유 오피스에 앉아서도 실리콘밸리 회사의 직원일 수 있는 것이다.

원격근무에 대한 관심은 글로벌 기업이나 실리콘밸리의 IT 기업뿐 아니라 전 세계 각국의 수많은 기업들도 가지고 있다. 출퇴근 시간의 낭비도 없애고, 대면 스트레스도 줄이고, 사무실 공간을 유지하는 비용도 줄이는 장점 때문이다. 각국 정부도 원격근무를 적극 도입하는 중이다. 2012년 런던올림픽 때 런던 도심의 기업 80%에 원격근무를 도입해서 교통 혼잡을 완화시킨 바 있다. 일본은 도쿄올림픽을 고려해 2020년까지 원격근무 도입률을 30% 목표로 삼았었고, 이를 위해 원격근무를 도입하는 기업에 지원금을 지급했다. 일본은 근로환경 개선과 좋은 일자리 창출, 여성 인력 활용과 저출산 해소 등 전반적인 이유로 일하는 방식 개혁을 국가적 아젠다로 삼고 있기도 하다.

일본의 대기업 후지쯔는 2015년부터 2년간 시험 도입을 해본 후, 2017년 4월 본사의 전 직원인 3만 5000명을 대상으로 재택근무 제도를 도입했다. 도요타는 2016년부터 본사 직원 중 사무직, 기술직 2만 5000명을 대상으로 재택근무를 실시했고, 사무실 출근은 1주일에 2시간만 하면 된다. 동경해상일동화재보험은 2017년 10월부터 전 직원 1만 7000명을 대상으로 재택근무를 확대 시행 중이다. 미쓰이스미토모, 미쓰비시도쿄 UFJ 같은 대형은행도 재택근무제를 도입하고 있다. 히타치는 자회사까지 포함하면 일본 내 17만 명이 근무한다. 기존에는 재택근무자가 일평균 8000~1만 5000명이었는데 이를 10만 명까지 늘릴 계획이다. 2018년, 2~3년 내 10만 명이 원격근무할 수 있는 인프라를 구축하겠다는 계획을 발표했다.

이렇듯 일본 대기업들 중 재택근무와 원격근무를 적극 도입하는 기업이 늘고 있다. 이런 상황 속에서 도큐東急 전철이 한 달 5000엔으로 하루 8시간 이용할 수 있는 원격근무용 사무실을 지하철역 주변에 만들고 있다. 심지어 일본에선 노래방까지도 원격근무용 사무실로 변신한다. 이용이 뜸한 낮시간 노래방의 공간을 업무 공간으로 빌려주는 것이다. 공중전화처럼 생긴 원격근무용 초소형 사무실을 만들어 공공시설이나 지하철역에 설치하는 사업이 추진되기도 했다. 재택근무와 원격근무가 늘어나면서 언제 어디서든 일할 수 있는 공간은 계속 늘어나고 다양한 비즈니스도 만들어진다.

코로나19 이슈가 생기기 전부터도 한국은 고용노동부가 재택·원격근무를 하는 기업에 대해 인프라 구축 자금을 지원하는 프로그램이 제공되고 있었다. 국내 기업들에서도 원격근무, 재택근무가 계속 제기되고 있다. 결국 원격근무를 도입하는 기업이 늘어날수록 로케이션 인디펜던트가 가능한 사람들도 그만큼 늘어나는 것이니 점점 더 많은 디지털 노마드가 생겨날 것이다. 지금은 회사의 제도적 측면과 인프라의 환경적 측면에선 가능하더라도 막상 사람들의 태도와 삶의 방향이 바뀌지 않아 재택근무와 원격근무를 소극적으로 받아들이는 이들이 많지만 앞으론 점점 달라질 것이다. 이는 분명 중요한 라이프스타일 트렌드가 될 것이다. 로케이션 인디펜던트는 직업의 문제가 아니라 삶의 문제이기 때문이다. 로케이션 인디펜던트를 받아들이는 사람들의 결혼관, 연애관, 직업관, 집에 대한 태도, 돈에 대한 태도, 인맥과 친구에 대한 태도, 소비에 대한 태도 등 모든 면에서의 변화가 생길 수 있기 때문이다.

로케이션 인디펜던트는 장소에 구애받지 않고 일하는 문화다. 사무실에 출퇴근하는 문화에선 직장과 집의 거리가 중요한 문제였다. 하지만 원격근무와 디지털 노마드는 이걸 바꿔주고 있다. 미래학자 제러미 리프킨Jeremy Rifkin은 저서 『노동의 종말The End of Work』(1995)에서 세계는 자동화와 인공지능 기술의 발전으로 노동자가 거의 없는 경제로 향하고 있다고 예측했다. 20여 년 전의 예측은 이미 현실이 되어 고용 없는 성장이 계속되고 있다.

옥스퍼드 마틴스쿨Oxford Martin School의 칼 베네딕트 프레이Carl Benedikt Frey와 마이클 오스본Michael A. Osborne 교수가 발표한 〈고용의 미래The Future of Employment〉 보고서에 따르면, 자동화와 기술 발전으로 2033년까지 현재 직업의 47%가 사라질 가능성이 크다고 예측했다. 이들 외에도 미래의 일자리 감소에 대한 연구는 무수히 많다. 의사, 변호사, 교수 등 전문직으로 대접받았던 직업들도 로봇에 의한 대체 가능성이 있긴 마찬가지다. 특히 매뉴얼화시킬 수 있는 업무이자 조직에 기댄 일자리들은 대체 우선 순위다. 반면 살아남을 일자리 중에는 크리에이터들의 몫이 크다. 개인의 역량이 더 요구되는 영역이기 때문이다. 로케이션 인디펜던트이자 디지털 노마드에 상대적으로 유리한 사람들이 바로 이들이기도 하다.

영국의 출판미디어 워크플레이스 인사이트Workplace Insight의 보고서 〈Top global industries leading the way in remote work〉(2018. 10)에 따르면, 소프트웨어 개발을 비롯한 IT 기술 부문의 원격근무 직종 비율은

29.2%였고, 마케팅 부문에선 24.5%였다. 원격근무가 활성화되는 직종 분야인 것이다. IT와 마케팅 분야에서 활성화된 건 업무 특성상 혼자서 할 수 있는 것도 많아서 그런 건데, 앞으로는 훨씬 다양한 직종으로 확장될 것이다.

세계적 경영사상가 찰스 핸디가 쓴 『코끼리와 벼룩The Elephant and the Flea』(2001)에선 코끼리에 비유되는 대기업 직장에서, 벼룩에 비유되는 프리랜서 중심으로 고용 문화가 재편되는 것을 다룬다. 대규모 조직에 기대지 않고 독립적으로 실력을 발휘할 인재가 되어야 한다는 주장을 이미 2001년에 한 것이다. 물론 당시엔 그의 주장을 적극 받아들이는 이들이 적었다. 그런 미래가 올 것이란 것엔 공감할 수 있었을지라도 막상 스스로 대기업 조직에서 나와 프리랜서로의 삶을 받아들이긴 쉽지 않은 일이다. 하지만 시간이 지나면서 점차 그의 주장에 따라 독립하는 이들이 생겨나고 있다.

우리가 한 직장에서 오랫동안 일하고, 집을 사서 정착했던 건 우리의 본능이 그래서가 아니라 그 시대의 고용과 라이프스타일, 그리고 사회적

장소에 구애받지 않고 어디서든 일하는 로케이션 인디펜던트는 우리의 라이프스타일에 많은 변화를 가져올 것이다.

욕망이 그러했기 때문이다. 이제 더이상 평생직장을 원치도 않고, 또 가능하지도 않다. 국가적 장벽도 사라지고, 언어적·문화적 장벽도 과거와 비교할 수 없을 정도로 낮아졌다. 컴퓨터 앞에서 일하다 보면 이곳이 지금 서울인지, 뉴욕인지, 치앙마이인지, 사무실 책상인지, 카페인지, 달리는 기차 안인지 구분도 안 된다. 컴퓨터와 스마트폰으로 우린 전 세계 어디든 접속하고, 전 세계 누구와든 연결된다. 언컨택트의 시대는 오히려 물리적 제약에서 벗어나 더 많은 사람들과, 더 많은 기회와 컨택트하게 만든다.

대기업의 주주총회 전자투표, 왜 10년이나 걸렸을까?

경남제약(1993년 설립)은 2001년에 코스닥에 상장되었지만, 2018년 회계 처리 위반 등으로 주식거래가 정지되며 상장폐지 위기까지 갔다. 21개월 간의 거래 중지 끝에 2019년 12월 다시 거래가 재개되었다. 이는 2019년 5월 주주총회에서 전자투표제를 한 것이 계기였다. 경남 의령에 본사가 있다 보니 주주총회도 거기서 했는데, 평일 낮에 지방까지 주주총회 참석하러 가는 건 쉽지 않은 일이다. 정족수 미달로 주주총회 자체가 무산되던 것이 그동안의 관행이었고, 경영진을 견제할 방법이 사실상 없었던 것이 회사의 위기를 초래했던 것이다.

하지만 2019년 5월 주주총회에선 온라인으로 전자투표를 했는데 주주 중 57%가 참여하며 의결 정족수를 채웠고, 결국 경영진을 교체하는 안건을 통과시켰다. 개회부터 투표와 폐회까지 8분이 채 걸리지 않았다. 전자투표의 결과로 기업의 재무구조를 개선시킬 수 있었고 주식거래 재개까지 이어진 것이다. 2019년 연매출이 전년 대비 8%나 증가했고, 2019년

12월 말 기준 부채비율은 전년 동기 대비 84%나 줄었다. 만약 경남제약의 주주총회가 온라인 전자투표를 하지 않고 기존처럼 오프라인 주주총회만 했었다면 어땠을까?

경영의 중요한 의결을 하는 주주총회는 대주주의 이해관계에 따라 오프라인 주주총회만 고집하는 경우가 많다. 주주총회의 효율성보다는 다른 문제 때문에 전자투표에 소극적인 경우가 많았다. 주식거래는 PC나 모바일로 실시간 하는 걸 당연시하는 시대에, 주주총회의 의결에선 온라인과 모바일로 참여하는 전자투표를 낯설어한다는 게 말이 안 된다. 이는 결국 기술적 문제도, 문화적 문제도 아닌 대주주의 이해관계 문제다. 소액 주주의 권리를 향상시키고, 주주총회 비용도 줄이고, 효율성과 투명성을 위해 도입된 것이 전자투표제다. 전자투표는 주주총회가 열리기 전 10일간 주주들이 온라인으로 의결권을 행사할 수 있는 제도로, 주주총회 당일 출석할 필요도 없고, 본인 인증만 하면 스마트폰에서나 PC에서나 의결권을 행사할 수 있다.

상장사의 주주총회에서의 전자투표 시스템은 미국과 영국이 2000년, 일본은 2001년, 한국은 2010년부터 도입되었다. 심지어 터키는 2012년부터 모든 상장사의 전자투표제를 의무화시켰고, 대만은 주주 수 1만 명 이상에 자본금 20억 대만 달러 이상 기업들에게 의무화, 인도는 주주 100명 이상 기업에게 의무화시켰다. 영국은 예탁결제 시스템인 CREST 등록 주식의 90% 이상이 전자투표를 하고 있다. 일본은 도쿄증권거래소 1부 시장 상장사 중 시가총액 1조 엔 이상 회사의 전자투표 이용 비율이 95% 수준이다.

전자투표 도입 10년째인 2019년 한국예탁결제원을 통해 정기 주총에서 전자투표를 이용한 회사는 581개로, 전체 상장사 2354곳 중 1/4 정도에 불과하다. 2020년 2월 기준, 전자투표가 가능한 회사는 코스피 461개, 코스닥 1064개, 기타 125개다. 즉, 1650개로 전체의 2/3 정도만 가능하고, 1/3은 전자투표 자체가 불가한 상태다. 가능한 곳 중에서도 실제 시행한 곳은 일부였던 셈이다.

2019년 전체 의결권 중 전자투표를 통한 의결권 행사 비율은 4.94%에 그쳤다. 특히 4대 그룹사(삼성, 현대차, SK, LG) 중 SK 그룹 외에는 전자투표에 소극적이었다. SK 그룹은 SK이노베이션은 2017년부터, SK텔레콤은 2018년부터, SK하이닉스는 2019년부터 도입하는 등 주요 계열사 모두 시행하고 있을 정도로 적극적이다. 하지만 삼성, 현대차 그룹은 2020년 주주총회부터 달라졌다. 현대차 그룹은 2020년 주주총회부터 현대자동차를 비롯해 상장한 전 계열사가 전자투표제를 시행했고, 삼성전자도 2020년 주주총회 때 처음으로 전자투표를 시행했다. LG그룹은 여전히 전통 방식을 고수했지만, 4대 그룹 중 3개에서 핵심 계열사들이 모두 전자투표제를 시행한 것이다. 이밖에 CJ그룹도 2020년 주주총회에서 모든 상장 계열사가 전자투표를 시행한다. 2018년에 2개 상장사, 2019년에 3개 상장사에 이어 2020년에 나머지 3개사가 시행하면 CJ그룹의 전체 8개 상장사 모두 전자투표를 시행하는 셈이다. 신세계 그룹은 2019년부터 모든 계열사가 전자투표를 시행해 2020년에도 이어갔다. 현대백화점 그룹은 상장한 7개 계열사 모두 2020년 주주총회에서 전자투표를 했다.

한국을 대표하는 글로벌 기업 삼성전자와 현대자동차조차 국내에서 전자투표제가 가능해진 시점에서 10년이 지나서야 도입했다. 그것도 코로나19가 만든 계기가 아니었다면 더 오래 걸렸을 수 있다. 어쩔 수 없이 받아들인 것이지, 먼저 나서서 도입할 생각이 10년간 없었던 셈이다.

물론 전자투표를 시행하는 기업도 오프라인 주주총회는 한다. 2020년 주주총회장은 마스크 쓴 사람들만 들어갔다고 해도 과언이 아닐 정도로 마스크와 손소독제로 철저히 관리했다. 사실 전자투표는 대면 접촉에 따른 전염병 위험성보다는 소액 주주들의 의결권 보호를 위해서 시작했고, 의결에 있어서의 효율성과 투명성을 위해서 시행하는 것이다. 결국 사람끼리 모여서 하던 방식이 소수가 짬짜미로 의사결정을 독점할 수 있는 가능성도 있다 보니, 이에 대한 대응이자 개선적 대안으로 선택되는 것이다. 컨택트 시대의 단점이 언컨택트 시대의 장점이 되는 셈이다.

기업들이 소극적이면 주주들도 소극적일 수밖에 없다. 2019년엔 주주들의 전자투표 참여율도 낮았다. 한국예탁결제원에 따르면, 2019년 전자투표 대상 주주 999만 명 중 실제로 투표에 참여한 주주는 11만 3000명으로, 참여율은 1.13%에 불과했다. 하지만 2020년 전자투표 참여율은 급등할 수밖에 없다. 소극적이던 기업들도 변화를 받아들였고, 주주들도 그 변화에 동참하고 있기 때문이다.

주요 대기업들이 적극 받아들이면 그외의 기업들로도 확산될 가능성이 크다. 물론 이런 선택은 시대적 변화에 조응하고자 투명한 의결 환경을 만들기 위해서가 아니라, 다분히 코로나19가 초래한 변화다. 코로나19가 10년간 소극적이었던 주주총회의 전자투표제를 적극 받아들이는 결정적 계기를 만들어준 것이다.

합리성보다 불안감이 변화를 이  끄는 힘이 될 때가 있다. 한 번 바뀐 건 다시 되돌리기 어렵다. 있었던 일이 없었던 일이 되

진 않기 때문이다. 결국 코로나19가 온라인 주주총회, 전자투표제의 흐름에 물꼬를 텄고, 이로써 향후 더 많은 기업이 전자투표제를 시행하게 될 것이다. 전 세계에서 전자투표제를 가장 먼저 시작하고, 전 세계 IT 산업의 중심이 미국이지만 그들에게도 전자투표제가 의무는 아니다. 전자투표제는 기업의 자율적 선택에 따르는데 비율이 그리 높지 않았다. 하지만 코로나19를 계기로 많은 기업이 주주총회를 온라인으로 대체하기 시작했다.

대규모 컨퍼런스와 전시회의 진짜 목적은 교류다!

'구글 I/O'는 최신 기술을 선보이는 개발자 컨퍼런스로, 2008년부터 시작된 구글의 가장 큰 연례 행사 중 하나다. 전 세계가 주목하는 IT 행사지만 2020년 구글 I/O는 취소되었다. 코로나19 때문이다. 같은 이유로 세계 최대 통신전시회 'MWC 2020'도 취소되었다. 매년 200여 개국에서 10만 명 이상 참여해온 이 전시는 MWC가 시작된 지 33년 만에 처음 취소가 되었다. 페이스북의 개발자 컨퍼런스 'F8 2020'도 취소되었고, 페이스북의 글로벌 마케팅 서밋도 취소되었다. 마이크로소프트의 전문가 커뮤니티 행사인 MVP 서밋도 취소되었다. 밀라노 가구박람회, 독일의 산업박람회 하노버메세, CES 아시아 2020, 아시아의 다보스포럼이라 불렸던 보아오 포럼 등도 연기나 취소되었다.

앞서 언급한 몇 가지 외에도 수많은 세계적인 컨퍼런스와 전시가 취소되었다. 이런 국제적인 대규모 행사는 준비만 최소 몇 달 전이나 1년 전부터 한다. 이미 투자된 비용도 많을 수밖에 없다. 관련 업계로는 패닉에 빠질 정도로 역사상 유례 없는 일이었다. 2020년 상반기의 세계적 행사와 전시들이 취소 러시를 맞은 건 다 코로나19 때문이다. 2020 밀라노 패션위크(2020. 2. 18~24)는 취소되지 않고 강행된 행사 중 하나였는데, 참가자들 중 코로나 확진자들이 대거 나와서 결국 곤혹을 치렀다.

대규모 전시, 컨퍼런스는 막대한 경제 효과를 가진다. 그래서 취소와 연기에는 엄청난 손실이 따른다. 세계적으로 손꼽히는 전시회 중 하나인 CES는 매년 1월 미국 라스베이거스에서 열리는데, 4일간의 전시 한 번으로 2억 달러 이상의 직접적 경제 효과를 거둔다. 도박 도시로 알려졌지만, 사실 라스베이거스는 MICE 도시다. MICE는 기업 회의와 컨벤션, 박람회, 전시회 등을 모두 포함하는 말이다. 라스베이거스는 MICE로 매년 100억 달러 정도의 경제 효과를 거둔다. 2018년 라스베이거스를 찾은 방문객이 4200만 명이었는데, 그 중 650만 명이 컨벤션, 전시 등 MICE에 참관하러 온 사람들이었다.

현대경제연구원의 보고서(《국내 MICE 산업 경쟁력 현황과 시사점》, 2014. 3)에 따르면, 세계 MICE 산업 규모는 2012년 기준 1조 612억 달러(당시 환율 기준 약 1200조 원)였다. 2009년 산업 규모가 8530억 달러였는데, 2012년까지 3년간 2082억 달러가 증가한 가파른 성장세를 가진 산업이다. 업계는 2017년 산업 규모를 1조 5000억 달러(당시 환율 기준 약 1700조 원)로 추산했다. 한국관광공사에 따르면, 국내 MICE 시장(직접 생산 유발 효과로 추산)은 2012년 기준 24조 8000억 원 정도였다. 현대경제연구원은 국내 MICE 시장을 2011년 기준 19조 2000억 원 정도로 추산했다. 두 기관에 편차가 있긴 해도 연간 시장 규모 20조 원 정도는 되는 셈

이다. 이후 계속 성장했을 것을 감안하면 훨씬 더 큰 시장이 되었을 것이다. 그런데 2020년 1분기 모든 상황이 바뀌었다. 코로나19 팬데믹이 MICE 시장을 패닉으로 몰고갔다. 2020년 1분기뿐 아니라 2020년 상반기의 MICE 행사들이 대거 취소되었다.

대형 전시와 행사를 통해 사람들이 모이면 최신 기술만 공유하는 게 아니라 참여한 사람끼리 서로 네트워킹도 하고, 이를 통해 비즈니스도 연결된다. 즉, 대면을 통한 접촉이 중요한 문화였다. 하지만 전염병의 위험성은 우리에게 새로운 대안에 대해 고민하게 했다. 애플의 개발자 컨퍼런스 'WWDC Worldwide Developers Conference'는 1983년부터 시작되었는데, 2020년 행사는 역대 처음으로 키노트를 비롯한 모든 세션을 온라인으로 진행하기로 했다. 취소 대신 온라인을 선택한 셈인데, WWDC는 수년 전부터 인터넷 생중계 중심으로 행사가 바뀌고 있던 중이었다. 대부분의 발표 세션은 행사장이 아니라 애플 파크의 일부 스튜디오에서 진행되고 인터넷으로 생중계된다. 발표 세션 영상은 생중계 이후에도 계속해서 볼 수 있다. 기조 연설만 스티브 잡스 극장 같은 대규모 공간에서 한다. 즉, 대면 중심의 행사에서 비대면 중심으로 바뀌어 오고 있었던 셈이다. 이건 전염병 때문이 아니라 앞으로 우리가 지향해야 할 방향이기도 하다.

오프라인 행사에는 제한된 인원이 오지만, 전 세계를 대상으로 하는 온라인 중계는 훨씬 더 많은 사람들이 참여할 수 있다. 물론 세션을 중계하는 건 온라인이 효과적이지만, 행사를 통한 사람들 간의 교류는 아직 오프라인이 효과적이라고 여기는 이들이 많다. 대면을 통한 교류가 익숙한 문화이기 때문이다. 하지만 이 문제도 온라인으로 원활하게 교류할 방법을 찾아내는 게 필요하다. 컨택트 시대의 교류 방법은 우리가 잘 안다. 언컨택트 시대에 맞는 교류 방법은 앞으로 풀어야 할 숙제다. 분명한 건, 다양한 시도를 통해 더 효율적이고 효과적인 방법을 찾아갈 것이라는 점이다. 결국 언컨택트 환경에 맞는 교류 방법에 대한 다양한 시도가 2020년 이후 급증할 수밖에 없다.

대비된 위기는 결코 위기가 아니다. 처음 겪는 위기에는 속수무책이어도 변명이 된다. 하지만 한 번 겪은 위기가 반복되었을 때도 위기를 맞는다면 그건 문제가 된다. 결국 우린 찾아내야 한다. 코로나19를 능가할 전염병이 나올 가능성은 늘 존재한다. 기후위기 문제를 비롯, 우리가 겪을 위험과 불안 상황은 여전히 많다. 당연했던 것만 믿고 비즈니스를 할 수는 없다. 변화에 대한 대응은 늘 극단적 상황까지도 대비될 필요가 있다. 특히 글로벌 기업이라면 더더욱 그래야 한다. 전 세계 어디에서든 비즈니스를 한다는 말은 전 세계 어디에서든 위기 상황을 맞을 수 있다는 의미이기 때문이다. 리스크를 줄이는 건 기업으로선 필수적 숙제다.

심지어 금융투자 관련 세미나도 온라인으로 대체되었다. 그동안 금융투자 관련 세미나는 오프라인 투자 세미나가 압도적 주연이고 온라인은 조연 정도였다. 하지만 이것이 바뀌고 있다. 미래에셋자산운용이 2020년 2월에 진행한 '4차산업 ETF 투자 전략' 웹 세미나(2020. 2. 27)는 신청자 2800명, 동시접속자 수 1280명을 기록했다. 펀드매니저가 유튜브 라이브 채널로 투자 전략을 설명하는 방식이고, 사전 신청자만 유튜브 접속창 주소를 제공받아 세미나를 볼 수 있다. 미래에셋자산운용은 2019년 6월부터 매월 2~3회 웹세미나를 개설했는데, 매회 동시접속자 수는 200~300명 정도였다. 키움증권의 온라인 투자 교육 프로그램 신청자도 2019년 12월 5063명에서 2020년 2월에 7822명으로 증가했다. 하나금융투자의 '하나TV', 키움증권의 유튜브 채널 '채널K', 한국투자증권의 '뱅키스' 등 업계의 유튜브 채널도 조회수가 급증세다.

코로나19로 대면 접촉이 제한되다 보니 세미나와 투자 정보들이 온라인을 중심으로 제공되었다. 사실 온라인 세미나가 오프라인보다 비용도 적게 들고 공간의 제약도 없다 보니 더 많은 사람들에게 정보를 제공할 수 있어 금융투자 기업들 입장에서도 온라인의 활성화는 긍정적이다. 다만 금융투자 기업들로선 참석자들과의 교류 효과가 제한된다. 금융사들이 투자 세미나를 했던 것도 정보를 공유하는 목적뿐 아니라 자사의 새로운 고객을 확보하기 위해서다.

온라인 투자 세미나 확산은 투자자에게 더 이득이다. 참석하는 경우, 참석 비용과 시간을 아끼는 장점이 있다. 참석하지 않은 경우도 참석자와 동일한 정보를 보는 셈이기에 오프라인에 대한 의존도를 낮출 수 있다. 그 전까진 오프라인 세미나가 좀더 양질의 정보가 있고, 보다 긴밀한 정보를 얻을 수 있을 거라 여기는 이들이 많았다. 하지만 온라인 중심으로의 전환은 이러한 인식을 바꿔놓고 있다. 오히려 여러 회사의 투자 세미나를 보면서 비교도 하고 더 좋은 곳을 선택할 기준을 만들 수도 있다. 다만 나이가 많거나 모바일, 온라인 환경에 익숙하지 않은 투자자로선 불편이 생긴다.

디지털 디바이드Digital Divide, 정보격차는 어느 분야에서도 예외가 아니다. 결국 불안과 위험을 해소하면서 컨택트를 하고, 교류를 통한 비즈니스를 이어가기 위해선 언컨택트의 방법을 효과적으로 사용할 수 있어야 한다. 우린 컨택트를 버리자는 게 아니라, 컨택트를 지키기 위해 언컨택트를 도구로 쓰자는 것이다.

기업 강연 시장의 붕괴? 아니면 새로운 교육 시장의 기회?

LG유플러스는 2020년 2월 4일부터 3월 3일까지 한 달간의 신입사원 교육을 100% 온라인으로 운영했다. 기존의 신입사원 교육은 집합 교육의 정점이라고 해도 과언이 아니다. 대개 2주나 한 달 혹은 그 이상의 기간을 함께 합숙하며 교육과 생활을 한다. 교육을 통해 업무 소양만 쌓는 것이 아니라 기업 문화도 배우고, 애사심도 고취시키고, 동기들끼리도 끈끈해지도록 했다. 해병대 캠프를 부분적으로 가기도 하고, 행군이나 산악 훈련 등 고된 단체 활동을 하기도 했다. 이런 활동을 통해 집단주의, 조직에 대한 충성심과 동료에 대한 신뢰를 쌓게 했다.

위계서열을 중요시하고, 충성심과 상명하복 같은 군대 문화가 조직 문화에 많이 포함된 한국의 기업들로선 집합 교육을 중요시 여겼고, 그 중에서도 신입사원 교육은 가장 중요한 집합 교육 중 하나였다. 하지만 코로나19로 집합 교육을 모바일 교육으로 전환했다. 교육 과정은 모두 모바일 생방송으로 진행하여 실시간 소통이 가능하도록 했는데, 강사들은

LG 유플러스 마곡 사옥의 방송 스튜디오에서 교육을 진행했다. 수료식마저도 비대면으로 온라인 생방송으로 했다. 이는 특이한 사례가 아니다. 2020년 1월 20일 확진자 등장을 기점으로, 코로나19에 대한 대응 차원에서 기업의 집합 교육이 모두 중단되었다. 이들의 선택은 연기하거나 취소하거나, 아니면 온라인으로 전환하거나였다. 한국 기업들의 수십 년 이어왔던 교육 방식이 완전히 바뀐 것이다.

그동안 기업의 교육 시장은 강연과 워크숍 형태의 오프라인 교육이 중심이었다. 신입사원 교육이든, 각 직급별 승진자 교육이든, 임원 교육이든, 합숙하며 단체로 하는 교육이 연간 운영되었다. 온라인의 이러닝 e-Learning 교육이 있긴 하지만, 밀도 높고 실질적 효과를 거두는 건 오프라인 교육이 우위라는 인식이 컸었다. 만나야 일이 된다는 한국식 사고가 팽배한 사회에서 이러닝은 법정 의무교육이나 자격증, 직무 관련한 교육에서 활용했고, 비즈니스에 직접적인 이슈들은 사람들이 서로 모여 진행했다. 단지 강연만 듣는 것이 아니라 모인 사람들의 교류와 토론을 기대하기 때문이다. 주요 대기업들은 매월 혹은 매분기 전체 임직원이 모여서 강연 듣는 것이 보편적이고, 심지어 매주 강연을 듣는 기업도 있다.

국내에서 강연 시장은 2010년대 이후 급성장했다. 명사들을 비롯, 전문가들의 생생하고 인사이트 있는 강연을 직접 참여해서 듣는 문화가 크게 확산되었다. 이는 기업뿐 아니라 중소기업으로도 번졌고, 관공서나 지자체까지 확산되었다. 강연 시장 규모만 연간 조 단위가 넘고, 전체 온·오프라인 기업 교육 시장도 수조 원 규모다. 그런데 이 시장의 중심인 오프라인 교육 시장이 전면 중지된 것이다. 이 시장에서 교육을 대행, 운영하는 강연 에이전시이자 교육 전문 기업들은 코로나19로 막대한 타격을 입었다. 2020년 1분기는 최악이었고, 2020년 상반기 전체로도 역대급 위기다. 이 기간 중 재정적 타격을 받고 무너지거나 구조조정한 강연 에이전시들도 많다.

이들 업계로선 이를 계기로 오프라인 교육에서 온라인 비대면 교육으로 전환하는 모색을 하지 않을 수 없었다. 교육 전문 기업 휴넷에는 2020년 2월부터 오프라인 교육을 이러닝으로 대체해달라는 요청이 급증했다. 코로나19 확산 초기였던 2월 중순까지 1~2건이었던 것이 2월 마지막 주에는 40여 건으로 늘었다. 초기에는 잠시 연기했다가 상황이 개선되면 다시 하겠다는 접근이었는데, 상황이 장기화될 조짐을 보이자 아예 온라인으로 전환하기로 한 것이다. 직원들에게 교육을 시켜야 할 기업이나, 교육 운영을 대행하고 운영할 교육 관련 기업이나, 둘 다 리스크 있는 오프라인 교육 대신 온라인 교육에 집중할 수밖에 없는 상황이 된 것이다.

오프라인 교육과 온라인 교육은 각기 장단점이 있어 둘 중 하나로 통합할 수 없고 하이브리드로 병행할 수밖에 없다. 그런데 오프라인 교육이 어렵게 되자 이를 온라인으로 전환시켜야 하는데, 기술적으로 전환만 한다고 되는 문제가 아니다. 사실 오프라인과 온라인이란 차이만 있는 게 아니라 콘텐츠를 만드는 방식에서도 차이가 있다. 단순히 오프라인 교육을 영상으로 찍어 온라인으로 보여준다고 되는 게 아닌 것이다. 오프라인 교육이 가진 장점을 온라인에서도 유지하려면 콘텐츠를 만드는 데 더 많은 노력과 시간, 비용을 들여야 한다. 60분짜리 오프라인 강연보다 10분짜리 온라인 교육용 동영상을 만드는 데 더 많은 시간과 비용이 발생하기 때문이다.

대기업의 기존 교육 담당자들은 오프라인 교육에 익숙하고, 이와 관련한 진행이나 운영, 평가의 경험도 오래 쌓았다. 하지만 이러닝은 상대적으로 경험도 짧고 익숙하지 않다. 초기 비용이 투자되어야 하는 분야다보니 제한적으로만 적용시켜왔고, 외부의 이러닝 전문 기업의 콘텐츠를 유료로 이용히는 경우가 많았다. 코로나19가 종식되면 오프라인 교육이 다시 재개되겠지만, 과거와 같지는 않을 것이다. 한 번 전환시킨 이러닝을 유지하려는 기업도 꽤 있을 것이다. 자체적으로 모바일과 온라인으로 직원들을 위한 콘텐츠를 만드는 데 투자하는 기업도 더 늘어날 것이다. 직원을 교육시키는 것은 기업에겐 점점 더 중요한 숙제이기에, 컨택트 중심의 교육에서 언컨택트 중심의 교육으로 무게중심을 옮기는 것이 리스

"이러닝, VR로 해볼까요?"

크를 줄이는 방법이란 것을 코로나19를 계기로 인식하게 되었다. 에듀테크Edutech는 그동안 교육 분야에서 바라보는 미래의 교육 방식이었는데, 이 에듀테크가 언컨택트 시대에도 효과적이다.

에듀테크에서 다뤄지는 기술 중 하나가 가상현실이나 증강현실, 혼합현실 등을 통해 눈앞에서 직접 체험하는 것같이 실감나게 만드는 기술이다. 현장감, 사실감을 높여 교육 콘텐츠에 더 몰입할 수 있도록 만드는데, 콘텐츠뿐 아니라 교육자와 피교육자가 비대면인 경우에도 몰입감을 높일 수 있는 방법을 끊임없이 개발한다. 여기에 교육자와 피교육자를 서로 연결시키는 네트워크도 중요한데, IoT, 클라우드, 5G 기술이 포함된다. 그리고 가장 결정적인 기술이 빅데이터와 인공지능이다. 일방적인 교육 전달이 아니라 학습자의 개인별 성취 상황을 파악하는 것은 물론, 개개인별 최적의 교육 방식이나 콘텐츠에서 다룰 사례나 이야기 방식마저도 맞춤형 교육을 해서 가장 효과를 높일 방법을 찾는다.

기존 교육의 한계가 시공간의 제약을 받는다는 것이었고, 개개인에게 맞게 맞춤형으로 교육시키는 것이 불가능하다는 것이었다. 온라인 교육이 이걸 일부 해소시켜주긴 했지만, 반대로 오프라인 교육이 가진 몰입과 실시간 교감의 면에선 많이 부족했다. 결국 에듀테크는 오프라인과 온라인 교육의 장점을 결합시켜 가장 지능적이고 가장 개인화되는 교육을 구현하는 것이 목적이다. 이건 기업 교육이나 성인 교육뿐 아니라 학교 교육에서도 가장 필요한 것이기도 하다. 결국 에듀테크 시장은 미래 교육 시장의 중심이 될 수밖에 없다.

시장조사업체 'Holon IQ'의 2019년 12월 발표에 따르면, 2018년 전 세게 에듀테크 시장은 1520억 달러였는데, 2025년에는 3420억 달러로 성장할 것으로 예측했다. 2025년의 세계 교육 시장은 7조 8000억 달러로 예상했는데, 이중 에듀테크 시장은 4.4% 비중이다. 2018년에는 전체 교육 시장 중 에듀테크 시장 비중이 2.6%였다. 점점 전체 교육 시장에서 에듀테크가 차지하는 비중이 높아질 수밖에 없는데, Holon IQ가 예상한 2030년 진 세계 교육 시장이 10조 달러니까, 이 중 에듀테크가 10%만 차지해도 1조 달러가 된다. 구글이 지능형 협업 클라우드 소프트웨어 G-Suite와 학습 관리 시스템 Google Classroom의 보급을 확대시키는 것이나, 마이크로소프트가 MS-Office를 활용한 학습 공유 서비스 Office 365 Education을 무료 배포하고 Minecraft 같은 교육용 게임을 보급하는 것도 에듀테크 시장 때문이다.

학교 수업 방식과 언컨택트 : 홈스쿨링 & 무크

전염병에 가장 취약한 것이 집단생활이다. 대표적인 집단생활 중 하나가 바로 교실 수업이다. 한정된 공간 안에 다수의 학생들이 서로 앞뒤, 옆으로 연결되어 수업을 듣는다. 과거엔 앞쪽의 교사를 바라보도록 책상 배치가 되어 교사 얘기를 일방적으로 듣고 필기하는 구조였지만, 지금은 U자 형태나 원형으로 서로 둘러앉아서 상호 간 토론하기 좋은 구조를 취하는 경우도 많다. 과거에 비해 한 교실당 학생 수가 줄어들긴 했지만 여전히 서로가 가까이 붙어서 수업을 하긴 마찬가지다.

수업 중 발표하고 토론하고 말한다. 감염자 한 명이 있다면 순식간에 전염되기 쉬운 상황인 것이다. 한 교실이 다른 교실과 완벽하게 단절되어 있는 게 아니다. 한 학교라면 같은 동선으로 다니고 같은 화장실, 같은 구내식당을 이용할 테니 감염 관리가 어렵다. 전염병이 발생했을 때 이를 막을 수 있는 가장 쉬운 방법은 휴교다. 하지만 가장 복잡한 선택이기도 하다. 전염병은 막을 수 있겠지만 학교의 본원적 기능을 수행할 수 없다. 그리고 학사가 중단되면 이와 연관된 이해관계에 따라 여러 문제가 발생한다.

결국 코로나19를 통해 혼란을 겪은 학교로선 좀더 근본적인 대안을 마련할 필요가 있다. 밀집된 공간에서 대면하며 진행하던 전통적인 수업 방식이 가진 단점이 이번 계기로 크게 부각된 것이다. 코로나19 사태와 같은 일이 다시는 벌어지지 않을 거란 보장도 없고, 오히려 자주 있을 가능성도 배제할 수 없는 상황이다. 코로나19가 만든 계기가 학교와 수업의 전반적 변화를 요구하고 있고, 결국 그 답은 에듀테크에서 찾을 가능성이 크다.

홈스쿨링Home Schooling은 학교에 가지 않고 집에서 초·중·고 교과 과정을 학습하는 것을 말한다. 홈스쿨링을 하는 이유는 여러 가지가 있겠지만, 공교육에 대한 불신에서 비롯된 경우가 많다. 아이의 특성에 맞추기보단 획일화된 보편적 학습을 하는 경우가 많다 보니, 교육 내용뿐만 아니라 교육 방식에 대한 불신이 홈스쿨링을 선택하는 데 큰 이유를 차지한다. 그런데 앞으론 한 가지 이유가 더 추가될 수 있다. 바로 안전에 대한 불안감이다. 적어도 홈스쿨링은 집단생활로 인한 전염병 공포로부터는 자유로울 수 있기 때문이다.

분명 홈스쿨링은 장점과 단점이 동시에 있다. 미국, 영국, 핀란드처럼 합법이며 활성화된 나라도 있고, 독일, 스웨덴처럼 불법인 나라도 있다. 초·중·고가 의무교육이기 때문에 홈스쿨링에 대한 국가별 시각차가 존재한다. 우리나라는 초중등교육법 제14조(취학 의무의 면제 등)에 따라 취학 불가 사유(질병, 발육 상태 등 부득이한 사유)를 신청하면 취학 의무를 면제받을 수 있지만 지극히 제한적이다.

만약 홈스쿨링의 장점과 학교 교육의 장점을 결합하면 어떨까? 아니면 학교 교육을 증강현실을 통해 집에 앉아서 받는다면 어떨까? 바로 에듀테크가 앞으로 구현할 미래다.

정보 전달은 이미 미디어나 컴퓨터 등 사람이 직접 나서지 않아도 잘 할 수 있는 게 많다. 질문과 토론, 비판과 문제 제기 등을 얼마나 잘 이끌어낼 수 있느냐가 사람이 할 역할이다. 이건 개개인의 노력이 아니라 시스템으로 해야 한다. 지금도 이런 걸 잘하는 교사나 교수가 있긴 하지만 그건 각자의 개인적인 능력에서 비롯된 것이다. 교육 시스템은 개인의 능력에 따른 수업 품질의 편차가 커서는 안 된다. 시스템으로 만드는 건 구조적 문제이며, 이건 기존 학교 수업 방식에 대한 전면적 변화일 수밖에 없다. 여기까진 모두가 공감한다. 교사도 학생도 교육계도 다 공감한다. 다만 익숙한 관성이 가진 저항력 때문에 에듀테크를 적극 수용하지 않을 뿐이다. 단지 기술이 아니라, 문화와 사회와 결합된 기술적 진화가 요구된다.

무크MOOC, Massive Open Online Course는 수강 인원에 제한 없이 모든 사람에게 열려 있고, 온라인으로 수업하고, 미리 정의된 학습 목표에 의해 구성된 정식 강좌를 일컫는다. 시간과 공간의 제약 때문에 교육을 받지 못하는 사람이 없도록, 자신의 꿈을 위해 누구나 원하는 공부를 할 수 있도록 만든 것이 바로 무크다. Coursera, edX, Udacity 등이 대표적인 무크 서비스를 하는 글로벌 온라인 교육 플랫폼이다.

코세라Coursera는 코로나19로 인해 정상적인 학사 진행에 어려움을 겪는 전 세계 대학에, 원한다면 코세라 포 칼리지Coursera for College를 2020년 3월부터 7월 말까지 무료로 제공하기로 했다. 2020년 1학기 수업을 제공한 셈인데, 3800개가 넘는 코스와 400개가 넘는 특화 과정이 제공된다. 온라인 수업 준비가 잘 안 된 곳에선 자체적으로 만들기보다 코세라를 이용하라는 얘기다.

코세라는 2012년 설립되었으며, 듀크대, 예일대, 프린스턴대, 스탠포드대, 펜실베이니아대, 버클리음대, 카네기멜론대, 조지아텍, 존스홉킨스대,

출처: Coursera 화면 캡처

조지워싱턴대, 카이스트, 연세대, 칭화대, 동경대, 싱가포르국립대, 홍콩대, 런던대, 코펜하겐대, 제네바대, 바르셀로나대, 시드니대, 뮌헨공대 등 전 세계 주요 명문대를 비롯해 구글, IBM, 인텔, 시스코, 아마존 등에 이르기까지 190여 개의 대학 및 기업과 협업하고 있다. 코세라에서 제공하는 유수 대학이나 기업에서 개발한 교육 및 계발 프로그램을 이용하는 비즈니스 고객, 즉 기업이 2000개 이상이다. 직장인도, 학생도, 공부를 위해서, 또 학위를 위해서 다양하게 이용하는데, 2012~2019년까지 4500만 명 이상이 이용했다고 한다.

기본적으로 코세라 강의는 무료지만, 수료증을 받으려면 유료로 등록해야 한다. 온라인 학위 과정도 제공되는데, 애리조나주립대, 런던대, 미시간대 등과 연계해서 학사, 석사 과정이 온라인으로 개설되어 있고, 학위 과정은 1~3년 소요된다. 일리노이주립대는 8만 달러의 MBA 과정을 2만 달러의 iMBA 과정으로 제공했고, 펜실베이니아대 와튼스쿨은 MBA 학위 과정은 아니지만 5개 코스의 특별 과정을 600달러 정도에 제공했다. 무크는 대학에게도 새로운 비즈니스 기회가 된다. 오프라인 교육 중심에서 온라인과 결합하거나 혹은 온라인화를 통해 전 세계의 학생들을 유입시킬 수 있기 때문이다.

조지아공대는 Udacity 플랫폼을 통해 2013년부터 3학기 기준 4만 5000달러의 정규 컴퓨터과학 석사 과정Online Master of Science in Computer Science을 무크를 통해 7000달러에 제공했다. 조지아공대 학생과 동일한 내용으로 공부하고, 동일한 기준으로 평가받고, 학위도 동일하다. 물론 온라인이라도 더 쉽게 해주는 것이 아니다 보니 오프라인 학생보다 학위

취득률은 낮을 수 있으나, 전 세계 어디서든 조지아공대 석사 과정을 할 수 있다는 장점이 있다. 2016년 기준 86개국 3000여 명이 이 과정에 등록했다. 무크를 이용해 석사 과정을 7000달러에 제공하는 것이다.

MIT 경영대학원은 edX 플랫폼을 통해 8만 달러 정도의 2학기 과정인 MIT 물류경영 MBA 과정의 5개 코스(코스당 150달러)를 제공했는데, 5개 코스 수업과 기말시험비를 포함해 총 1500달러 정도로 한 학기를 수료하면 마이크로석사 자격증MicroMaster's Credential을 받을 수 있다. 마이크로석사 자격증을 취득한 학생은 원할 경우 일정한 심사를 거쳐 MIT 대학 캠퍼스에서 나머지 한 학기를 4만 달러 정도로 이수할 수 있고, 이럴 경우 물류경영 석사 학위Blended SCM Master's Degree를 취득할 수 있다. 온·오프라인 결합 과정인 셈이다.

무크를 이용해 온라인으로만 수업하는 미네르바 스쿨Minerva Schools도 좋은 교육 모델이다. 2014년 개교한 미네르바 스쿨은 캠퍼스도 강의실도 없는 정규 대학이다. 수업 자료를 온라인을 통해 미리 학생들끼리 학습하고, 자체적인 온라인 강의 플랫폼 '포럼'을 통해 매일 저녁 교수와 학생이 실시간 토론 수업을 한다. 교육 강도가 오프라인의 전통적 대학에 비해 오히려 더 과중하다는 평가도 있다. 학생들은 1학년은 샌프란시스코, 2학년은 서울, 하이데라바드(인도), 3학년은 베를린, 부에노스아이레스, 4학년은 런던, 타이페이 등 4년간 전 세계 7개 도시에서 생활하면서 학업을 진행한다. 온라인으로 수업하다 보니 캠퍼스를 전 세계로 이동할 수 있는 것이다. 등록금은 연간 3만 1000달러 정도로, 아이비리그 대학에

비해 1/3 정도다.

아이비리그 수준의 교육을 더 낮은 가격에 제공하는 것도 미네르바 스쿨의 목표다. 미네르바 스쿨을 위해 만든 온라인 학습 자료를 비롯, 전세계 명문대에서 제공하는 다양한 플랫폼 속의 학습 자료도 적극 활용한다. 일방적 지식 전달이 아니라 자발적이고 주도적인 학습 능력을 키우는 것이 이 학교의 방향성이기도 하다. 학위 자체가 아니라, 졸업 이후에도 스스로 학습을 잘할 수 있는 능력을 갖게 하고, 전 세계를 무대로 일하고 살아갈 글로벌 인재를 키우려는 것이다. 온라인과 에듀테크의 장점을 잘 활용하는 대학의 새로운 모델인 것이다. 2014년엔 2500여 명이 지원했고, 2015년엔 1만 1000여 명, 2016년엔 1만 6000여 명, 2017년엔 2만 3000명이 지원하는 등 매년 지원자가 증가세다. 특히 2017년 지원자 중 합격률이 1.9%였는데, 당시 하버드대 합격률은 4.6%였다. 두 학교를 단순 비교할 수는 없지만, 미네르바 스쿨이 얼마나 인기 있고 얼마나 들어가기 어려운지 알 수 있게 해주는 대목이다. 그만큼 새로운 교육 모델에 대한 관심과 기대가 커졌다는 것을 보여주는 사례다.

전통적인 대학들은 그동안 오프라인에서 넓은 캠퍼스와 수많은 건물을 지으며 부동산 가치를 자산으로 삼고, 스포츠팀을 운영하며, 수익사업과 투자에 적극적이었다. 대학이 학생들을 위해 존재하는 건지, 대학의 비즈니스를 위해 학생들이 존재하는 건지에 대한 문제 제기가 나올수밖에 없다. 대학의 중심이 교육이 되기 위해선 오히려 온라인 기반의 비대면 모델이 대안이 될 수도 있다. 이는 미네르바 프로젝트Minerva Project의 설립자이자 CEO인 벤 넬슨Ben Nelson이 미네르바 스쿨을 만들기 위해 가졌던 문제의식이라고 밝힌 내용들이다.

기존의 대학이 이제 더이상 과거 방식에 머물러선 경쟁력이 없고, 지금 시대에 4년제 학위라는 것이 가지는 의미도 달라졌기 때문에 대학 교육의 목표도 바뀔 필요가 있는 것이다. 과거엔 하고 싶어도 못 했던 것이 지금은 에듀테크 기술을 통해 실현 가능한 것이 많아졌다. 공교롭게도 그 변화의 방식에 언컨택트가 있다. 갑자기가 아닌 이미 진행되는 흐름이었던 셈이다.

더 가중된 대학의 위기
: 언컨택트 시대에 대학은 어떻게 살아남을까?

코로나19 사태가 지속되자 전 세계적으로 대학이 개학 연기나 휴교를 단행했다. 정부 차원의 휴교령을 내린 이탈리아, 스페인을 필두로 유럽의 많은 국가에서 대학의 개학 연기와 휴교를 했다. 미국도, 한국도 마찬가지였다. 그런데 개학을 미루는 데도 한계가 있다. 휴교도 임시 조처일 뿐이다. 학사를 이어가야 한다. 유급 문제도 발생할 수 있고, 등록금 문제와 대학 재정 문제도 발생한다.

그래서 선택하는 것이 수업을 온라인 강좌로 대신하는 것이다. 미국의 하버드대, 예일대, 프린스턴대, 컬럼비아대, 스탠퍼드대를 비롯한 미국 전역의 대학들이 수업을 온라인으로 전환했다. 오프라인 교육 기반이었던 대학이 순식간에 온라인 강좌로 전환을 하게 된 것이다. 그렇게라도 해서 학사를 이어가겠다는 것인데, 이건 한국의 대학도 마찬가지다. 그런데 여기서 몇 가지 문제가 발생한다.

첫째는 교육의 품질이다. 오프라인 수업을 그냥 카메라로 찍어 영상을 올려둔다고 온라인 수업이 되는 게 아니다. 온라인 수업에 맞는 콘텐츠 구성과 교육 방식, 운영 방식, 평가 방식이 있다. 온라인 기반의 사이버 대학에서 오랜 시간 시행착오를 겪으며 조금씩 쌓아왔던 노하우와 진화된 답들이 있지만, 기존 대학의 교수들이 하루아침에 그걸 흡수할 수는 없다. 교수들이 카메라 앞에서 기존 오프라인 수업 방식을 급하게 온라인화시키는 건 교육의 품질을 떨어뜨리게 할 수밖에 없다. 실제로 국내 대학의 사례를 보면, 수업 자료에 목소리만 녹음하거나, 실시간 수업 대신 녹화로 하는 경우도 많다. 안 해본 교수가 처음 시도하다 보니 아주 초보적인 방식으로 수업 자료를 만들어 사이버대 초창기 수준보다 못한 경우도 많다. 심지어 지금 학생들은 입시 때 온라인 동영상으로 교육을 받아온 세대다.

그냥 찍으면 되지 뭐가 그리 다르냐 하는 사람도 있겠지만, 사실 많이 다르다. 동일한 공간에서 아이컨택하면서 이어가는 교실 수업과 모니터를 통해서 보는 강의 영상은 다르다. 오프라인 수업보다 온라인 수업을 준비하는 것이 더 많은 돈과 더 많은 시간, 더 많은 노력이 든다. 아니, 더 많이 들여야 오프라인 수업에 버금갈 효과를 거둘 수 있다. 결국 대학에서도 이 문제에 대한 근본적 대안 모색이 필요해졌다.

둘째는 돈 문제다. 한국의 대학가에선 온라인 강의 전환 후 학생들의 등록금 인하와 환불 요청이 나왔다. 이건 미국도 마찬가지다. 특히 미국은 대학의 1년 학비가 3~4만 달러가 많고, 하버드, 예일, 브라운, 코넬 등은 수업료만 5만 달러 정도다. 이런 비싼 돈을 냈는데 온라인 수업을 들어야 한다면 어떨까? 심도 깊은 토론을 하기도 어렵다. 현재 학부뿐 아니라 대학원도 온라인 강의로 전환시키는데, 이는 더 심각하다. 이렇듯 교육의 품질도 상대적으로 떨어질 수 있는데다, 캠퍼스 공간을 누리지도 못하고, 교수나 학생들과의 교류와 관계를 쌓는 데도 제약이 따른다. 학생 입장에서 볼 때 수업료는 이런 부가적 효과까지 다 포함한 비용이다. 이러다 보니 휴학을 신청하는 학생들이 늘었다. 이건 학생에겐 시간을 손해보는 일이 된다.

돈 문제는 학생뿐 아니라 학교도 겪는다. 온라인 강의 전환으로 비용이 추가 발생하기 때문이다. 오프라인 공간은 이미 학교의 자산이니 안 쓴다고 나갈 돈이 안 나가는 것도 아니고, 교수나 교직원 연봉을 깎자고 할 수도 없다. 당연하던 것이 당연하지 않게 되었을 때 발생하는 손실은 결국 누가 감당할 것인가? 대학이 구조조정으로 직원 임금 삭감이나 감원을 하게 되는 경우도 생길 수 있다. 쉽게 풀기 어려운 문제다.

셋째, 나비 효과다. 학교가 멈추면 기숙사도 멈춘다. 미국의 대학에선 기숙사 퇴거 조치를 한 곳이 많다. 이러한 조치로 인해 많은 학생들이 주거난을 겪는다. 특히 미국 대학의 기숙사는 외국인 유학생도 많다. 이들 중 자국으로 돌아가기 어려운 이들도 있다. 각 국가가 입국 통제를 하거나, 입국시 격리 기간을 가지는 경우가 많다 보니 이를 감수하고 돌아가는 건 리스크가 너무 크다. 갔다가 다시 오는 과정에서 격리에 따른 불편과 시간 손실을 볼 수 있다 보니 대학 근처에 머무는 것이 현실적 방법이다. 당연히 주거 비용 부담이 나올 수밖에 없다.

학교의 오프라인 학사 시스템이 멈추면, 그리고 대학가가 출입 통제가 되면, 이와 연결된 비즈니스나 관련 종사자들의 타격으로 이어진다. 심지

성신여대의 코로나19 재난 시국선언

어 재학생들이 겪는 문제가 다음 학기나 다음해 들어올 학생들과도 연결될 수 있다. 재학생들이 받는 기회 비용과 시간 손실의 여파가 자신들만 한 학기 잠깐 받고 소멸되는 게 아닐 수 있기 때문이다.

가뜩이나 대학 산업은 쇠퇴하던 중이었다. 국내에서도 향후 대학의 절반이 사라진다거나(그보다 더 많이 사라진다는 우울한 예측도 있다) 하는 얘긴 꽤 오래전부터 나왔었다. 현대적 의미에서 세계 최초의 대학을 1088년에 설립된 이탈리아 볼로냐대학으로 보는 경우가 많은데, 1109년에 설립된 파리대학, 1167년에 설립된 옥스퍼드대학과 1209년에 설립된 케임브리지대학 등, 800~900년 전부터 존재하던 대학이 여전히 존재한다. 그동안 변화를 하긴 했지만, 과거 대학의 형태에서 크게 벗어나지 않은 것도 많다. 그래서 대학 교육에 대한 무용론도 21세기 들어 계속 제기된다. 특히 IT 산업이 주도권을 가지면서 더더욱 대학 교육에 대한 회의적 시각이 늘었다.

애플Apple의 CEO 팀쿡은 백악관에서 열린 미국 노동력 정책 자문위원회 회의에서, 대학에서 배운 기술과 기업이 필요로 하는 기술, 특히 코딩과 관련해서 미스매치mismatch가 있고, 2018년 애플이 미국에서 고용한 직원의 절반 정도가 4년제 학위가 없다는 얘기를 했다. 4년이란 시간과 비싼 등록금을 투자할 만큼의 가치가 없다는 얘기다. 그만큼의 돈과 그보다 적은 시간을 투자해서 기업이 필요로 하는 자질을 갖추는 데 투자하는 게 더 낫다는 의미인 것이다.

지금 시대에 대학을 가는 건 학위 때문이다. 학문 연구가 아니라 취업이나 사회 진출을 위해 학위가 자격증처럼 필요해서다. 그런데 기업들이 대학 학위를 고려하지 않게 되면 대학에 가는 사람들도 그만큼 줄어들 수밖에 없다. 직장 평가 사이트 '글래스도어Glassdoor'에 따르면 Apple, Google, Netflix, IBM, Bank of America, Hilton 등은 특정 직업에 대학학위를 요구하지 않는다. 학위를 요구하지 않는 기업은 확대 중이며, 대학 무용론이 제기되는 이유이기도 하다. 교육이 필요 없다는 게 아니다. 실제로 기업은 직원 교육에 더 많은 돈을 투자하고 있다.

아마존은 2019년 7월, 7억 달러(약 8200억 원)를 투입해 2025년까지 10만 명(직원 1인당 대략 7000달러 투자)의 직원을 재훈련하는 계획을 발표했다. 신규 훈련 프로그램은 직원들이 사내의 고급 일자리로 옮겨가거나, 회사를 나가 새 직업을 찾도록 도와주는 것을 중점으로 한다. 가령 물류센터의 시간제 직원이 교육을 통해 관리자 역할로 승급될 수도 있고, 소프트웨어 엔지니어 교육을 받아 엔지니어가 될 수도 있다. 머신러닝 대학을 통해 소프트웨어 엔지니어에게 대학원 수준의 머신러닝 교육을 시켜주기도 한다. 심지어 물류센터의 시간제 직원이 간호나 항공기 정비처럼 수요가 많은 분야의 자격증이나 학위를 따도록 학비의 95%를 지원하는 프로그램도 운영하는데, 이런 직업은 아마존에서 채용하지 않는 분야이기 때문에 훈련을 받고 회사를 나가도 된다. 좋은 인재를 데리고 오는 것만큼이나 기존의 인재를 업그레이드시키기 위해 교육을 제공하고, 퇴사도 원활히 할 수 있도록 교육을 제공한다. 잘 들어오는 것만큼 잘 나가는 것도 기업에겐 중요한 인재 관리다.

이건 아마존만의 얘기가 아니다. SK그룹은 2020년부터 사내 대학을 운영한다. 그룹 싱크탱크(SK경영경제연구소)와 그룹 교육기관(SK아카데미) 등의 역량을 결합해 만든 'SK유니버시티'는 SK 구성원 모두가 학생으로, 언제 어디서든 필요한 교육을 신청해 이수할 수 있다. 임직원들은 매년 근무시간의 10%에 해당하는 200시간씩 자신들이 신청한 교육 과정을 자발적으로 이수하게 된다. 데이터 기반의 AI를 활용해 자신의 커리어와 역량에 맞는 교육을 자발적으로 선택해 수강하는 방식이나. AI, DT, 사회적 가치, 글로벌, 행복 등 커리큘럼으로 시작해 순차적으로 미래 반도체와 에너지 솔루션, 디자인 역량, 리더십, 경영일반 역량 등의 과정으로 확대한다. SK그룹의 비즈니스 방향에 맞는 교육 내용을 통해 직원들을 업그레이드시킨다. 반대로 업그레이드되지 못하는 직원들은 도태된다는 의미다.

심지어 한라그룹은 그룹 회장을 인사 책임자로 앉혔다. 2020년 1월 22일, 한라그룹 인사 발표에서 정몽원 한라그룹 회장이 신설된 그룹 최고 인사 책임자CHRO, Chief Human Resoures Officer를 겸하고, 한라인재개발원 원장도 맡았다. 그룹의 인사 및 교육 업무를 총괄하며 직접 HR 혁신을 지휘하기로 한 것이다. 재계 순위 40위권인 그룹 총수가 다른 직책을 겸임하는 것도 이례적이고, 회장이 인사 책임자를 맡는 건 국내 대기업 중 최초의 사례다.

앞선 세 가지 사례는 모두 요즘 기업들이 가진 기본적 지향점에 가깝다. 대학 졸업장으로 평생 써먹는 시대는 끝났고, 계속 교육받고 진화되지 않으면 살아남지 못하는 시대다. 결국 대학이 가진 위상, 기업이 대학 학위를 바라보는 시각이 과거와 달라지는 게 당연하다. 이제 대학 졸업장은 겨우 입사를 위한 평가 도구 중 하나에 불과해지게 되는데, 여기에 4년의 시간과 막대한 돈을 쓰는 것이 과연 앞으로도 유효할까? 산업 구조의 변화, 언컨택트 사회로의 전환은 대학의 역할에 대해 근본적인 문제를 제기한다.

드라이브 스루의 진화 : 진료소에서 장례식까지

드라이브 스루Drive through는 맥도날드나 스타벅스 등 패스트푸드 업계에서 주로 쓰던 방식이었다. 차에 탄 채로 주문하고 물건을 받아서 가는 건데, 한국은 코로나19 선별 진료소에 드라이브 스루 방식을 응용했다. 차에 탄 채로 검진을 받을 수 있어 접촉을 최소화하고, 대기자 간 감염 방지, 검체 채취 시간 단축, 의료진의 안전 확보 등 여러 장점이 있다. 기존 선별 진료소보다 검사 과정이 1/3 정도로 줄어 시간도 그만큼 단축되는데, 이는 검진 능력을 세 배로 늘리는 효과가 된다.

영국 〈파이낸셜타임스FT〉는 드라이브 스루 방식이 조기 치료에 도움이 되었다고 분석했고, 미국 〈월스트리트저널WSJ〉도 한국의 검사 능률이 미국과 유럽 국가들과 대비된다면서 한국이 중요한 모델이 된다고 분석했다. 미국의 CNN과 블룸버그 등에서도 미국이 본받아야 할 모범 사례로 한국의 드라이브 스루 선별 진료소를 소개했다. 트럼프 행정부는 한국 정부에 드라이브 스루 이동 진료소 운영 노하우를 요청했고, 미국 전역에 드라이브 스루 선별 진료소를 만들었다. 독일, 이탈리아, 영국, 호주 등에서도 한국식 드라이브 스루 선별 진료소를 운영했다. 한국식 방식이 전 세계로 퍼진 셈이다.

울산의 한 횟집에서 차에 탄 채로 회를 구입하는 모습

드라이브 스루의 원조격인 커피, 패스트푸드 업계가 코로나19로 전체 매출은 떨어졌지만 드라이브 스루 매장의 매출만 급상승했다. 미국에선 스타벅스가 모든 매장을 임시 휴점하고, 드라이브 스루 매장만 영업을 하기도 했다. 심지어 한국에선 드라이브 스루 횟집도 등장했다. 지방의 한 횟집에서 차에 탄 채로 주문하는 사람들에게 회를 포장해서 준 것이다. 대구의 숯불돼지갈빗집도 드라이브 스루 방식을 이용했는데, 마스크 낀 직원이 포장한 음식을 차 창문으로 건네주며 판매했다. 비접촉, 비대면을 위해선 드라이브 스루가 효과적인 방법이기 때문인데, 언컨택트 사회가 될수록 더더욱 활성화될 수밖에 없다.

2020년 3월, 말레이시아에서 코로나19에 대응해 드라이브 스루 결혼식이 치러져 현지의 〈뉴 스트레이츠 타임스〉를 통해 소개되었고, 이것이 다시 해외 토픽으로 전 세계에 전해졌다. 신랑, 신부가 의자에 앉고, 하객이 자동차를 타고 그 앞을 지나가며 축의금을 내고 서로 인사도 나눈다. 이때 신랑, 신부가 음식이 담긴 봉투를 차에 넣어준다. 악수나 포옹 등 일체의 신체 접촉은 없다. 이 드라이브 스루 결혼식은 기존 결혼식보다 비용도 절감된다. 사실 드라이브 스루 결혼식의 원조는 미국 라스베이거스다. 라스베이거스 스트립Las Vegas Strip에 위치한 '리틀 화이트 웨딩 채플 A Little White Wedding Chapel'은 2005년부터 드라이브 스루 결혼식을 서비스하며 유명해졌다. 라스베이거스에서 매년 10만 쌍 정도가 결혼하는데, 인구 수 60여만 명의 도시에서 이렇게 많은 결혼식이 치러지는 건 아주 싼 비용과 신속성 때문이다. 24시간 운영하는 웨딩 전용 채플도 많고, 혼인신고도 신분증과 수수료만 내면 가능한데, 연중무휴 아침부터 밤 12시까지 가능하다. 결혼식에 대한 고정관념은 이미 깨진 상태다. 결혼을 점점 기피하는 사회에서 결혼을 드라이브 스루로 하든 온라인으로 하든 그리 놀랄 일도 아니다.

심지어 일본에선 2017년 12월에 드라이브 스루 장례식장이 만들어졌다. '렉스트 아이Lext Ai'라는 관혼상제 업체가 일본 나가노長野현 우에다上田시에 만들었다. 차에 탄 채로 접수대에 가서 창문을 내리고 태블릿PC에 방명록을 적은 뒤, 불 붙인 향처럼 생긴 선향식 향(전기상지로 되어 진짜 불은 붙이지 않음)을 건넨다. 그리고 접수대 뒤의 창문으로 빈소를 보며 조의를 표한다. 조문자의 차가 접수대에 도착하면 빈소 안에 램프로 신호를 해주는데, 이때 상주는 모니터 화면으로 조문자를 본다. '아니, 이게 무슨 장례식장이야?' 할지도 모르지만, 일반 장례식장에 가기 힘든 고령자나 신체 부자유자도 좀더 편리하게 조문할 수 있다는 점과, 복장을 갖출 필요도 없이 편리하고 빠르게 조문이 가능하다는 장점은 있다. 그런데 이렇게까지 해서 장례식장에 눈도장 찍으러 가는 게 무슨 소용이 있나 싶으면서도, 우리도 솔직히 진심 어린 애도 때문이라기보다는 눈도장 찍으러 장례식장에 가는 경우가 더 많지 않은가. 우리의 장례 문화 자체가 가까운 가족과 친척, 지인 등 진심 어린 애도를 하는 사람들만의 장례식이 아니라 최대한 많은 사람들을 오게 하는 건 한국, 일본, 중국 모두가 마찬가지다. 그런 걸 생각해보면 일본의 드라이브 스루 장례식장이 그리 이상한 것도 아니다.

연세대 세브란스병원 장례식장에 따르면, 고인이 80대 이상인 빈소 비율이 2008년 30.6%였는데 2017년에는 47%였다. 거의 절반이 80대 이상의 장례식이니, 상주와 문상객의 나이 또한 점점 많아지는 것이 당연하다. 드라이브 스루 장례식은 분명 합리적 대안 중 하나가 될 수도 있다. 결국 장례식 문화가 크게 바뀔 가능성이 큰 시대를 만났다. 더이상 과거 방식을 고수할 수도 없게 되었고, 그렇다고 없앨 순 없으니 변화를 받아들여서라도 장례식 자체를 유지하려 할 테니 말이다.

쇼핑에서의 언컨택트 : 고객과 마주치지 마라

모두의 손에 스마트폰이 있고, 모바일 쇼핑은 급속도로 성장하고, 국내에선 백화점과 대형마트가 부진을 면치 못하고 있고, 해외에선 유명 백화점과 대형 유통기업이 파산하는 일도 다반사다. 온라인 쇼핑의 강자 아마존은 전 세계적 유통 공룡으로 오프라인 유통업계를 계속 무너뜨리고 있지만, 그렇다고 오프라인 유통이 사라진 것은 아니다. 미국에서도 전체 소매 판매에서 온라인 쇼핑의 비율이 전통적인 오프라인 쇼핑의 비율을 처음 앞지른 건 2019년 2월 소매판매보고서(미국 상무부) 때다, 아주 근소한 차이일 뿐, 여전히 오프라인 유통은 꽤 크나.

한국에선 온라인 쇼핑의 비율이 30% 선이다. 온라인 쇼핑 거래액은 2019년에 역대 최고치인 130조 원을 달성했지만, 그럼에도 아직 30%에 불과하다. 여전히 우리에게 오프라인은 중요한 기반이다. 21세기를 맞으며 디지털 경제가 미래의 기회로 부각되며 급성장했지만 우린 여전히 오프라인에서 물건을 사고 어울리며 살아간다. 오프라인 공간, 즉 사람과

국내 새벽배송 시장 규모

1조 원(예상)

4000억 원

1900억 원

100억 원   340억 원

2015   2016   2017   2018   2019   2020

출처: 업계 추산

직접 대면하는 문화가 편리한 온라인 문화의 공세 앞에서도 굳건했음을 확인케 한다.

기술적 진화, 편리, 산업의 흐름 전환 등만 가지고는 온라인의 입지가 지금보다 더 커지는 데는 시간이 걸릴 수밖에 없다. 하지만 코로나19를 계기로 우린 불안이 만든 새로운 언컨택트의 욕망을 가졌다. 이건 온라인 쇼핑에선 분명 기회다. 물론 남들의 위기가 자신들의 기회로 연결된다는 것에 대한 조심스런 시선이 있다 보니, 업계로서도 코로나19가 초래한 호황에 표정 관리하며 조심스러워한다. 하지만 이것은 일시적 변화가 아니다. 오프라인 유통이 온라인으로 더 빨리 전환될 것이고, 유통업계는 재편될 것이며, 오프라인이건 온라인이건 모두 언컨택트를 중요하게 다루게 될 것이다.

2015년 100억 원 정도에 불과했던 새벽배송 시장은 초기엔 '마켓컬리'가 주도했다. 2016년 340억 원 규모로 커지고, 쿠팡의 '로켓프레시'가 합류하고, 이후 대기업 유통사들이 대거 시장에 들어오면서 2017년에 1900억 원, 2018년엔 4000억 원 규모로 커졌고, 2019년 1조 원 시장을 만들어냈다. 급기야 백화점, 홈쇼핑 등이 다 뛰어들었다. 2020년에도 시장이 뜨겁게 커지는 건 당연한 일이었는데, 여기에 코로나19가 기름을 부었다. 코로나19가 트리거가 되지 않았어도 계속 급성장하던 시장이었는데, 이제 규모를 가늠하기 어려울 만큼 폭발적 성장 분위기가 조성되었다.

새벽배송의 가장 큰 장점은 장 보러 가는 번거로움을 없앤 편의성이 아니라, 사람과 접촉할 필요가 없다는 비대면이다. 자고 일어나 문 앞에 놓여진 물건을 갖고 들어오면 그만이다. 새벽배송 시장의 성장은 대형마트 시장의 위축으로 이어진다. 대형마트 점포 수가 계속 증가만 하다가 감소세로 돌아서 이젠 폐점되는 곳이 생기고 있는데, 그 변화의 시점이 새벽배송 시장의 성장과 묘하게 겹친다.

대형마트 업계(이마트, 홈플러스, 롯데쇼핑)의 영업 이익률을 한국신용평가 자료를 통해 살펴보면, 전년 대비 영업 이익률 증가세가 2012년엔 4.8%였고, 2013년 4.1%, 2014년 3.2%, 2015년 2.2%, 2016년 2.2%, 2017년 1.9%, 2018년 0.8%, 2019년 0.9%였다. 갈수록 대형마트 업계의 영업 이익률이 하락하고 있는데 2020년엔 코로나19 때문에 영업 이익률이 마이너스가 되는 건 기정사실이 되었다. 심지어 업계 대표격인 이마트의 2019년 영업 이익은 전년 대비 -67.4%였다. 오프라인 기반 유통사들의 영업 이익률은 모두 하락세다. 롯데쇼핑도 2018년 대비 2019년 영업 이익이 -28.3%이고, 현대백화점도 -18.1%다. 롯데쇼핑은 2020년 2월 13일, 2020년 운영 전략을 발표했는데 향후 수익성이 떨어지는 매장 200곳 이상을 정리한다는 계획이었다. 전체의 30%가 넘는 오프라인 매장을 정리한다는 것이다. 그리고 유통회사를 버리고 서비스 회사로 거듭난다는 방향을 제시했다. 롯데가 가진 방대한 고객 데이터를 중요한 자산으로 보고 이를 최대한 활용하겠다는 의미이기도 하다.

사실 이때까지만 해도 한국 사회가 코로나19에 그렇게까지 심각한 데미지를 받지는 않았다. 2월 중순까지 확진자가 30명이 채 되지 않았을 시점이다. 기업들도 이 시점에서는 2월 말이나 3월 초면 상황이 종료될 거라 기대하기도 했다. 즉, 롯데의 운영 전략도 코로나19가 심각해지고 소비 침체와 경기 불황으로 이어지는 상황에선 수정될 수밖에 없는데, 방향이 바뀌는 게 아니라 속도가 빨라질 것이다. 실제로도 비대면 시장이 급성장한 코로나19 상황에서 이마트는 적극 대응해서 기회를 잡은 반면, 롯데는 상대적으로 기회를 놓쳤다. 롯데마트는 온·오프라인 통합

디지털 풀필먼트Fulfillment 스토어를 2020년 3월에 열고 바로 배송 서비스를 시작할 계획이었지만, 4월 말로 연기되었다. 사실 롯데마트와 이마트의 대응에서의 차이는 불과 몇 달이다. 하지만 그 몇 달의 빠르고 늦음이 이 위기 상황에선 치명적 차이가 된다.

이마트는 SSG닷컴과 이마트몰 등 온라인 몰의 주문을 자체 배송기사가 직접 배달해주는 쓱배송을 서비스하는데, 코

로나19 상황에서 쓱배송의 마감률은 99.8%까지 올라갔다. 즉, 처리할 수 있는 쓱배송 물량을 거의 100%에 가깝게 소화한 것이다. 이는 매출 상승으로 이어진다. SSG닷컴의 2월 19~23일까지의 매출은 전주 대비 45% 증가했고, 전월 대비 47.1% 증가했다. 특히 SSG닷컴의 2월 18일~3월 18일 매출은 전년 동기 대비 51% 증가했다. 주문 마감률도 평소 80%대에서 2020년 2월에 전국 평균 99.8%까지 높아졌다. 확실히 코로나19에 대한 대응을 잘한 것이다. 2019년 말 이마트는 온라인 전용 물류센터 '네오 NE.O 003'을 오픈해 기존보다 처리 건수를 두 배로 늘렸다. 코로나19 이전에 이미 배송, 물류 역량을 강화시켜놓았던 것이다. 여기에 코로나19가 터지자마자 쓱배송 처리 물량을 20% 늘리기로 발표하고, 인력을 단기 증원해 새벽배송 처리 물량도 50% 늘렸다.

쓱배송은 배달 옵션에서 직접 소비자에게 확인하고 전해주거나, 문 앞에 놓아두거나, 경비실에 맡기거나 등을 선택할 수 있는데, 코로나19가 이슈가 된 기간 동안은 직접 전해주는 옵션은 선택할 수 없게 했다. 언컨택트 소비 경험을 더 늘려준 셈이다. 특히 식료품을 비롯한 생필품은 배달 서비스가 주류가 될 수밖에 없고, 그 중 언컨택트가 중심이 된다.

미트에 가서 깅을 모던 궁장난블노 배날앱을 이용하기 시작했다. 한번 편리를 경험한 소비자를 다시 과거 방식으로 되돌리기는 어려운 일이다. 배달 서비스가 더 강화되어야 할 필요성을 코로나19를 통해 각인한 기업들이 많다. 베이커리 브랜드 '뚜레쥬르'는 2019년 9월 처음 배달 서비스를 시작했는데, 2020년 2월의 배달 서비스 매출이 처음보다 10배 이상 증가했다. 이런 결과 앞에서 기업들은 판매 방식의 변화를 선택할 수밖에 없는 것이다.

배달 주문앱 '배달의민족'도 코로나19로 매출의 수혜를 본 기업 중 하나인데, 주문 건수만 늘어난 게 아니라 배민라이더스 입점 가입도 늘어났다. 방문 고객이 줄다 보니 배달로 매출을 만회하기 위한 식당들이 많아졌기 때문이다. 배달의민족뿐 아니라 모든 배달앱 업계가 주문과 매출이 늘었다. 이건 코로나19로 인한 일시적인 것이 아니라 이미 수년간 이어온 흐름이기도 하다. 배달의민족 거래액(배달의민족을 통해 배달되는 음식점의 매출 총액)이 2015년 1조 2000억 원에서 2016년 1조 9000억 원, 2017년 3조 원, 2018년 5조 2000억 원, 2019년 8조 원으로, 4년간 6.7배 정도 늘었다.

통계청이 발표한 '2019년 연간 온라인 쇼핑 동향'에 따르면, 2019년 온라인 쇼핑의 음식 서비스, 즉 배달앱의 음식 서비스 거래액이 9조 7365억 원으로 전년보다 84.6% 늘었다. 2020년 1월은 2019년 1월보다 69.5%나 늘었다. 코로나19 이슈와 상관없이도 이렇게 급성장세였는데, 코로나19 이슈가 시장을 훨씬 크게 성장시킨 것이다. 특히 코로나19 확산 이후 배달의민족과 '요기요'는 비대면으로 음식을 받는 안심·안전배달 옵션을 선택할 수 있게 했다. 배달원이 문 앞에 음식을 놓고 전화로 도착을 알려주는 방식이다. 현장 결제도 줄이기 위해 배달앱에서 주문하면 선결제하도록 하는 비대면 결제 캠페인도 했다. 음식 배달에서 비대면은 해외에선 보편적으로 하던 것이었는데, 우리는 정서상 직접 사람에게 건네주는 것을 선호했다. 하지만 코로나19가 배달앱의 음식 배달에서 비대면을 자리 잡게 하는 확실한 계기가 될 수 있다.

사이렌 오더와 아마존 고 : 말 한마디도 필요 없다

2014년 5월, 스타벅스 코리아는 '사이렌 오더Siren order' 서비스를 시작했다. 매장 반경 2km 이내에서 스타벅스 앱으로 주문·결제하면 실시간으로 메뉴가 준비되는 상황도 알려주고, 이를 확인하며 매장에 찾아가 커피를 받으면 된다. 주문하려고 줄을 서지 않아도 되고, 직원에게 말로 주문할 필요도 없이 미리 주문하면 되니 매장에 들어가자마자 커피를 마실 수도 있다. 카페에서의 비대면 주문의 시작이었다.

이후 스마트폰 앱으로 주문하는 스마트 오더는 국내 커피 프랜차이즈 업계로 이어졌고, 스타벅스는 한국에서 시작한 사이렌 오더를 미국, 중국, 일본을 비롯해 전 세계로 확대시키고 있다. 스타벅스 코리아에 따르면, 2020년 1~2월 사이렌 오더 주문은 800만 건이었고, 이는 전년 동기 대비 25% 증가한 것이다. 2월 기준으로 전체 스타벅스 주문 건수의 22%가 사이렌 오더로 이뤄진다. 비대면 주문은 계속 증가세다. 이건 코로나19 이슈가 크게 반영되지 않은 상황에서도 드러난 증가세인데, 당연히 코로나19

이슈 이후 사이렌 오더는 더 늘어갈 개연성이 크다. 점점 말 한마디 하지 않고도 커피를 주문하고 마실 수 있는 환경이 되어가고 있다.

심지어 술집에서 술도 스마트 오더 할 수 있다. 2020년 3월, 과학기술 정보통신부의 ICT 신기술·서비스(규제샌드박스) 심의위원회에서 주류 온라인 주문·결제 서비스에 대해 적극 행정으로 처리한다는 결정을 내렸다. 술은 기존 주세법상 대면 판매만 가능하고 통신판매는 금지되었었다. 하지만 시대와 기술 환경 변화에 따라 규제에도 변화가 필요하기에 규제샌드박스에서 이 부분을 변경한 것이다. 이에 따라 술도 스마트 오더가 가능해졌다. 온라인 쇼핑몰에서 술을 판매하는 것뿐만 아니라 매장에서 술을 주문하는 방식에서도 변화를 맞이하게 된 것이다. 스마트 오더로 술을 판다는 것은 술집에서 고객 정보와 주문 결제 데이터를 활용해, 데이터 기반으로 매장을 운영하는 것에도 적용된다.

사실 스타벅스도 사이렌 오더를 통해 확보된 고객 데이터 분석을 신제품을 만들 때나 새로운 매장을 낼 때 중요하게 활용한다. 스타벅스는 2017년부터 디지털 플라이휠 Digital Flywheel 프로그램을 운영하는데, 고객들의 주문 내용에 근거해 좋아할 만한 신제품을 제안한다. 제품 개발에도 데이터 기술을 중요하게 활용한다. 확보한 고객 빅데이터에 인공지능 AI이 인구, 소득 수준, 교통, 시장 환경 등의 데이터를 결합해 신규 매장을 찾기도 한다. 과거였으면 시장조사를 한다고 발품 팔고, 유동인구 체크한다고 신규 매장 후보지 근처에서 지나가는 사람 수를 세고 있었을 것이다.

비대면 주문 자체가 핵심이 아니다. 비대면이라는 것은 사람은 빠지지만 그 자리에 애플리케이션과 데이터가 들어간다는 것을 의미한다. 이는 빅데이터와 인공지능을 마케팅에 적극 활용해야 경쟁력을 가지는 시대에선 중요한 자원이 된다. 우리가 굳이 말을 하지 않아도 그들은 비대면 환경에서 쌓은 데이터를 통해 독심술을 가지는 것이다. 이건 온라인 쇼핑업계나 음식 배달앱 업계에서도 마찬가지다. 비대면이 우리의 접촉에 따른 불안만 해소시키고 시간 절약의 편의만 주는 게 아니라, 유통과 서비스업계로선 매출 확대를 위해서라도 꼭 가야 할 방향인 것이다.

익숙한 관성 대신 새로운 변화가 주는 편의에 더 먼저 반응하는 사람들을 얼리어답터라고 하는데, 언컨택트 소비도 이들이 먼저 받아들이고 있다. 언컨택트 소비의 확산 배경이 사실은 기술적 진화이기 때문이다. 신한카드 빅데이터연구소가 얼리어답터의 온·오프라인 결제 방식을 분석한 결과에 따르면, 얼리어답터 고객은 카페에서 모바일 앱을 통한 스마트 오더를 이용하는 비율이 33%나 되었다. 이는 일반 고객 17%의 두 배 정도다.

택시를 이용할 때도, 얼리어답터 고객은 택시앱으로 결제한 비중이 50%다. 즉, 직접 카드나 돈을 내고 결제하는 비율이 50%다. 반면 일반 고객은 택시앱으로 35%, 직접 결제가 65%나. 앱으로 택시를 불러서 타는 비중이 높을수록 결제도 택시앱 결제 비중이 높을 수밖에 없다. 택시를 잡는 방법이나 택시비를 내는 방식에서도 상대적으로 얼리어답터 고객은 비대면에 가깝다. 손 들고 잡을 필요도 없고, 목적지를 말로 얘기할 필요도 없고, 도착 후 계산하느라 지갑을 꺼내고 카드나 현금을 주고받을 일도 없다. 신한카드 빅데이터연구소가 얼리어답터 고객을 추출하는 데 사용한 기준은 2019년 출시된 스마트워치 사전 예약 구매 기록이다. IT 기기를 사전 예약해서 구매하는 이들을 얼리어답터로 보고 분석한 것인데, 얼리어답터는 새로운 서비스, 새로운 변화에 더 수용적인 소비자로 볼 수 있다.

스타벅스의 한국 매장은 2019년 기준 1300여 개인데, 이 중 840개(64%)가 현금 없는 매장이다. 신용카드나 직불카드, 모바일 페이나 스타벅스 앱을 통한 결제 등 현금이 아닌 결제가 대부분이다. 현금 없는 매장에서의 현금 결제 비율은 2019년 말 기준 0.5% 수준이다. 이 정도면 현금 없는 매장인지 모르고 온, 현금밖에 없는 사람들에 해당된다. 스타벅스 한국 매장 전체에서 현금 결제 비율이 2010년 30% 정도였는데, 2017년에는 7%까지 줄었다. 스타벅스 이용객 중 소위 단골들은 스타벅스 앱으로 결제한다.

시장조사업체인 '이마케터eMarketer'에 따르면, 2019년 10월 기준 미국의 근접 모바일 결제 사용자proximity mobile payment users 중 47.3%인 3300만 명이 애플 페이Apple Pay 사용자였고, 39.4%인 2520만 명이 스타벅스 앱 사용자였다. 2018년까진 스타벅스 앱이 점유율 1위를 계속 유지했었다. 물론 점유율 2위이긴 해도 전체의 40% 가까운 점유율이다. 구글 페이 사용자가 1210만 명, 삼성 페이 사용자가 1080만 명인 걸 감안하면 스타벅스가 모바일 결제 시장에서 얼마나 큰 존재인지 알 수 있다. 특히 다른 모바일 페이와 달리 스타벅스 앱에는 예치금이 필요하다. S&P Global Market Intelligence에 따르면, 2016년 1분기 기준 미국 스타벅스의 앱과 선불카드에 충전된 금액만 12억 달러다.

스타벅스 아메리카의 사업보고서에 따르면, 2019년 9월 기준 12억 6900만 달러(약 1조 5000억 원)가 충전하고서 아직 사용하지 않은 현금이다. 전 세계 매장 중 미국 매장이 60%가량 되니까, 전 세계적으로 20억 달러(약 2조 4000억 원) 정도가 예치금으로 확보된 것으로 추정 가능하다. 스타벅스 통장 예금인 셈인데, 이자도 없고, 고객은 60%를 써야 나머지 40%를 인출할 수 있다. 스타벅스에 절대적으로 유리한 구조다. 스타벅스는 전 세계 64개국에 진출했다. 글로벌 금융사가 될 수도 있다. 심지어 전 세계 스타벅스 매장에서 별도 환전 없이 자국에서 쓰던 스타벅스 앱의 예치금을 쓸 수 있도록, 스타벅스는 백트Bakkt라는 암호화폐 거래소 파트너로 참가했다. 2018년 10월에는 아르헨티나 은행 방코 갈리시아 Banco Galicia 와 제휴해 실제 오프라인 은행 지점도 오픈했다. 스타벅스가 금융업에 진출하는 것도 가능한 시나리오이고, 스타벅스가 스타벅스 앱 이용자를 활용해 다양한 비즈니스로 확장하는 것도 가능한 시나리오다.

아마존은 2016년 12월, 시애틀에 있는 아마존 본사에 '아마존 고 Amazon Go '라는, 아마존 직원들만 이용할 수 있는 상점을 오픈했다. 계산대에 줄을 설 필요도, 직접

계산대 없는 무인 편의점 아마존 고

계산할 필요도 없는 무인 매장의 테스트였다. 고객이 매장 입구에서 자신의 스마트폰 앱을 스캔한 후 입장하는데, 갖고 나오는 물건을 센서가 자동으로 인식하고 앱에서 결제까지 해준다. 이를 아마존은 '저스트 워크 아웃Just Walk Out' 기술이라고 하는데, 언컨택트 소비 방식이자, 결제를 위해 현금이나 카드도 꺼낼 필요 없다는 얘기는 아마존 앱으로 결제한다는 의미다. 여기서도 고객이 어떤 물건을 구매하는지를 통해 고객을 분석할 수 있다. 2018년 1월부터 정식 아마존 고 매장이 만들어지기 시작했고, 시애틀, 뉴욕, 샌프란시스코, 시카고 등 25개 매장이 운영되고 있다.

무인 매장에서 공간의 크기와 취급하는 물건 수는 중요한 변수다. 그래서 아마존 고는 정식 매장에서 카메라 기술과 알고리즘 기술을 계속 발전시켜왔고, 이것이 일종의 필드 테스트 과정이다. 무인 매장은 단순한 아이디어와 달리 실제 구현에선 다양한 문제가 발생하기 때문에 이를 정교하게 해결하기 위해선 실질적인 현장 테스트가 필수적이다. 이런 과정을 거쳐 2020년 2월 시애틀에서 기존 매장보다 6배 정도 큰 '아마존 고 그로서리Amazon Go Grocery 스토어'를 오픈했다. 아마존 고의 26번째 매장인데, 채소, 육류, 해물, 베이커리, 유제품, 간편식, 주류 등 5000여 종의 식료품이 판매된다. 이를 시작으로 아마존 고는 그로서리 매장을 확대시킬 예정이다. 편의점 규모에 이어 슈퍼마켓 규모까지 이상 없이 운영되면 더 큰 매장으로까지 이어질 것이고, 결국 미국 전역의 슈퍼마켓과 대형마트를 바꿀 날까지 올 것이다.

사실 아마존의 진짜 목적은 직접 슈퍼마켓을 운영하는 게 아닐 수도 있다. 아마존은 무인 매장에서 자동으로 계산하는 기술을 '저스트 워크

아웃 테크놀로지 바이 아마존Just Walk Out Technology by Amazon '으로 명명해서 외부로도 팔고 있다. 이 기술을 대형 월마트나 타깃 같은 유통업체를 비롯, 소매 결제가 이뤄지는 다양한 영역에 팔고자 한다. 2019년 9월 CNBC는, 아마존이 아마존 고 결제 시스템을 공항 내에서 샌드위치나 식음료를 파는 'CIBO 익스프레스'의 운영회사인 미국의 OTG와 극장 체인을 가진 영국의 시네마월드 그룹에 제안했다는 보도를 한 적이 있다. 이때 CNBC는 아마존이 결제 시스템 제공으로 상품 판매액에서 일정 비율의 수수료를 받는 방식을 비롯, 초기 구축 비용과 월 단위 요금을 징수하는 방식을 검토 중이라고 했다.

2020년 3월 9일, 로이터통신은 이미 아마존이 여러 기업과 무인 결제 캐셔리스Cashierless 기술 판매 계약을 맺었다는 보도를 했다. 〈월스트리트저널WSJ〉은 2020년 3월 16일, 아마존이 캐셔리스 스토어Cashierless stores 솔루션 확대 일환으로 관련 소프트웨어를 오픈소스로 제공하는 것을 추진하고 있다고 보도했다.

이런 정황들로 보면, 확실히 아마존은 유통시장에서 무인 매장 분야의 주도권을 가져가려는 것으로 보인다. 그건 유통의 미래가 언컨택트로 갈 수밖에 없기 때문이다. 그리고 아마존의 솔루션은 아마존의 클라우드 서비스인 아마존웹서비스AWS로 돌아간다. 결국 아마존의 저스트 워크 아웃 기술 확산으로 유통업계의 지배력과 클라우드 서비스의 지배력을 동시에 높일 수 있는 셈이다. 아마존의 전략이 성공할지 안 할지는 장담할 수 없지만, 유통의 방향이 바뀔 것은 장담할 수 있다.

증강현실로 쇼핑하고, 혼합현실로 일하는 시대

구찌 신발은 안 샀지만 구찌 신발 신은 사진은 인스타그램에 올릴 수 있다. 구찌 매장까지 가서 신으면서 셀카를 찍은 게 아니다. 2019년 7월, 구찌의 iOS 앱에 증강현실AR 기술을 이용한 신발 피팅 서비스가 시작되었다. 구찌 앱에서 신발을 고른 후, 스마트폰 카메라로 자신의 발을 비추면 신발을 신은 모습이 화면에 나타난다. 실제 신발을 신은 것 같은 현실감 높은 모습의 영상이다. 그 모습을 사진으로 찍을 수 있고, 소셜 미디어에도 올릴 수 있고, 신발이 잘 어울리는지 친구들의 의견을 들어볼 수도 있다.

이건 신발을 산 것도 아니고, 그렇다고 진짜로 신발을 신은 것도 아니지만, 사진 속 나는 이미 그 신발을 사서 신고 다닌 사람처럼 보인다. 직접 신어보지 않고서도 자기 발에 잘 맞는지, 자신의 옷과 신발이 서로 잘 어울리는지 등을 AR 기술을 통해 좀더 정확히 미리 확인해볼 수 있다. 신발에 어울리는 바지, 그 신발에 어울리는 치마는 뭔지를 집에서 옷장 앞에서 확인해볼 수도 있는 것이다.

이렇게 사이즈와 스타일을 맞춰보다 보니, 모바일로 구매한 제품이지만 신발 사진만 보고 샀을 때와 달리 만족도가 높아져 반품이 줄어들 수밖에 없다. 이는 반품 처리 비용을 줄이는 효과와 함께, 물건 산 사람들이 가질 불만족의 기회 자체를 줄일 수 있다 보니 브랜드에 대한 충성도를 더 높이고, 제품 구매는 더 촉진시키는 결과로 이어질 수 있는 것이다. 구찌가 만든 AR 착화 서비스인 '트라이온Try-on' 기능은 AR 기술 응용 스타트업 워너비Wannaby가 개발했다. 워너비는 또 인공지능과 증강현실을 활용한 기술로 아디다스, 나이키 등 유명 브랜드의 운동화를 가상으로 신어볼 수 있는 '워너 킥스Wanna Kicks'라는 앱을 선보였다. 앞으로 모바일 신발 쇼핑 서비스에선 AR 착화 서비스가 더 확산될 것이다. 이건 신발 외에도 옷, 색조화장품, 가구 등을 모바일로 구매할 때도 활용 가능하다.

그동안 오프라인 쇼핑이 유일하게 온라인, 모바일 쇼핑에 비해 우위를 점했던 것이 실제 착용해보고 경험해봄으로써 구매시 판단의 정확도를 가진다는 점이다. 온라인, 모바일 쇼핑에선 늘 구매 후 불만족과 반품이 가장 큰 고민이었는데 AR 기술을 활용해 그 문제를 해소시켜갈 수 있게 된 것이다.

아울러 사진으로만 보던 제품을 직접 착용한 것 같은 증강현실을 경험하면서 충동구매가 더 늘어나기 쉽다. 오프라인과 온라인의 장점을 다 가진 셈이기에 유통업계와 패션업계 입장에선 AR 기술을 적극 시도하고자 한다. 미국의 소비자조사 기관 '인터렉션스 컨슈머 익스피어런스 마케팅'에서 2017년 1062명의 미국 소비자 대상으로 조사한 결과, AR 기술을 통해 상품을 체험했을 경우 72%가 계획에 없던 충동구매를 했던 것으로 나타났다.

중국의 알리바바, 바이두, 텐센트는 모두 VR, AR 커머스 시장에 막대한 투자를 하고 있다. 알리바바의 '바이 플러스Buy+'는 VR 헤드셋을 착용하고 쇼핑하는데, 방 안에서 쇼핑하지만 마치 백화점 매장 안에서 쇼핑하는 듯한 느낌을 준다. 물건을 골라서 집 안에 배치해볼 수도 있다. 알리바바는 AR 쇼핑 서비스에 이어 AR을 이용한 내비게이션 서비스도 개발 중이다.

이케아는 구매하려는 가구가 집 안에 잘 어울리는지를 확인할 수 있는 AR 기술 기반 앱을 2017년부터 서비스했다. 미국 페인트 회사 셔인윌리엄스는 집 안을 칠할 컬러를 고르고, 집 안과 잘 어울리는지를 AR 기술로 미리 확인해볼 수 있는 모바일 앱을 개발했다.

롯데홈쇼핑은 2018년 8월, 모바일 앱에서 구매한 물건을 집 안에 배치해 어울리는지 볼 수 있는 AR 뷰 서비스를 도입했고, 9월부터 실제 매장 안에 있는 것 같은 'VR 스트리트' 서비스를 시작했다. 롯데홈쇼핑은 AR 뷰 서비스 도입 후 반품과 불만율이 감소했다고 밝힌 바 있다. 신세계는 백화점과 이마트, 복합쇼핑몰 등의 다양한 매장을 디지털 플랫폼으로 구현해 가상현실로 쇼핑할 수 있게 하고, 오프라인 매장에선 증강현실을 이용해 상품 정보를 소비자가 더 쉽고 자세히 확인할 수 있게 했다.

국내외를 막론하고 소비재와 유통업계에선 모두가 AR·VR을 통해 쇼핑에서의 소비자 경험을 높이는 데 적극적이다. 온라인과 오프라인의 결합에서 증강현실, 혼합현실, 공존현실 같은 기술의 활용도는 더 높아질 수밖에 없다. 우린 자신이 가상공간에서 쇼핑하는지 현실공간에서 쇼핑하는지, 직접 입어봤는지 아닌지를 구분하기도 어려울 정도로 가짜가 만든 진짜 같은 현실 속에서 쇼핑할 것이다. 밀레니얼뿐 아니라 기성세대들도 언컨택트와 증강현실 소비에 익숙해지고 있고, 향후 Z세대는 더할 것이다.

볼보자동차는 업계 최초로 혼합현실MR 기술을 자동차 개발에 도입했는데, 핀란드의 증강현실 헤드셋 제조사 바르요와 함께 개발했다. '바르요 XR-1' 헤드셋은 고화질 카메라를 장착해서 높은 해상도의 사진처럼 생생한 혼합현실을 구현해내는데, 마치 실제 차량에 타고 운전하면서 테스트하듯 할 수 있다.

혼합현실은 가상현실VR과 증강현실AR을 융합해서 사용자 경험을 극대화시키는 기술이다. 가령 디자이너나 엔지니어가 향후 개발되는 차량의 실제 모델이 만들어지기 전부터 시뮬레이션 환경에서 차량을 실제 주행하는 것처럼 경험하며 평가할 수 있다. 가짜를 통해 진짜를 만드는

증강현실을 넘어 혼합현실, 더 나아가 공존현실로 이어지는 기술의 진보는 언컨택트 세상을 훨씬 앞당겨 우리에게 보여준다.

데 더 좋은 답을 찾는 셈인데, 이를 활용할 경우 개발 일정도 크게 단축시킬 수 있다고 한다. 자동차 회사들 중에선 시제품 회의를 할 때 증강현실 기술을 사용해서 시간과 비용을 단축시키는 경우가 많은데, 볼보는 이를 좀더 진화시켰다.

엘리베이터 전문 기업 티센크루프는 엘리베이터를 수리할 때 '홀로렌즈'를 착용하는데, 수리 매뉴얼과 사고 전 데이터가 한쪽에 뜨고, 본사 엔지니어와 실시간 연결되어 함께 논의할 수 있게 한 시스템이다. 엘리베이터마다 매뉴얼이 달라서 수리 시 매뉴얼이 꼭 필요한데, 태블릿으로 매뉴얼을 보면서 하는 것보다 '홀로렌즈'를 통해 보면서 진행하면 수리 시간을 40% 절감할 수 있다고 한다.

구글이 증강현실 기술을 활용한 스마트 안경 '구글 글래스'를 시도했다가 시행착오를 겪은 뒤 다시 개발하고 있고, MS는 혼합현실용 제품인 '홀로렌즈'를 개발했다. '홀로렌즈 2'는 PC가 탑재되어 있어 별도의 CPU 연결이 필요 없고, 움직임에 따라 소리도 센서와 연동되어 공간감과 몰입감을 높여준다. 무게가 640g으로 장시간 끼기엔 무게감이 있고, 가격도 400만 원대의 고가지만, 작업자들의 업무용 증강현실 글래스의 경우에도 별도의 PC 없이 자체 탑재되어 독자적으로 작업이 가능하게 했다.

자동차 수리 매뉴얼을 증강현실로 구현하는 시도도 국내외에서 다양하게 시도되는데, 이럴 경우 차종과 브랜드에 상관없이 수많은 자동차 모두를 좀더 원활하게 수리할 수 있게 된다. 아울러 건설 현장에서 시설 관리나 유지보수 관리에서도 증강현실로 편평도, 거리, 각도, 면적 등을 건물을 보면서 바로 확인할 수 있는 기술도 개발된다. 건설 현장뿐 아니라 산업 현장에서도 다양하게 활용되는 게 바로 혼합현실과 증강현실 기술이다.

가장 대중화, 보편화된 것이 가상현실VR, Virtual Reality이다. 이는 가짜만으로 이뤄진 공간이다. 그 다음이 진짜 공간과 가짜 공간이 결합해 진짜 공간을 확장시키는 증강현실AR, Augmented Reality이고, 그 다음이 가상현실과 증강현실을 융합한 혼합현실MR, Mixed or Merged Reality이다. 그리고 그 다음이 혼합현실에 네트워크를 결합해 원격의 서로 다른 사용자들이 현실 공간감을 함께 느끼며 친밀하게 협업하는 공존현실CR, Coexistent Reality이다. 공존현실이 완전히 구현되는 상황이 되면, 우린 가상과 현실이 경계가 지워진 확장된 공간 속에서 시공간을 초월해 전 세계 다양한 사람들과 일하고, 어울리고, 다양한 활동을 할 수 있게 된다.

혼자 꾸면 꿈이지만 모두가 꾸면 현실이 된다. 가상현실에서 증강현실, 혼합현실로 진화했다면, 이젠 공존현실이다. 현실과 가상이 결합된 공간에서 여러 사람과 교류하며 협업도 하고 어울리기도 한다. 혼자서만 가짜를 진짜로 여기는 게 아니라, 여럿이 함께 가짜와 진짜가 결합된 공간에서 시각과 청각, 촉각, 후각까지도 느낀다. 이쯤 되면 어디까지가 진짜이고 무엇이 가짜인지는 전혀 중요하지 않다. 함께 느끼는 모든 것을 그냥 그대로 받아들이면 된다. 그 자체로 모든 건 실제하는 진짜가 되는 셈이다. 진짜냐 가짜냐의 의미가 사라지는데, 대면이나 비대면이냐는 더 이상 중요하지 않게 된다. 모든 기술은 언컨택트로 통한다고 해도 과언이 아니다. 시공간의 제약을 넘어서서 더 원활하고 효율적인 컨택트를 위해 우린 기술적으로 구현하는 언컨택트를 받아들이려는 것이다.

코로나19에 대처한 중국의 QR코드와 안면인식 기술
: 빅브라더와 언컨택트

코로나19에서 중국은 흥미로운 것을 보여줬다. 병의 진원지이며 전 세계로 전염시킨 중국은 1월의 급증하던 추세가 2월 중순을 정점으로 최고치를 찍은 후 신규 확진자 수가 감소세를 이어갔고, 3월부터 안정세를 보이며 일일 확진자 수가 수십 명 수준으로 떨어졌다.

　반면 유럽은 이탈리아를 필두로 3월부터 급속도로 확진자가 늘었는데, 그 중 이탈리아, 스페인, 독일, 프랑스, 영국 등은 일일 확진자 수가 수천 명 수준이었다. 심지어 미국은 일일 확진자 수가 1만 명 단위를 상회하는 수준이 되었고, 결국 중국보다 확진자 수가 훨씬 더 많아졌다. 사망자 수에선 이탈리아, 스페인 등이 중국을 상회하기 시작했다. 이 모든 것이 3월 중순의 불과 1주일 사이의 일이다. 유럽과 미국이 특히 확산세가 빨랐다. 아예 전염병의 통제 방식을 포기하고, 중증 환자에 대한 대응 위주로 전환한 나라도 있었다.

　인구 14억 2000만 명의 중국은 어떻게 통제를 했던 걸까? 유럽 전체의 인구가 7억 4000만 명이고, 이 중 유럽연합 26개국 인구는 5억 1300만 명이다. 미국 인구는 3억 2700만 명이다. 미국보다는 4배 이상 많고, 유럽 전체보다도 2배, 유럽연합보다 2.5배 정도가 많은 나라가 중국이다. 분명 지역사회 감염은 인구가 많은 나라가 불리할 수 있는데 중국이 단기간에 전염병을 통제한 원동력은 무엇일까? 물론 중국이 공산당 독재 국가라서 강력한 통제가 가능하다는 점도 한 이유겠지만, 그보다 중국의 QR코드와 안면인식 기술을 주목해볼 수 있다. 실제로 중국은 3월 들어 이전에 중단되었던 대중교통 서비스가 재개된 지역이 늘었고, 개학하는 학교도 늘었고, 공장도 정상화되었다. 코로나19가 완전히 종식된 건 아니지만, 모니터링하면서 충분히 통제 가능하다고 본 것이다.

중국의 랴오닝성 선양시(인구 830만 명의 산업도시)에서 코로나19 대응을 위해 2월부터 대중교통 실명제를 시행했다. 버스, 택시, 지하철, 관광용 차량 등 대중교통을 탈 때 스마트폰의 QR코드를 스캔해야만 탑승이 가능하다. QR코드 스캔을 하면 승객의 이름과 연락처를 포함한 정보가 수집되어 동선도 파악되고, 확진자와 의심 환자의 이동 경로와 현황 분석의 정확도도 높다. 앱으로 QR코드를 받으려면 거주지와 현재 건강 상태, 최근 방문한 장소, 확진자와의 접촉 여부 등에 대해 입력해야 한다. 만약 허위 작성이 밝혀지면 1년간 블랙리스트로 관리된다. QR코드 스캔을 하지 않으면 승차를 거부당할 수 있고, 스마트폰이 없어서 QR코드 스캔을 할 수 없는 사람에겐 개인정보를 서면으로 작성해야 한다.

중국은 대중교통만 통제한 것이 아니라 자동차도 통제했다. 광둥성 선전시(인구 1250만 명의 경제특구이자 IT 산업 제조 기지)에선 드론에 QR

중국 안면인식 기술 전문회사 쾅스쿼지의 기술 시연 장면

코드가 새겨진 플래카드를 매달아 도로의 요금소 상공에 띄웠다. 운전자는 차 안에서 자신의 스마트폰으로 QR코드를 스캔했는데, 개인정보가 입력된 QR코드를 통해 차량 탑승자와 차량의 이동 경로를 파악했다. 심지어 출입 통제도 했다. 알리페이Alipay는 사용자의 상태에 따라 QR코드에 색깔을 부여하는데, 녹색 코드는 이용 제약 없는 상태로 공공시설이나 주요 검문소를 지날 수 있지만, 노란색 코드는 자가 격리, 빨간색 코드는 2주간 격리 상태를 의미한다. 즉, QR코드 색깔에 따라 이동 제한이 생기고 출입 제한이 생기는 것이다.

중국은 재래시장마저도 QR코드를 사용하다 보니, 녹색 코드가 아닌 경우 재래시장 출입을 막을 수 있다. 개개인의 자발적 판단과 양심에 맡기는 것이 아니라, QR코드를 통해 어떤 상태의 누가 어디를 가고, 어디서 제한을 받는지도 다 알 수 있다 보니 자가 격리 대상자가 몰래 돌아다닐 수 없는 것이다. 다른 나라에선 자가 격리자나 유증상자가 돌아다니다 확진자를 증가시킨 사례가 꽤 있지만, 중국에선 QR 코드를 통해 이를 통제할 수 있었던 셈이다.

사악해서 통제하는 게 아니라 불안해서 통제한다고 할 수도 있다. 중국 교통부는 선양시의 방식을 채택해 3월부터 중국 전체에 QR 코드 스캔 의무화를 실시했다. 기술을 통한 전염병 통제의 한 방법을 보여주는 사례다. 물론 중국 정부는 개인정보가 전용 서버에 암호화되어 보관되기 때문에 정보 유출이 없다고 밝히긴 했지만, 이런 통제 방식은 중국 아닌 다른 나라에선 시도조차 어려운 일이다.

중국은 안면인식 기술도 활용했다. 중국 정부는 코로나19 확산 초기였던 1월 말부터 마스크 의무 착용과 외출 자제를 지침으로 내렸는데, 이때 안면인식 드론이 날아다니며 마스크를 쓰지 않은 사람들에게 경고 방송을 했다. 특히 쓰촨성 청두시(인구 1630만 명의 대표적 상업도시)에선 일부 경찰에게 '스마트 헬멧 N910'이 지급되었다. 이 헬멧은 5m 이내에 있는 사람들의 체온을 실시간 자동으로 감지하는데, 37.5도 이상의 고열이 나는 경우 경고음이 울린다. 심지어 안면인식 기능으로 스마트 헬멧 화면으로 보이는 사람의 이름과 개인정보도 뜬다. 거리에서 고열이 나는 사람을 찾아내고, 누군지도 바로 확인되니까 도망갈 수도 없다.

중국의 대표적 안면인식 기술업체인 센스타임은 마스크 쓴 사람의 신원을 99% 정확도로 인식하는 기술을 선보였다. 중국은 전 세계에서 안면인식 기술이 가장 앞선 나라다. 2018년 11월 미국 국가기술표준연구소

NIST가 주최한 안면인식 공급업체 정확도 테스트 FRVT, Face Recognition Vendor Test에서 1~5위가 모두 중국 업체의 알고리즘이었다.

2018년 4월, 중국에선 5만 명이 모인 콘서트장에서 수배자를 안면인식 기술로 검거한 바 있다. 콘서트장 입구에 설치된 카메라를 지나야 입장이 되는데, 지나가며 찍힌 얼굴만으로 수배자 신원이 바로 확인되었고, 공안이 즉각 출동해서 검거한 것이다. 중국의 안면인식 기술은 경찰, 세관, 항만 같은 공공안전 기관에서 먼저 적용해서 써왔고, 심지어 일부 학교에서 안면인식 기술로 출석 여부나 수업에 집중하는지, 졸거나 딴짓을 하는지 여부를 확인하는 용도로 쓴 사례도 있다. 효용이 많은 기술임에는 틀림없지만, 악용하면 위험한 기술임에도 틀림없다.

조지 오웰의 『1984』에 나오는 빅브라더에 가장 가까운 게 지금의 중국이다. 분명 코로나19 대응에서 중국이 사용한 QR코드와 안면인식 기술이 효과적이었는지는 몰라도 사생활과 인권, 개인정보 유출의 위험성은 분명 존재한다. 그리고 코로나19 대응 효과를 내세워 향후에 이런 시스템을 확대 구축하는 것에 대한 우려도 존재한다. 분명 양날의 검이다.

언컨택트 사회는 비대면이지만 오히려 더 촘촘한 감시와 통제가 가능할 수도 있다. 사람이 사람을 통제하는 시대는 끝났다. 사람이 사람을 통제한다는 발상도 유효하지 않은 시대다. 통제가 아닌 관리와 보호를 위해서 사람이 아닌 기술의 힘을 빌릴 방법에 대해 고민이 필요한 시대인 건 분명하다. 언컨택트 사회의 딜레마다.

공장 폐쇄를 겪은 기업에게 공장 자동화란?

삼성전자의 스마트폰 생산라인이 있는 구미2사업장에 코로나19 확진자가 발생하면서 공장 가동이 중단되었었다. 생산라인을 멈추고, 사업장 전체를 24시간 닫고 방역을 했다. 문제는 한 번만 중단하면 된다는 보장이 없다는 점이다. 언제든 확진자가 나오는 순간 생산 차질은 생길 수밖에 없다. 그래서 삼성전자는 생산 차질을 막기 위해 갤럭시S20, 갤럭시노트10 등 일부 물량을 베트남 공장에서 생산하기로 했다.

구미는 삼성전자의 사업장을 비롯한 국내 대기업의 사업장이 많은 대표적 산업도시였다. 하지만 2010년대 들어 해외와 수도권으로 사업장을 옮기는 기업들이 늘면서 쇠퇴하는 중이었다. 삼성전자의 구미 사업장 규모도 점점 줄어갔다. 이런 상황에서 코로나19로 인해 이미 배정되어 있던 물량마저 베트남 공장으로 보내게 된 건 구미 사업장이나 직원들, 그리고 구미시 모두에게 위기가 된다. 전염병 때문에 공장이 폐쇄되는 상황은 기업으로서 끔찍한 일이다. 생산 차질을 일으킬 수 있는 변수를 최소화하는 것이 기업으로서 당연히 해야 할 과제다. 전염병의 변수를 줄이는 가장 좋은 방법 중 하나가 공장 자동화다. 사람을 최소화하고 자동화를 확대시키면 사람으로 인해 발생하는 변수가 줄어든다.

국내에서 코로나19 때문에 생산라인을 멈춘 건 삼성전자, 현대자동차, LG디스플레이 등 여러 대기업이 있었다. 이들의 생산라인이 멈추면 생산 차질만 오는 게 아니라, 이들에게 부품을 납품하는 부품업체나 관계사 등에까지 그 파급이 도미노처럼 생긴다. 특히 현대자동차는 중국의 생산 공장에서 코로나19로 설 연휴가 연장되는 바람에 부품 납품에 차질이 생겨 생산라인이 멈추기도 했고, 현대자동차 직원이 확진자가 되어 생산라인이 멈추기도 했다. 이런 일을 몇 번 겪으면 자연스럽게 변수를 최소화하고 생산 차질 없는 환경을 모색할 수밖에 없다. 공장에서 자동화와 로봇 설비가 들어오는 것은 일자리를 줄이는 결과도 초래하기 때문에 민감한 문제가 되기도 하지만, 코로나19라는 강력한 명분은 저항을 이기는 계기를 만들 수 있다.

국내뿐 아니라 중국, 베트남, 인도 등 제조 공장이 많이 있는 지역에서도 공장 가동이 중단되어 생산 차질을 빚은 글로벌 기업이 많았다. 심지어 유럽과 미국의 공장들도 가동 중단이 빈번했다. 전 세계가 전염병 감염 위험으로 공장이 동시다발적으로 멈추는 상황을 맞았다. 기업으로선 생각지도 않았던 변수가 주는 타격을 실감했던 계기였고, 제조업 생산라인의 리스크를 줄일 수 있는 공장 자동화, 물류 자동화가 더 가속화될 수밖에 없다는 것을 인식하게 해준 경험이었다. 코로나19로 겪은 일이 앞으로 재발되지 않는다는 보장이 없다. 아니, 더 늘어날 가능성도 충분히

있다. 이런 상황이
니 기업으로선 선택
을 할 수밖에 없다.

코로나19 이후 공장 자동화에 대한 기업들의 고민이 더욱 깊어졌다.

이미 공장의 자동
화이자 스마트 팩토
리Smart Factory는 4
차 산업혁명, 산업
4.0 등의 화두에 맞
물려 중요하게 다뤄진 지 오래다. 한국에서도 정부 차원에서 스마트 팩토
리와 IT 솔루션의 제조업 접목 추진 전략을 내세워 2020년까지 중소기업
스마트형 공장 3만 개, 2030년까지 스마트 산업단지 20개와 AI 팩토리
2000개를 구축한다는 계획에 따라 예산이 투입되고 있다.

스마트 팩토리는 인공지능과 빅데이터, 로봇 등의 IT 기술을 활용해 고
객 분석에서부터 기획, 설계, 생산, 유통, 판매 등으로 이어지는 모든 과
정을 결합하고, 고객과 시장에 좀더 긴밀히 맞추고 대응하는 제조 환경
이다. 단순히 로봇 자동화로 사람이 사라지는 것만 얘기하는 게 아니다.
오히려 스마트 팩토리를 구축해서 생산성이 높아지고 매출이 늘어나서
노동자가 더 늘어가는 경우도 있다.

하지만 코로나19를 계기로 사람이 없거나 최소화시켜서도 잘 돌아가
는 공장 환경에 대한 고민과 수요가 늘었다. 각국에서 코로나19 이후 주
목할 산업을 얘기하면 반드시 들어가는 것이 공장 자동화 관련 비즈니

스인 것도 이런 이유 때문이다. 가뜩이나 가야 할 방향이었고 계속 가고 있던 중이었는데 코로나19가 트리거가 된 것이다.

현대자동차그룹 의왕연구소는 현대자동차의 R&D 연구소로, 자동차 뿐 아니라 생산라인도 연구한다. 이곳에서 자동차 조립 완료 후 차량 품질을 검사하는 자동화 장비를 개발했는데, 기존 울산공장에선 1개 생산라인의 검수 공정을 위해 27명의 인력이 투입되지만, 이 자동화 장비를 쓰면 2명이면 된다고 한다. 전기차 공장을 비롯해 광주형 일자리 공장, 인도네시아 공장 등 현대자동차가 새로 짓는 공장에 설치되는데, 이렇듯 자동화 장비 투입이 늘수록 공장의 인력이 크게 줄 수밖에 없다. 현재 현대자동차의 생산직 노동자는 5만 명 정도인데, 2025년까지 전체의 30% 정도인 1만 5000명이 정년퇴직한다. 하지만 인력 추가고용 계획은 없다. 전기자동차, 자율주행 자동차 등 자동차 산업의 변화 방향은 인력구조의 변화로도 이어진다. 현대자동차뿐 아니라 글로벌 자동차업계 모두가 대규모 인력 구조조정을 하고, 이를 재원으로 미래 자동차 환경에 적극 투자하고 있다. 공장 자동화도 그 일환이다.

LS산전의 청주공장은 스마트 팩토리 모범 사례로 자주 언급된다. 부품 공급에서부터 생산, 포장까지 자동화가 구축된 후 전자개폐기 생산 능력이 1일 7500대에서 2만 대로, 불량품은 100만 개당 368개에서 8개로 줄었다. 심지어 생산라인의 인력은 40% 정도 줄었고, 줄어든 인력은 다른 업무로 재배치되었다. 생산량은 크게 늘고, 불량은 크게 줄었는데, 거기다 인력마저 줄었으니 비용 대비 효율성은 극대화된 셈이다.

국내의 주요 중공업 분야에서도 공장 자동화는 확대 중이다. 현대중공업, 대우조선해양, 삼성중공업 등도 자동화 공정 비율을 계속 높이고 있다. 포스코, 현대제철 등 제철소업계도 인공지능을 활용한 스마트 팩토리 시스템을 구축하여 생산 공정에서 사람의 노동력이 급감했다. 2019년 한국 제조업 전체 취업자 수는 2018년 대비 8.1% 줄었다. 분명한 건, 산업적 진화에 따른 변화는 막을 수 없다는 사실이다. 이를 막거나 늦출수록 산업의 경쟁력이 떨어지는데, 수출과 대외 의존도가 높은 한국 기업과 한국 경세로선 글로벌 경쟁력을 위해서라도 적극적 대응이 필요하다.

공장 자동화와 스마트 팩토리로 인해 일자리가 줄어드는 것에 대한 불편한 시선도 분명 존재한다. 로봇과 자동화가 일자리를 빼앗아가는 미래를 두려워하는 이들도 있다. 그래서 공장의 로봇이나 자동화 설비 투자에 대해 노조와 갈등을 겪는 일도 이전부터 전 세계적으로 발생해왔다. 일자리를 둘러싼 이해관계에서의 갈등이자 변화에 대한 저항은 당연한데, 여기에 산업적 진화 말고도 언컨택트가 가지는 새로운 명분도 추가된 셈이다.

기업 업무에서 RPA 도입 확산과 언컨택트

업무 보고나 특정 양식에 입력하는 보고서, 데이터 조회와 정리 등 사람의 반복적이고 정형화된 업무를 로봇 소프트웨어로 자동화시켜 대신하게 하는 로봇업무자동화RPA, Robotic Process Automation는 생산성과 효율성을 위해서 필수적인 선택이 되고 있다. 기업에선 RPA 도입을 통해 단순 반복 정형화된 업무를 줄여서 직원들이 문제 분석과 해결 등 진짜 문제를 풀고 좀더 가치 있는 일에 집중할 수 있도록 하는 것이 목적이다. 노동력 자체를 줄이기 위함보다는 효율성과 생산성 향상이 목적인데, 이를 통해 결국은 일자리도 줄어들 수 있다.

LG전자는 2018년부터 영업, 마케팅, 구매, 회계, 인사 등 12개 직군의 120개 업무에 RPA 기술을 도입했고, 이후 이를 확대해 2019년에는 240개 이상의 업무에 적용하고 있다. LG전자는 2018년 7월부터 시행된 주 52시간 근무제에 앞서 2018년 2월부터 사무직 직원을 대상으로 주 40시간 근무제를 시도해 선제적 대응을 했는데, RPA를 통한 업무 효율성

증대도 그 대응 방안 중 하나였다. 2018년 8월부터 임직원이 회사의 공통업무나 각종 사내 제도에 대해 궁금한 점에 대해 바로 알려주는 챗봇chatbot 서비스도 하고 있다. 아울러 LG전자는 빅데이터, 딥러닝 등 AI 기술도 사무직 업무에 활용한다. 가령 AI 기술을 활용해 최근 3년간 발생한 채권의 부도 사례를 분석하고 알고리즘화해서 거래처 채권의 부도 위험을 알려주는 모니터링 시스템을 활용하는 것이다. 덕분에 2018년 부도 채권 중 65%를 사전에 예측했다고 한다.

현대카드는 2018년 RPA를 업무에 도입했는데, 직원들의 업무시간도 크게 줄어들고, 단순한 실수로 발생하는 오류도 줄어드는 등 업무의 질적 향상이 이루어졌다. RPA를 통해 연간 1만 5628시간에 달하는 업무시간 절감 효과를 봤다고 하는데, 직원 70명의 연간 업무시간만큼 줄어든 것이다. 즉, 70명의 노동력을 추가로 얻은 셈이다.

현대카드는 2019년부터 고객센터에 RPA 기술을 적용해 인공지능 자동응답시스템ARS을 도입했는데, AI 상담원은 고객 100명까지 동시에 응대할 수 있으며, 하루 최대 고객 전화 3000통을 처리할 수 있다. 이를 통해 월 평균 150만 건에 이르는 상담건 중 최대 30%인 45만 건가량을 인공지능 상담원이 응대할 수 있다.

LG생활건강은 RPA 로봇 '알R 파트장'을 여러 부서에서 총 8대를 운영하고 있다. 이들이 수행하는 업무는 249개로, 이는 237명이 연간 총 3만 9000시간을 투입해야 하는 업무량이다. 특히 실적 보고, 매출 및 주문 처리 등 그동안 영업사원들의 수작업 입력이 많았던 부분이 RPA로 대체되면서 영업사원들은 본연의 영업 활동에 더 많은 시간을 투자할 수 있게 되었다. 실제 LG생활건강은 알 파트장에 대해 정식 인사 등록까지 마쳤다. 즉, 직원들에겐 진짜 동료인 셈이다.

하나은행은 여신관리, 외환업무, 투자상품 등 7개 분야 10개 단위 업무에 RPA를 도입하기 시작해 점차 업무 범위를 확대시켜 적용하고 있다. 기존에 1시간 정도 소요되던 업무를 2~3분 안에 처리할 수 있게 된 것도 있는데, 2019년 5월에는 연간 8만 시간의 업무에 대한 RPA 구축이 완료되었다는 발표도 했다. 결국 RPA로 시간 절감을 얻고, 이는 연간 32억 원의 비용 절감 효과로 이어진 셈이다. RPA 투자 비용이 업무 생산성, 효율성 제고와 인력 절감 효과로 상쇄될 수 있는 것이다.

IT, 소비재, 금융 등 분야를 막론하고 국내 주요 대기업 중 RPA 도입을 시도하지 않은 곳이 없다고 해도 과언이 아닐 정도로 2017년에 시작된 관심은 2018년부터 RPA 열풍으로 이어졌고, 2019년을 거쳐 2020년에 더 커질 상황을 맞았다.

이미 RPA는 대기업뿐 아니라 공기업으로도 확산되고 있다. 한국전파진흥원은 2019년 6월부터 급여, 상여 처리 업무에 RPA를 적용하기 시작해 2020년에는 급여 외 입사, 퇴사 절차와 복리후생, 근태관리 등에 대해서도 계속 확대 적용할 계획이다. 국민연금공단, 공무원연금공단 등에선 계약 비용 처리와 일일 결제, 잔액, 매매, 수수료 내역 보고, 회의 자료 작성 등의 업무에 RPA를 일부 도입했고, 한국수자원공사, 한국전력공사 등에선 재생에너지 정산 업무에서 검침 결과 등록과 세금계산서, 결제 요청 같은 업무를 비롯, 요금 할인 대상 지정 등의 업무에 RPA를 일부 도입했다.

해외에서도 RPA의 대기업, 공공기관 적용은 이미 활발하다. 단순 반복 업무를 줄여서 인력의 업무 효율성을 높이는 것은 모두의 숙제다. 그리고 그 숙제를 푸는 과정에서 일자리 감소에 대한 우려도 존재한다. 사무직 업무 환경에서도 RPA로 인한 언컨택트는 확대될 수밖에 없다. 시장조사 기관 '트랜스퍼런시 마켓 리서치Transparency Market Research'에 따르면, 전 세계 RPA 시장이 매년 60% 이상 고성장하고 있고, 2020년까지 전 세계 대기업의 85%가 RPA를 업무에 도입할 것으로 예상했다. 글로벌 IT 서비스업계에겐 가장 중요한 당면 시장 중 하나다. 생산직에선 공장 자동화가, 사무직에선 RPA가 가야 할 방향인데, 둘 다 신입직 진화와 기술적 진화가 초래한 언컨택트 업무 환경인 셈이다.

왜 아마존은 자율주행 배송로봇에 투자하는가?

온라인으로 장을 봐도 최종 단계에선 사람이 트럭에 물건을 싣고 배송하러 와야 한다. 그런데 배송을 자율주행 배송로봇에게 시킨다면 어떨까? 2020년 1월, 아마존은 새로운 모습의 자율주행 배송로봇을 특허로 공개했다. 아마존이 취득한 특허는 여러 고객의 주문 상품을 여러 칸에 나눠 싣고 이동할 수 있는 자율주행 로봇이다. 자율주행 배송로봇이 혼자 이동해서 고객에게 도착하면, 고객은 비밀번호를 입력해 자신에게 배송될 물품이 담긴 칸을 열어 물품을 꺼낸다. 배송될 물품 공간은 아마존 로커와 비슷하기도 하고 마트의 상품 매대와도 비슷한 모습이다. 탱크와 같은 궤도 형태의

자율주행 배송로봇 '아마존 스카우트' | 출처: amazon

바퀴를 장착하고 있는데, 수중에서도 작동할 수 있다. 특허에 포함된 도면을 보면 도로는 물론, 험로나 강도 지나갈 수 있게 설계되어 있다.

사실 아마존은 자율주행 배송로봇을 2019년 1월부터 시범 운용했다. 워싱턴주 스노호미시Snohomish 카운티에서 자율주행 배송로봇 '아마존 스카우트scout'를 통해 상품을 주문자에게 전달했다. 길거리에 있는 보행자나 반려동물 등을 인식하며 이동했는데, 운영 초기에는 사람이 동행하며 테스트를 했다. 이런 현장 테스트를 통해 아마존 스카우트가 행자뿐 아니라 이동 경로상에 있는 쓰레기통이나 야외용 의자, 지나가는 스케이트 보드 등의 통상적인 장애물 사이를 안전하게 운행할 수 있다는 결론을 내리고 2019년 8월부터 캘리포니아주 어바인에서 정식으로 고객들에게 상품 배송을 시작했다. 자율주행 배송로봇은 미래가 아닌 이미 현실인 것이다.

아마존 스카우트를 개발한 스타트업 디스패치는 2014년 자율주행 배송로봇 시제품을 내놓았는데, 2017년에 이미 아마존에 인수되었다. 아마존은 자율주행 배송로봇에 대한 투자를 이미 오래전부터 진행해왔던 셈이다. 분명 아마존은 스카우트가 진화되어 자사의 배송에 전격 투입되고 나면, 그 뒤론 스카우트 로봇을 전 세계 다른 유통사에도 팔려고 할 것이다.

2020년 2월, 로봇과 자율주행차를 개발하는 스타트업 NURO가 개발한 완전 무인 자율주행 배송차량 'R2'가 미국 도로교통안전국NHTSA 으로부터 자율주행 차량에 대한 규제 면제 승인을 받았다. 일반 도로 주행이 가능한 임시 면허를 받은 것이다. NURO의 이전 모델은 'R1'으로, 미국의 대표적 슈퍼마켓 체인이자 유통업체 크로거Kroger와 함께 2018년 12월 애리조나에서 시범 운영한 바 있다. 현장 테스트를 통해 좀더 진화된 모델인 R2가 만들어진 셈이다. R2에는 우리가 자동차를 떠올리면 기본적으로 있는 운전대, 가속 페달, 사이드 미러 등이 없다. 직접 운전하기 위한 장치가 아예 없는 것이다. 대신 물품 배송을 위한 화물 적재 공간만 있다. 최대 속도는 시속 40km 정도다.

NURO는 2019년 12월에 월마트Walmart와 파트너십을 체결했다. 아마존뿐 아니라 크로거, 월마트 모두 자율주행 배송로봇을 활용할 계획이고, 그것이 배송의 미래 형태를 보는 셈이다. 사람이 물건을 배송하는 게 아니라 자율주행 배송로봇이 그 역할을 하는 건 전형적인 언컨택트다. 배송 인력을 로봇으로 대신할 때 얻는 이익, 고객이 배송 인력과 마주치지 않는 것으로 얻는 편의가 유통업체가 언컨택트 배송 환경에 투자하는 이유다. 소비자의 욕망, 기업의 이익이 동시에 충족되는데 확산되지 않을 이유가 없다.

중국의 온라인 쇼핑몰 '징동닷컴'은 2020년 2월부터 우한시에서 자율주행 배송로봇 운영을 시작했다. 코로나19 발병지인 우한시에 자율주행 배송로봇을 투입했는데, 600m 정도 거리를 왕복하며 사람과 직접 접촉을 최소화한 채 물품을 배송했다. 징동닷컴은 자율주행 배송로봇을 통해 시내 지도와 교통 데이터도 수집하며 현장 테스트를 하는 것이다. 코로나19가 만든 위기를 자율주행 배송로봇 테스트의 기회로 삼은 셈이다.

중국의 음식 배달앱 '메이투안 디엔핑'은 베이징에서 자율주행차로 배달하는 서비스를 테스트했는데, 이때 도로뿐 아니라 실내로도 이동하며 배달하는 로봇과 배달용 드론까지 테스트했다. 이들 외에도 중국에선 온라인 쇼핑몰과 배달앱에서 자율주행 배송 테스트를 계속해서 시도하고 있다. 그동안 관련 업계가 추진하던 방향이었는데, 코로나19가 트리거가 되었다.

음식 배달하는 로봇

자율주행 배송로봇은 국내 유통사들도 고려하고 있다. 이마트는 2019년 10월, 도심 자율주행 차량 '스누버'를 만든 스타트업 '토르 드라이브'와 여의도에서 2주간 자율주행 배송 서비스 '일라이고eli-go'를 시범 운영했다. 일반 도로만 자율주행으로 이동하고, 아파트 단지 내에선 운행 요원이 직접 운전했다. 차량엔 운행 요원, 배송 요원이 한 명씩 동승했다. 당장 현장에 적용하기 위한 테스트는 아니었지만, 배송의 방향에서 자율주행 로봇을 통한 언컨택트가 중요하게 고려되고 있음을 보여주는 사례로 충분했다.

음식 배달앱인 '배달의민족'도 자율주행 배송로봇을 테스트하고 있다. 실내 레스토랑 전용 서빙로봇인 '딜리 플레이트', 배민라이더스를 통해 배달된 음식을 로비에서 주문자가 있는 층까지 전달하는 '딜리 타워', 배민라이더스를 대신해 실외로 자율주행 배달을 하는 '딜리' 등 세 가지

형태다.

LG전자가 만든 'LG 클로이 서브봇'은 자율주행하며 서빙하는 로봇이다. LG전자는 서빙뿐 아니라 손님 접객과 조리까지 하는 다이닝 로봇도 만들고 있다. 삼성전자도 마찬가지다. 생활 로봇 시장에 국내 대표 전자회사들이 다 뛰어든 셈이다.

일상에 생활 로봇이 자율적으로 이동하며 음식뿐 아니라 가사일도 도울 수 있는 미래가 이미 가까이 다가왔다. 집에서 가사일 도와주던 사람의 역할이 줄어들면 소위 '주방이모'들의 일자리도 위기가 될 수밖에 없다. 우리가 일상에서 마주치던 택배 배송 기사, 음식 배달원, 서빙하는 접객원, 가사도우미 등의 일자리 위기는 가혹하지만, 기업들의 방향은 이미 그렇게 가고 있다. 언컨택트는 거스를 수 없는 흐름인 셈이다.

e스포츠 시장이 더 커질 또 하나의 이유

코로나19로 인해 전 세계적으로 산업이 위기를 맞았다. 스포츠 산업의 최강국인 미국에선 모든 스포츠가 중단되었다. NBA는 중단되었고, MLB는 개막이 연기되었다. PGA 투어, LPGA 투어 모두 중단되었다. 프리미어리그, 라리가, 분데스리가 등 유럽 축구 5대 빅 리그 모두 중단되었다. 프랑스 오픈은 연기되고, 윔블던은 아예 취소되었다. 한국에서도 프로농구가 시즌이 중단되고, 프로야구는 개막을 연기했다.

2020 유럽축구선수권대회(유로 2020)가 2021년으로 1년 연기되었다. 4년마다 열리는 유럽의 축구대회로 월드컵에 비금갈 인기를 가신 세계적 이벤트다. 주관하는 유럽축구연맹UEFA이 60주년을 맞아 대대적으로 개최하려고 했는데, 60년 만에 처음으로 대회가 연기되는 일이 생긴 것이다. 코로나19 때문이다.

2020 남미축구선수권대회(코파 아메리카 대회)도 2021년으로 연기되었다. 심지어 2020년의 가장 큰 스포츠 이벤트인 도쿄올림픽마저 연기되었

다. 사실 스포츠 이벤트와 리그의 중단과 연기는 막대한 경제적 손실을 초래한다. 문체부의 스포츠 산업 실태 조사(2018)에 따르면, 전 세계 스포츠 산업 규모는 2017년 기준 1조 3000억 달러다. 1500조 원 정도의 엄청난 시장인데, 스폰서십 매출과 중계권 수입이 막대하다. 국내 스포츠 산업 규모도 2017년 기준 75조 원 정도다. 이 시장이 타격을 입은 것이다.

코로나19 이후 스포츠 산업은 정상화되고 사람들은 다시 스포츠에 열광하겠지만 과거와 똑같진 않을 것이다. 불안감이 완전히 사라지지 않을 것이기에, 산업적 차원으로 보자면 스포츠에 대한 좀더 안전한 대체 수요를 만들어낼 필요가 있다. 바로 e스포츠 시장이다. 물론 코로나19로 e스포츠도, 대회도 중단된 것은 마찬가지다. 하지만 모든 스포츠 산업이 중단되면서 e스포츠의 저변이 확대되는 기회가 된 것은 분명하다.

스페인 프로축구 리그인 라리가^{La Liga} 가 코로나19로 리그가 중단한 후 흥미로운 일이 생겼다. 2020년 3월 15일, 라이벌 구단인 레알 베티스와 세비야 간의 경기가 코로나19로 연기되자, 스포츠 게임 전문 게임회사 'EA SPORTS'는 각 팀의 대표 선수 한 명씩을 온라인 축구게임 'FIFA 20'으로 대결하게 했다. 실제 축구경기 대신 축구게임으로 연기된 경기에 대한 아쉬움을 달랜 셈이다. 이 축구게임은 온라인 중계에 6만 명이 접속했을 정도로 그 관심이 뜨거웠다. 진짜 축구경기가 사라지니 대안으로 e스포츠의 축구게임을 지켜본 것이다. 이때 게임 중계에 참여한 사람이 스페인의 e스포츠 해설가 이바이 라노스인데, 그는 이후 판을 더욱 벌인다. 실제 축구선수들이 경기장 대신 온라인 축구게임의 대명사격인 'FIFA

20'으로 대회를 연 것이다. 이바이 라노스가 제안하고 라리가가 수용하면서 열리게 되었는데, 여기에 라리가의 20개 팀 중 18개 팀이 참여했다. 불참한 팀은 FIFA 20의 경쟁 게임사의 스폰서십을 체결한 상태였다. 18개 팀에서 진짜 프로축구의 유명 선수들이 온라인 축구게임으로 자기 팀을 대표해 게임대회에 나선 것이다.

FIFA 20은 실제 선수로 게임이 구성되었기 때문에 팬들도 실제 축구 경기 보듯 온라인 게임 중계를 시청했다. 우승은 레알 마드리드가 했는데, 흥미롭게도 레알 마드리드를 대표해서 나선 선수가 부상으로 올 시즌 한 경기도 출전하지 못했던 마르코 아센시오다. 부상으로 팀에 기여하지 못한 선수가 막상 리그가 중단되자 온라인 축구게임 대회에서 팀을 대표해 나가서 우승한 것이다. 참가한 선수들이 소속팀을 골라 토너먼트로 우승을 가렸는데, 게임 속 선수 간 편차를 고려해서 능력치를 동일하게 조정해뒀다.

결승전은 무려 17만 명이 시청했고, 스페인 방송이 이를 중계해서 중계료 14만 유로(약 2억 원)를 지불했다. 게임대회의 중계는 실제 라리가의 해설가 미구엘 앙헬 로만이 참여했다. 프로게이머가 아닌 진짜 축구선수가 온라인 축구게임으로 맞붙는데, 중계도 게임 해설가가 아닌 진짜 축구 해설가가 나선 것이다. 경기 후 선수들은 진짜 축구경기를 뛰고 난 뒤 방송 인터뷰 하듯이 인터뷰도 했다. 축구뿐 아니라 모든 스포츠 경기가 코로나19로 중단된 상황에서 치러진 축구선수들의 온라인 게임대회는 주요 스포츠 매체에서 비중 있게 다뤄졌다. 그 순간만큼은 스페인 전역에서 치러진 가장 관심 있는 스포츠였던 셈이다.

한국의 K리그에서도 코로나19로 리그가 연기되자, 3월 22일 프로축구 선수들의 게임대회 'K리그 랜선 토너먼트'가 이벤트로 열렸다. 한국프로 축구연맹이 나서서 K리그 8개 구단이 한 명씩 선수를 출전시켰다. 이를 위해 연맹은 구단 전체에 선수별로 어떤 게임을 하는지를 조사해 가장 많이 하는 축구게임을 확인했고, 선수 출전도 인지도보다 축구게임 실력 으로 선수를 선발해달라고 각 팀에 요청했다. 프로 게이머는 아니지만 게임 잘하는 실제 축구선수들의 게임대회가 된 것이다.

게임은 EA SPORTS의 'FIFA Online 4'였고, 우승은 성남FC, 게임 생 중계는 아프리카TV로 했다. 라리가와 가장 달랐던 점은 각 팀별 참가 선수를 경기가 종료된 후에 밝혔다는 점이다. 팬들도 자기 팀을 응원하 면서도 어떤 선수가 출전한지를 모른 채 추측만 했던 것이다. 진짜 축구 를 못하는 시기다 보니 이렇게라도 팬서비스를 한 것인데, 연맹은 이후에 도 e스포츠를 활용한 이벤트를 계속하겠다는 계획을 밝혔다.

한국의 K리그든, 스페인의 라리가든, 축구 리그가 중단된 상황에서 한 결같이 선택한 것이 축구 온라인 게임이었다. 이는 다른 축구 리그에서도 따라하기 좋은 방식이며, 축구뿐 아니라 야구, 농구, 골프, 아이스하키, 미 식축구, 테니스 등 인기 프로 스포츠로 확대될 수 있다. 심지어 F1 그랑 프리에서도 코로나19로 대회가 연기되자 F1 레이싱 게임으로 온라인에 서 가상 그랑프리 대회를 진행했다. 실제 F1 선수들이 자동차 대신 게임 으로 경주를 한 것이다. 다양한 스포츠 종목에서 코로나19로 인해 1회성 이벤트로 시작했지만, 이를 계기로 상시적 이벤트가 될 수도 있고, 진짜 스포츠와 e스포츠를 연계시키는 시도도 더 많아질 수 있다. 가상현실과 증강현실 등이 적용되는 스포츠 게임이 더 실감나게 경기 속으로 몰입시킬 수 있는 시대도 다가왔다. e스포츠 시장이 커질 이유는 충분히 많다.

코로나19의 수혜자 중 하나가 온라인 게임, 모바일 게임 시장이었다. 사회적 거리두기이자 자발적 격리, 그리고 재택근무 확대와 개학 연기 등을 하면서 게임 수요가 늘어났다. 세계 최대 PC게임 플랫폼 '스팀 Steam'의 2020년 3월 15일 기준, 전 세계 동시접속자 수가 2000만 명을 돌파했는데, 이는 역대 최대이자 전년 동기 대비 15% 증가한 수치다. 주말뿐 아니라 평일에도 이 수준이 계속 유지되었다.

게임 분야 시장조사업체 '센서타워Sensor Tower'에 따르면, 2020년 2월 전 세계 모바일 게임 다운로드 수는 40억 건으로, 이는 전년 동기 대비 39% 늘어난 수치다. 장르를 막론하고 주요 온라인 게임들이 코로나19로 동시접속자 수가 상승했다. 전통적으로 3월은 게임 비수기에 속하지만 2020년만은 예외였다. 온라인 게임, 모바일 게임에 참여하는 사람들은 그렇지 않은 사람보다 상대적으로 e스포츠 대회에 더 관심을 갖는데, 게임 하는 이들이 늘어난다는 것은 e스포츠 산업에선 호재다.

기존의 인기 스포츠들은 모두 선수들 간이 접촉이 불가피한 종목들이다. 선수만 문제가 아니라, 선수가 감염되면 팬들도 감염될 수 있다. 그래서 코로나19 초기엔 무관중 경기가 제기되기도 했다. 실제 국내에선 배구나 농구의 무관중 경기가 치러지기도 했다. 그런데 무관중 경기라는 것이 대안이 될 수는 없다. 현장에서 팬들이 응원하며 즐기는 스포츠에서 관중이 사라지는 순간 스포츠는 그냥 다 큰 어른들이 뛰어다니며 공놀이하는 것밖에 안 된다. 팬이 없으면 프로 스포츠도 존재할 수 없는 것이다. 스포츠 산업으로선 앞으로 코로나19와 같은 이슈가 다시 발생하지 않으리란 법도 없고, 플랜 B 차원에서도 언컨택트를 스포츠 산업에 어떻게 적용할지, e스포츠 산업을 기존 스포츠 산업과 어떻게 연결시킬지에 대한 모색을 해야 하는 것이다.

언컨택트를 만난 의료 산업 : 비대면 진료와 원격의료

비대면 진료, 원격의료 등 의료 산업에서 언컨택트를 적용하는 시도는 오래되었다. 처음엔 섬이나 농어촌처럼 대형 병원과의 접근성이 떨어지는 지역의 환자나, 노인이나 장애인처럼 이동이 불편한 환자를 위해서 그 필요성이 먼저 제기되었다. 하지만 이는 대도시에 살거나 젊은 사람에게도 필요하긴 마찬가지다. 병원에 가면 키오스크도 많아졌고, 스마트폰 앱으로 병원 예약하는 서비스도 계속 늘어나고 있다. 하지만 이는 병원에서 예약 부분의 언컨택트를 한 것이지 진료에서의 언컨택트는 아니다.

한국에선 아직 의사의 비대면 치료는 금지되어 있다. 의사들의 반대가 컸고, 제도와 문화가 아직 허용하지 않고 있다. 여기서도 저항이 있는 셈인데, 코로나19가 저항을 깨는 명분을 만들어주고 있다. 가야 할 방향인데 이해 관계자들의 반발로 그 속도가 정체되었던 것이지, 원격진료의 필요성은 의료계 일각에서도 공감하긴 한다.

이런 상황에서 코로나19 때문에 정부는 한시적으로 원격진료 규제를 풀었다. 만성질환자가 의료기관에 갔다가 코로나19에 감염되는 것을 막기 위해 전화 진료를 일시 허용했다. 물론 원격진료 시스템이 제대로 준비되지도 않았고(엄밀하게는 이걸 준비하게 법이 허용하지 않았다는 것이 맞을 것이다), 환자나 의료진 모두 이러한 경험이 처음이다 보니 일시적으로 허용한 원격진료에서 환자 본인 확인, 보험 적용, 진료비 결제, 처방적 수령, 약 수령 등이 원활히 되지 않아 혼란을 겪기도 했다. 원격의료, 비대면 진료 같은 언컨택트 의료 환경은 기존 오프라인 중심의 의료 환경과 병행되며 가야 할 방향이 맞다. 그런데 이해관계의 문제, 제도의 문제로 계속 변화를 거부하는 건 결국 우리 사회가 그로부터 발생할 손해를 감수해야 함을 의미한다.

언컨택트 기술이 전방위로 적용되고 있는데 병원이라고 예외일 수는 없는데다, 코로나19를 계기로 비대면 진료와 원격의료에 대한 필요성은 더욱 커졌다. 병원에서 다른 환자들이나 의료진이 2차 감염되는 경우도 많았고, 감염 여부를 확인하거나 치료하는 의료진의 위험은 더 컸다. 의심 환자의 코나 입에 면봉을 넣고 검체를 채취하는 방식이다 보니 바이러스에 노출될 위험이 클 수밖에 없다. 이를 해결하는 방법으로 나온 것이 로봇과 원격 협진이다.

국내에선 진료를 비대면으로 볼 수는 없지만, 로봇을 활용하는 원격 협진은 가능하다. 격리된 환자의 공간에 의료진을 대신해 로봇이 투입되고 그 로봇을 통해 의사가 원격진료를 하는 것이다. 명지병원이 선별 진료소에 로봇을 통한 원격진료를 가장 먼저 도입했다. 발열 증상이 있는 환자를 선별 진료소에 격리한 후, 호흡기 내과 의사가 진료소에 설치된

로봇을 원격 제어하며 진료를 진행한 것이다. 이는 다른 병원으로도 확산되었다. 사실 우리나라뿐 아니라 다른 나라에서도 활용된 방식이다. 중국 청화대 연구팀은 달 탐사 로봇과 우주정거장 로봇에 이용되는 로봇팔 기술로 원격진료하는 로봇을 개발했고, 중국 우한협화병원에 처음 투입해 감염 환자 검체 채취와 초음파를 통한 내부 장기 진단에 활용했다.

중국 우한의 우창병원에선 로봇으로만 운영되는 병동을 만들어 감염 초기 환자를 입원시켰다. 로봇이 병동을 돌아다니며 환자에게 음식, 음료, 약품을 전달하고 병동 내부 청소까지 했다. 중국 광저우시 광둥성인민병원은 격리병동에 격리된 환자들에게 약품을 전달하고 침대 시트를 수거하는 데 로봇을 투입했다.

미국에서도 프로비던스 메디컬 센터 의료진이 청진기를 갖춘 로봇을 통해 환자의 몸 상태를 확인하고, 대형 스크린으로 환자와 의사가 커뮤니케이션하면서 로봇 원격진료를 했다. 2015년 에볼라 바이러스 발병 당시 미국에선 백악관 과학기술국과 미국과학재단이 개최한 워크숍에 로봇 과학자들이 참여해, 로봇을 통해 원격진료와 소독, 환자 치료를 하는 것과, 약품과 식품을 환자에게 배달하고 환자의 오염물도 처리하는 등의 로봇을 통한 의료 혁신을 제시한 바 있었다.

이렇다 보니 코로나19 때는 세계적으로 로봇을 통한 원격진료가 크게 늘어났다. 국제학술지 〈사이언스 로보틱스 Science Robotics〉는 2020년 3월 25일 '코로나19와의 전투 : 공중보건과 감염병 관리에서 로봇공학의 역할'이란 제목의 논문을 발표했는데, 코로나19로 의료 현장에 로봇이 적극 투입되었고 향후 더 확산될 것이란 내용을 담았다. 이 논문은 중국

상하이 자오퉁대 의료로봇연구소장 양광종 교수, 미국 과학한림원 마르시아 맥넛 원장, 텍사스 A&M대 로빈 머피 교수, UC샌디에이고 로봇연구소 헨릭 크

리스텐센 소장, 카네기 멜론대 하위 초셋 교수 등 로봇 분야의 석학들이 참여했다. 로봇팔을 통한 수술은 이미 한국에서도 많이 시행하고 있다. 로봇의 역할이 수술하는 로봇팔에 그치지 않고 의료 현장 깊숙이 확산되는 것은 이미 다가온 미래다. 의술은 인술이라 하지만, 이제 로봇과 언컨택트 기술도 활용하면서 의료 서비스를 개선시킬 필요도 있는 것이다.

전 세계에서 원격의료를 전면 금지한 나라 중 하나가 한국이다. 미국, 유럽, 중국, 일본 등이 원격진료를 허용한다. 일본은 초진은 의사를 직접 만나서 진료받아야 하지만, 그 뒤부터는 원격진료가 가능하고, 처방약도 택배로 받을 수 있다. 우린 서울에 있는 대형 종합병원에 가려고 전국 어디에 있든, 또 노약자나 장애인이든 무조건 차를 타고 병원에 와서 의사를 대면해야만 진료를 받을 수 있다. 그렇게 시간과 비용을 들여서 어렵사리 만난 의사와의 진료시간은 너무도 짧다. 검사 결과가 괜찮다는 이 한마디를 듣기 위해서, 또 처방전 한 장을 받기 위해서도 직접 가야만 한다.

　가장 적극적으로 원격의료를 도입한 나라는 미국이다. 미국 보건사회 복지부에 따르면, 미국 의료기관의 60% 이상, 병원의 50% 이상이 원격 진료(원격진료와 유사한 서비스까지 포함)를 하고 있다. 이미 미국에선 일상 적으로 스마트폰 앱으로 의사와 진료 예약을 하고, 화상통화나 전화로 진료나 상담을 받고 약 처방도 받는다. 특히 이런 원격진료 서비스는 병 원이 문을 닫는 한밤중이나 주말에도 가능하고, 환자가 여행 중에도 서 비스를 받을 수 있다. 상황이 이렇다 보니 미국 기업에선 직원들에게 원 격진료 혜택을 주는 것이 의료 복지로 여겨질 정도다.

　기술적 진화가 만든 편의를 의료 환경에 적용한 것이 바로 원격진료다. 온라인 유통의 글로벌 강자 아마존은 2017년, 의사가 처방하면 그걸 집 으로 배송해주는 사업에 진출했고, 2018년엔 미국의 온라인 약국 '필팩' 을 인수해 '아마존 파머시Amazon Pharmacy'로 브랜드를 바꾸며 미국 시장 을 공격적으로 공략했고, 2020년 초엔 영국, 캐나다, 호주 등에 아마존 파머시 브랜드를 등록시키며 글로벌 시장에도 진출했다. 미국의 원격의 료 기업 중 대표격인 텔라닥Teladoc은 2015년 7월 뉴욕증권거래소에 상상 했고, 시가총액 100억 달러 이상의 기업이 되었다.

　심지어 미국에선 서브스크립션 서비스, 즉 월정액 구독 모델의 병원도 있다. 2017년 1월 설립된 샌프란시스코의 병원 '포워드Forward'는 월 149 달러를 내면 의료 서비스를 제공해준다. 수시로 건강 검진을 받을 수 있 을 뿐만 아니라, 의사와 앱을 통해 24시간 상담을 받을 수 있고, 바디 스캐너를 통해 몸의 질병을 확인하고, 유전자 분석 등도 해준다. 이 병원은 치료보다 예방에 중점을 둔 병원인데, 창업자는 의사 출신이 아니라 구글 출신 아드리안 오운Adrian Aoun이다. 코슬라벤처스Khosla Ventures를 비롯한 유명 벤처 캐피털에서 투자를 받고, 구글 전 회장인 에릭 슈미트, 세일즈포스의 CEO 마크 베니오프 등 IT 리더들도 투자에 참여했다. 투자된 금액만 1억 1000만 달러다. 이제 의료 환경과 의사의 모습, 병원의 모습이 더이상 과거에 머물러 있지 않다.

한국보건산업진흥원에 따르면, 2018년 글로벌 원격의료 시장 규모는 383억 달러 정도였는데, 2025년에는 1305억 달러로 전망했다. 사실 이 전망은 2019년에 했던 건데, 코로나19 이슈로 전망치보다 더 높아질 가능성도 충분하고, 언컨택트 사회로의 전환이 가속화되면 그보다 더 높아질 가능성도 크다. 산업의 경쟁력도 걸려 있고 환자의 편의도 걸려 있다 보니 이제 의료계가 외면한다고 될 문제가 아니다.

소위 4차 산업혁명(이걸 뭐라고 부르건 상관없이 산업의 혁신적 변화는 현실이니)에서 가장 중요하게 대두되는 환경 변화이자 미래 산업 중 하나인 스마트 시티Smart City 산업에 적극 투자하는 기업 중에서 통신, IT서비스, 자동차업계가 많다. 이들 모두 모빌리티 서비스에도 투자한다. 즉, 미래에 가장 중요한 산업 기반이자 우리의 일상 기반이 도시와 자동차의 변화다. 그리고 이 변화에서 의료 부분은 연결되어 있을 수밖에 없다. 질병에 대한 신속한 대응으로 사망률 감소와 안전 수준의 증가로 인해 범죄와 사고율의 감소를 예상하는데, 매킨지 글로벌 인스티튜트Mckinsey Global Institute의 〈스마트 시티 보고서〉(2018)에 따르면, 스마트 시티에선 질병 부담Disease burden은 8~15% 감소하고, 응급 비상 대응 시간은 20~35% 줄어들고, 범죄 사건은 30~40% 감소하고, 사망자는 8~10% 줄어드는 것으로 나왔다.

스마트 시티는 단지 도시 건설 자체가 바뀌는 문제가 아니라 사람들의 일상과 삶의 질이 바뀌는 문제다. 센서 기술을 통한 실시간 건강 상태 체크와, 인공지능과 빅데이터를 통한 최적의 예방과 치료가 원격진료의 기본이 될 수밖에 없고, 이런 환경에서 언컨택트는 무엇보다 중요할 수밖에 없다.

언컨택트 이코노미와 글로벌 IT 기업들의 퀀텀 점프

기업이나 산업이 단계를 뛰어넘어 비약적으로 발전하는 것을 퀀텀 점프 Quantum Jump라고 한다. 물리학에서 원자를 구성하는 전자에 충분한 에너지가 주어지는 순간 한 번에 도약하는데, 양자가 연속적 흐름이 아니라 계단을 뛰어오르듯 점프하는 것을 일컫는 물리학 용어다. 이를 경제학에서 응용해 쓰고 있는데, 기업과 산업이 발전하는 흐름에서도 일정한 속도가 아니라 특정 시기에 대도약이 이뤄지며 다음 단계로의 성장을 한다. 코로나19는 산업 진화의 트리거가 되고 있다. 이를 계기로 산업의 진화 속도는 더 빨라질 수 있고, 그 수혜자는 글로벌 IT 기업이 된다.

전 세계 IT 기업 시가총액 순위에서 최상위권에 있는 기업들을 보면, 애플, 마이크로소프트, 아마존, 구글, 페이스북, 알리바바, 텐센트, 삼성전자 등이다. 이들은 IT 기업뿐 아니라 전체 기업의 시가총액 순위에서도 최상위권을 유지한다. 우리가 사는 지금 시대가 IT 산업이 전체 산업에서 가진 위상이 어느 정도인지 알 수 있는 단적인 예시다.

그렇다면 과연 언컨택트 사회는 이들 IT 기업에게 이득일까? 코로나19로 전 세계 경제가 큰 타격을 받고, 수많은 기업들이 경영난에 시달린다. 그런데 놀랍게도 이미 전 세계 최고의 기업들이자 IT 기업들이 코로나19의 수혜자가 되고 있다. 이는 코로나19가 언컨택트 사회를 좀더 빨리 확산시키는 역할을 하고 있기 때문이다.

대표적 수혜 분야가 클라우드 컴퓨팅Cloud Computing 서비스다. 이미 IT 인프라의 중심이 클라우드 컴퓨팅 서비스로 옮겨가서, IT 서비스를 구현하기 위해 소프트웨어와 하드웨어 모두 클라우드 컴퓨팅으로 빌려 쓴다. 아마존에서 물건을 사든, 넷플릭스로 영화를 보든, 재택근무를 위해 줌 같은 서비스를 이용하든, 모두 클라우드 컴퓨팅 서비스를 통해 구현된다. 결국 우리가 온라인으로 더 많은 거래를 하고, 우리의 일상을 그 속에서 더 많이 소비할수록 클라우드 컴퓨팅 시장은 더 커질 수밖에 없다. 코로나19로 온라인에서 보내는 시간과 소비하는 돈은 크게 늘었고, 이는 곧 클라우드 컴퓨팅 서비스의 트래픽이 늘어남을 의미한다. 클라우드 컴퓨팅 서비스 시장이 투자 여력을 더 확보한다는 의미가 되는 것이다. 이는 곧 반도체 시장에도 영향을 준다. 삼성전자의 수혜가 예상된다.

도미노가 이어지듯 산업은 연결된다. 전 세계 클라우드 컴퓨팅 서비스 시장의 빅4를 꼽으면 아마존, 마이크로소프트, 구글, 알리바바다. 아마존의 클라우드 사업인 아마존웹서비스AWS는 2006년에 시작해 클라우드 컴퓨팅 시장을 만들어갔고, 오랫동안 시장의 절반 이상을 점유했는데 이후 후발주자들의 약진으로 조금 내려왔다. 시장조사업체 카날리스Canalys에 따르면, 2019년 4분기 기준 클라우드 컴퓨팅 시장 점유율은

AWS 32.4%, MS 애저 17.6%, 구글 클라우드 6%, 알리바바 클라우드 5.4% 순이다. 이들이 2019년에 올린 클라우드 컴퓨팅 서비스 매출이 AWS가 346억 달러, MS는 181억 달러, 구글은 62억 달러, 알리바바는 52억 달러다. 이들 기업만 합쳐서 641억 달러(약 78조 원)다. 2019년의 전 세계 클라우드 컴퓨팅 시장 규모를 시너지리서치 그룹은 960억 달러, 카날리스는 1070억 달러로 제시했는데, 두 시장조사업체의 액수를 평균하면 대략 1000억 달러다. 2020년은 1410억 달러, 2024년에는 2840억 달러로 시장 규모를 전망하고 있다.

더 놀라운 것은 아마존웹서비스^{AWS}의 CEO 앤디 재시가 2019년 12월, AWS 리인벤트 2019 행사에서 한 말이다. "여전히 전 세계 IT 지출의 97%는 온프레미스On-premise(소프트웨어나 하드웨어를 클라우드같이 원격 환경이 아닌 자체 보유 전산실 서버에 설치해 운영하는 방식)에 있고, 3%만 클라우드에 사용되고 있다." 글로벌 리딩 기업들은 클라우드로 전환을 했지만, 여전히 많은 기업들은 과거 방식을 쓰고 있다. 이는 바꿔 말해 클라우드 컴퓨팅 서비스 시장의 기회가 앞으로 엄청나게 크다는 의미가 된다. 오프라인 기반에서 원격 기반으로 전환함으로써 얻는 장점에 대해선 모두 공감하는데 기존 설비와 환경을 바꾸려면 비용이 많이 들기 때문에 아직 못 바꾼 곳이 많다. 하지만 코로나19가 이런 전환의 계기로도 작용한다.

애플은 코로나19로 제조 공장이 있는 중국에서 생산 차질이 있었지만, 중국 생산 시설의 복구로 타격을 줄일 수 있었다. 사실 애플은 제조

회사이면서 앱스토어, 애플 뮤직, 애플 TV 등의 서비스 회사이기도 하다. 이들 콘텐츠 서비스 분야는 수혜를 봤다. 코로나19로 온라인 쇼핑은 특히 수혜가 컸다. 아마존은 10만 명을 추가 채용하겠다는 발표까지 했을 정도로 늘어난 온라인 쇼핑의 수요를 감당하기 위해 대규모 인원을 보충해야 했다. 아마존은 반려동물 사료 제조 및 판매 사업을 하고 있기도 한데, 2월 20일~3월 15일 기간에 개 사료 판매가 전년 동기 대비 13배 증가했다고 한다. 아마존은 또한 온라인 약국 사업도 하고 있는데, 처방전 없이 구입 가능한 감기약 판매량이 전년 동기 대비 9배 증가했다고 한다. 슈퍼마켓에서 장 보는 것을 불안하게 여긴 사람들로 인해 아마존에서 장 보는 수요도 급증했다.

알리바바는 중국뿐 아니라 규모로는 세계 최대의 온라인 쇼핑몰 알리바바닷컴을 갖고 있다. 알리바바도 코로나19의 수혜를 봤다. 중국의 텐센트는 매출액 기준으로 세계 최대의 게임회사이자, '위챗'이란 모바일 메신저로 유명한 기업이다. 야외 활동이 크게 줄어드고 반대급부로 온라인 게임 수요가 늘어났으니 텐센트로서도 수혜를 본 셈이다. 아울러 코로나19로 전 세계에서 원격근무, 재택근무 수요가 급증했고, 이로 인해 기업용 메신저 시장, 화상회의 솔루션 시장도 급성장했다. MS의 기업용 메신저 'MS팀즈'는 3월 중순 1주일 사이 일일 사용자 수가 37% 증가했고, 페이스북의 '왓츠앱' 서비스의 음성 통화량과 페이스북 메신저 이용량도 2배씩 늘었다고 한다.

넷플릭스 앱 다운로드 수가 3월 들어 이탈리아에서 66%, 스페인에서 35% 증가하는 등 유럽 전역에서 넷플릭스 이용이 급증하자 스트리밍 트래픽을 감당할 수 없어서 유럽은 동영상 품질을 낮춰서 서비스하게 되었다. 유튜브도 같은 이유로 고화질 동영상 스트리밍 서비스를 한 달간 중단하기도 했다. 코로나19로 사회적 격리를 하며 집에 있다 보니 넷플릭스와 유튜브를 이용하는 사람이 급증해서 생긴 일이다. 이는 넷플릭스와 유튜브의 수익이 늘어나는 신호이자, 인프라에 더 투자할 계기가 되는 셈이다.

애플, 마이크로소프트, 아마존, 구글, 페이스북, 알리바바, 텐센트, 삼성전자 등은 세계 최고의 기업이자, 코로나19에서도 기회를 찾을 수 있는 회사다. 엄밀히 말해 코로나19가 계기가 된 언컨택트 이코노미에서의 기회다. 언컨택트 이코노미Un-contact Economy는 언컨택트 기술과 언컨택트 문화가 만들어내는 새로운 경제, 즉 언컨택트 사회가 만들어내는 비즈니스 기회이자 시장을 말한다. 코로나19가 비즈니스에 미치는 영향, 코로나19 이후의 비즈니스 상황은 어떻게 변할지 고민하는 기업들이 많다. 위기는 늘 새로운 기회도 동시에 만들어내다 보니 코로나19에서도 기회를 찾으려 드는 게 기업으로선 당연하다. 그 답이 될 수 있는 것이 바로 언컨택트 이코노미다.

인공지능, 빅데이터, 5G, 블록체인, 모빌리티, 스마트 시티, 스마트 팩토리, 클라우드 컴퓨팅, 로봇 등은 최상위 글로벌 IT 기업들의 대표적 사업이자 미래 기술, 미래 산업으로 꼽히는 것들인데, 흥미롭게도 모두 언컨택트와 연결되어 있다. 사람 중심으로 제조하고 서비스하던 환경들에서 사람의 역할을 크게 줄이는 기술이자, 이를 통해 효율성과 생산성을 높이는 기술이다. 그리고 이들 모두는 모든 것의 서비스화를 얘기하는 'XaaS Everything as a Service'와도 맞닿아 있다. 서비스업이 제조업을 주도하기 시작하고, 모든 비즈니스에서 기승전 '서비스'라고 해도 과언이 아닐 만큼 그 위상과 역할이 달라졌다.

그리고 서비스업 전성시대는 라이프스타일 비즈니스와도 연결되고 IT 기술과도 연결된다. 과거엔 소유하는 것이 최선이고, 구매하는 것이 전부인 시대였다면, 이젠 달라졌다. 그러다 보니 기업들의 비즈니스 방향도 변화했다. 가령, 글로벌 자동차 제조사들이 스스로의 비즈니스에 대한 정의를 제조업이 아닌 모빌리티 서비스업이라고 말하는 데는 다 이유가 있다. 자동차 한 대 만들지 않는 카셰어링 플랫폼을 가진 회사가 오히려 자동차 제조사들보다 자동차 산업의 주도권을 가질 수도 있는 시대, 자동차를 제조해도 소비자가 소유를 원치 않으면 제조만 잘하는 기업의 역할은 제한될 수밖에 없다. 자율주행 자동차가 현실이 되어가는 시대, 자동차의 개념과 소유, 운행 방식이 달라질 수밖에 없다. 이런 상황이니 자동차 회사들이 서비스 회사를 지향할 수밖에 없음은 당연한 일이다. 고객들은 자동차를 구매하려는 게 아니라, 자동차를 통해 누릴 수 있는 라이프스타일과 편리, 즐거움을 구매하려는 것이다.

결국 자동차 회사는 차를 팔기보단 모빌리티 서비스를 팔아야 한다. 바로 이것이 'MaaS Mobility as a Service'다. 산업 4.0이 제기된 것도 제조업의 진화이고, 그 중심엔 단순한 공장 자동화가 아니라 XaaS를 구현하는 제조업이 있다. XaaS는 처음엔 기술적인 이슈였으나 이젠 경영 전략의 이슈가 되고 있다. 디지털 트랜스포메이션이 기술과 장비의 도입이 아니라, 디지털 비즈니스를 경영에 도입하고, 디지털 비즈니스의 관점으로 소비자를 바라보고, 업무 방식을 바꾸고, 조직 문화를 바꾸는 것처럼 말이다. 블록체인의 중요성이 제기되는 것도 결국은 모든 것의 서비스화 때문이다.

XaaS Everything as a Service는 X 위치에 뭘 넣어도 된다. AIaaS AI as a Service, BaaS Blockchain as a Service, DaaS Data as a Service, SaaS Software as a Service, PaaS Platform as a Service, IaaS Infrastructure as a Service, HaaS Hardware as a Service 등 끝도 없이 확장된다. 즉, 모든 산업이 다 적용되고 있다는 의미다.

IT는 이제 더이상 특정한 산업 분야를 얘기하는 게 아니다. 자동차도 IT의 영역이 되며 모빌리티, 카셰어링, 자율주행 자동차 등으로 진화했고, 건설도 IT의 영역이 되며 스마트 시티, 홈네트워크 등으로 진화했고, 금융도 IT의 영역이 되면서 핀테크fintech, 블록체인, 캐시리스cashless, 로보 어드바이저Robo-Advisor 등으로 진화했고, 유통도 IT의 영역이 되면서 O2OOnline to Offline, 옴니채널Omni-Channel, 모바일 커머스, 라이브 커머스, VR쇼핑 등으로 진화했다. IT 기술의 역할은 비즈니스 프로세스를 향상시키는 것이고, 그것이 IT가 모든 산업에서 필요로 하는 이유다. 아직 산업적 전환은 끝나지 않았다. 아니, 멀었다. 그만큼 비즈니스 기회도, 성장할 여지도 많다.

애플, 마이크로소프트, 아마존, 구글, 페이스북, 알리바바, 텐센트, 삼성전자 외에 넷플릭스, 엔비디아, 오라클, 페이팔, IBM 등도 IT 기업 시가총액 순위 Top 20에 들어가는데, 사실 Top 20 중에서 미국 기업이 2/3 정도다. 전 세계 기업 중 시가총액 Top 10 중에서 미국 기업이 7개나 된다.

미국이 IT 산업의 주도권이자 전 세계 산업의 주도권을 잡고 있다고 해도 과언이 아니다. 결국 언컨택트 이코노미에서도 미국이 가진 산업 주도권의 힘은 유효하다. 실제로 미국의 IT 기업 간의 협력은 두드러진다. 구글, 아마존, 페이스북 등이 AI 분야에서 협력 중이다. 언컨택트 사회는 글로벌 기업의 영향력을 더 높여줄 것이다.

이런 상황에서 국내 기업들의 과감한 변화가 필요하다. 박정호 SK텔레콤 사장은 2020년 3월 26일 SKT의 제36기 정기 주주총회에서 "코로나19 사태를 기점으로 SKT는 오래 준비해온 비대면, 비접촉 영업과 마케팅을 이번에 테스트하고, 비대면 사회로 가는 전환을 획기적으로 강화하는 기회로 삼겠다"라고 말했다. 주주총회이니만큼 코로나19로 인한 위기 상황에서도 회사의 비전을 제시해야 하니까 이런 발언을 했다고 볼 수도 있다.

하지만 코로나19가 이슈가 되기 전인 1월 미국의 국제가전제품박람회 'CES 2020'에서 이미 SKT의 전체 매출 중 통신 60% 이상이지만 앞으로 이를 바꾸는 게 목표라면서, 통신 이미지가 강한 텔레콤이란 말 대신 초협력이란 의미의 '하이퍼커넥터'를 사명으로 논의 중이라고 얘기한 바 있다. SK텔레콤에서 SK하이퍼커넥터가 된다는 것인데, 이는 단지 이름만 바뀌는 게 아니다. 일하는 방식과 조직 문화도 바뀐다는 얘기여야 하고, 더 과감한 혁신을 하겠다는 의미여야 한다. 언컨택트 사회로의 전환 속도가 빨라졌기에, 기회가 커진 만큼 혁신하지 못했을 때 겪을 위기도 그만큼 커졌기 때문이다. 사실 이런 변화이자 혁신은 선택이 아닌 필수다, 앞으로도 계속 비즈니스를 하기 위해서라면.

PART 3

공동체에서의 언컨택트

더 심화된 그들만의 리그와 양극화!

그들만의 리그를 만드는 가장 쉬운 방법 : Private & Premium

언컨택트 사회의 인간관계에서 가장 중요한 건 '끼리끼리'다. 검증되고 안전한 사람이자 서로 비슷한 수준과 취향을 가진 사람들 간의 관계에 집중하는 것이다. 이른바 그들만의 리그가 강화되는 것이다. 그동안 지식인과 예술가들을 중심으로 끼리끼리가 이뤄져왔고, 부자들 중심으로 끼리끼리가 이뤄져왔다. 전자가 소위 말하는 살롱 문화, 힙스터 문화를 만들었다면, 후자는 상류층의 프라이빗 VIP 문화를 만들었다. 백화점과 호텔, 명품업계가 VIP를 위한 퍼스널 쇼퍼 서비스나 프라이빗 서비스를 제공하는 것도 이런 이유이고, 상류층의 회원제 사교클럽이 확산된 것도 같은 이유다.

우린 이미 부와 지위, 개성과 취향에 따라 폐쇄된 인간관계를 유지하는 문화를 갖고 있었다. 이것이 코로나19로 더 확산되고 있다. 다중이 밀집하는 곳을 꺼리는 대신, 제한한 이들만 출입하게 하는 1인실이나 프라이빗 룸 같은 폐쇄되고 격리된 공간이 선호되었다. 불안함이 만든 배타

성까지 결합하면서, 기존에 확대되어가던 프라이빗 서비스는 기회를 맞은 셈이다. Private & Premium은 그들만의 리그를 만드는 가장 효과적인 장벽이다.

코로나19가 타격을 주지 못한 분야 중 하나가 고급 백화점과 명품 브랜드의 프라이빗 서비스다. 타격은커녕 오히려 퍼스널 쇼퍼 예약률이 더 높아졌다고 한다. 백화점에는 연간 구입 금액에 따라 VIP 등급을 부여하는데, 그들만 출입할 수 있는 VIP 공간이 따로 제공되고, 제품을 추천하는 퍼스널 쇼퍼 서비스도 제공한다. 당연히 아무나 들어가는 공간이 아닌 그들만의 폐쇄된 공간인데다, 소독과 방역 등 안전 관리도 철저하다. 부자들 입장에선 불안감이 있는 시기일수록 이런 데서 하는 쇼핑을 더 선호할 수밖에 없다.

명품 브랜드도 VIP 고객을 위해 호텔 펜트하우스나 고급 전시 공간을 마련해 초대하는데, 외부인과 부딪치지 않도록 전용 엘리베이터가 있는 공간을 선택하고, VIP 고객끼리도 공간 내에서 동선이 겹치지 않도록 배려한다. 이는 코로나19와 무관하게 이전부터 하던 서비스였다. 심지어 예전엔 백화점에서 영업시간 이후 VIP 고객들만 따로 출입시켜 쇼핑을 하는 이벤트도 있었다. 이렇듯 폐쇄된 쇼핑 공간을 통해 사생활과 보안을 지켜왔었는데, 코로나19의 영향으로 여기에 방역까지도 추가되었다. 코로나19로 인한 휴점이나 영업 축소로 백화점 전체의 매출 타격은 컸지만 상대적으로 명품은 그렇지 않았다.

2020년 2월 1일~3월 15일 동안 신세계백화점의 명품 매출 현황을 보면, 매장에서의 매출이 전년 동기 대비 14%나 늘었다. 온라인 매출은 전년 동기 대비 41% 늘었다. 백화점 전체의 매출과 백화점 출입객은 크게 줄었지만 명품 매장의 매출이 늘었다는 건 백화점의 프라이빗 서비스가 선방했다는 의미다. 실제로 해당 기간 중 신세계백화점의 VIP 회원은 평균 4.8회 백화점을 찾았다. 일반 고객이 같은 기간 평균 2회를 방문한 것보다 훨씬 많다. 해당 기간 중 일반 고객의 방문 횟수 감소폭은 47%인 반면, VIP 회원의 방문 횟수 감소폭은 20%로 상대적으로 적다.

코로나19가 확산 중인 시기에도 VIP 회원이 상대적으로 더 백화점을 찾을 수 있었던 것은 방역과 안전에 대한 신뢰 때문이다. 더 철저하게 관리해준 것이다. 현대백화점은 같은 기간 명품의 매장 매출은 전년 동기 대비 0.7% 늘었고, 온라인 매출은 97% 늘었다. 롯데백화점은 같은 기간 명품의 매장 매출은 전년 동기 대비 -7.9%로 빅3 중 유일하게 줄었지만, 온라인 매출은 22% 늘었다. 오프라인 매장 매출에선 희비가 엇갈렸지만, 온라인 매출에선 모두가 웃었다.

신세계백화점이 롯데백화점과 현대백화점에 비해 매장 매출의 증가가 두드러진 이유는 명품 매장이 많아서이기도 하고, 휴점 일수 때문이기도 하다. 롯데백화점은 2020년 2월 1일~3월 15일 기간 중 전국의 16개 점포가 확진자 방문으로 휴점 일수만 총 23일이다. 신세계백화점은 5개 점포, 현대백화점은 3개 점포가 확진자 방문으로 휴점했다.

현대백화점에 따르면, 코로나19 확산 이후 압구정 본점의 1++등급 이상의 한우 매출이 전년 대비 30% 이상 증가했다. 특히 1++등급 한우 중에서도 가장 마블링 점수가 높은 '마블링 스코어 No.9 등심'의 경우, 금요일에 입고되면 토요일 오전에 매진될 정도라고 한다. 현대백화점 고객 데이터 분석 결과 이 등심 매출의 80% 이상을 VIP 회원들이 올렸다고 한다. 이러니 백화점이 VIP 고객 유치에 적극적일 수밖에 없다.

롯데백화점의 VIP 제도(MVG)는 단계가 4등급으로 나뉘는데, 그 중 가장 낮은 등급인 MVG-Ace는 연간 2000만 원 이상(일부 점포는 1800만 원 이상)을 써야 한다. MVG-Crown은 4000만 원 이상, MVG-Prestige는 6000만 원 이상, LENITH는 1억 원 이상이다. 2019년부터는 여기에 800만 원 이상인 VIP+를 신설해 20~30대들을 유입시키고 있다. 신세계백화점도 연간 400만 원 이상을 쓰면 VIP(레드 등급) 대우를 해주고 있는데, 레드 등급 고객의 65%가 20~30대다.

Private & Premium을 경험한 2030세대들이 결국 상위 등급의 VIP 회원이 되려는 욕망을 더 키우게 된다. 그들만의 리그는 경험해보는 순간, 특권이 주는 즐거움이 크다는 것을 실감한다. 경험하기 전과 후는 다를 수밖에 없다. 특히 명품 소비에서 2030세대가 새로운 소비 세력으로 부각되면서 그들을 VIP로 끌어들이는 데 더욱 적극적이다.

코로나19로 특급 호텔은 직격탄을 맞았다. 투숙객도 크게 줄고, 특히 호텔 식당들 중에서도 뷔페의 매출 감소가 더 컸다. 그런데 호텔 식당 중 프라이빗 룸, 보통 별실이나 개별 룸으로 불리는 공간은 오히려 예약이 급증해서 1~2주일 앞서 예약이 마감될 정도다. 단순한 친목을 위한 식사도 있겠지만, 비즈니스를 위한 미팅 수요가 이어지며 소규모가 참석하는 프라이빗 룸 식사 예약은 상대적으로 타격이 없었다. 여러 사람과 함께 있는 공간이 불편하다 보니 소수의 제한된 사람들끼리만 있을 수 있는 프라이빗 룸을 선호하는 것이다. 비싸도 안전한 이미지가 있어서 특급 호텔 식당을 선호하는데다, 프라이빗 룸은 더 안전한 이미지다. 다른 식당들이 입는 타격에 비해 호텔 식당들이 상대적으로 선방하는 데는 이런 이유가 있는 것이다. 호텔과 리조트업계가 크게 타격을 받았지만, 회원제 고급 리조트는 상대적으로 타격이 덜했다. 애초에 프라이빗 서비스가 제공된데다, 소수를 더 철저히 관리해주다 보니 안심할 수 있는 공간으로 여겨진 것이다.

특급 호텔에서도 떨어진 객실 점유율을 높이기 위해 언컨택트 서비스를 적극 마케팅하고 있다. 서울 신라호텔은 사회적 거리두기 시기에 답답한 집 대신 호텔 방 안에서 타인과 접촉 없이 쉴 수 있는 상품이라며 룸서비스 패키지를 판매했다. 호텔 숙박을 하면서 아침식사나 저녁식사를 룸서비스로 제공하는 패키지인데, 원래는 매년 설날 직후 한 달 정도 판매하던 상품으로 추운 날씨에 어디 나가지 않고 호텔 방에서 쉬라는 것을 마케팅 전략으로 내세운 것을 관점을 달리해 코로나19에도 적용시켰다. 3월 한 달간 판매하려 했지만, 코로나19가 계속되자 4월까지 판매를 연장했다. 호캉스가 보편적 트렌드가 된 시대다 보니 룸서비스 패키지를 비롯해 사회적 거리두기 기간 중에서도 서비스 받을 공간을 찾는 수요가 존재한다. 특급 호텔도 객실 점유율이 20~30% 선까지 떨어지다 보니, 호텔업계로선 객실 점유율을 조금이라도 높이기 위해서라도 이런 수요를 공략할 수밖에 없다.

전시도 코로나19로 다 중단되다시피 했다. 휴관한 미술관, 전시관도 많고, 진행 중이던 전시도 중단되고, 새로운 전시는 시작도 못 했다. 이때 선택한 카드가 프라이빗 전시였다. 서울 아라리오 갤러리는 코로나19로 아트바젤 홍콩Art Basel Hong Kong이 취소되자 출품작을 아라리오 갤러리 삼청에서 프라이빗 전시로 진행했다. 사전 예약을 한 관람객만 출입할 수 있게 했는데, 동시에 한 명 혹은 한 팀씩만 관람을 하게 했다. 미리 예약된 사람이다 보니 누군지도 다 확인이 되고, 낯선 타인과 전시를 보는 것이 아니다 보니 미술 애호가들 사이에서 반응이 좋았다. 이런 방법이 아니었다면 전시 자체를 할 수도 없고 작품을 관람할 기회도 사라졌을 텐데 프라이빗 서비스를 통해 기회를 살린 것이다. 서울 학고재 갤러리도 마니아와 컬렉터를 위해 한두 시간 단위로 예약해 낯선 타인과 마주치지 않고 전시를 볼 수 있게 프라이빗 전시를 열었다. 프라이빗 전시는 확실히 VIP들이 중심이 될 수밖에 없다. 기존에도 주요 미술관들은 전시 오픈 전에 프레스와 VIP를 대상으로 먼저 오픈해서 그들만의 리그를 보장했다.

서울 롯데월드타워에는 123층에 프리미엄 라운지 바 '123 라운지'가 있다. 서울에서 가장 높은 곳에 있는 공간인데, 이곳은 프라이빗 프러포즈의 명소로도 유명하다. 123 라운지에서 팔고 있는 '더 스카이 로맨틱 프러포즈 패키지'는 하루 4회만 가능하고, 패키지 종류에 따라 회당 금액이 30만 원, 60만 원이다. 비싸지만 예약은 꾸준하고, 코로나19에도 타격 없이 오히려 증가세다. 2020년 2월의 예약은 전년 동기 대비 280%나 증가했다고 한다. 누구나 쉽게 이용할 수 없는 부담스러운 금액이지만, 오히려 이것이 흔치 않은 특별한 프러포즈를 하려는 이들에게 더 선호되는 이유다. 그들만의 리그를 만드는 가장 쉬운 방법이 Private & Premium인 것이다.

앞선 사례들은 소비에서의 그들만의 리그 사례인데, 코로나19 확산 중에도 이들의 소비는 건재했다. 이런 소비를 하는 사람들이 소비만 이렇게 하고 말 것이라고 생각하는가? 사람들과 어울리는 방식과 사회적 관계, 공동체에서도 같은 태도가 적용된다고 보는 것이 타당하지 않을까? 아무나가 되기 싫은 사람들은 점점 늘어간다. 부자와 지식인, 예술가 등만 자기 개성과 취향을 드러내며 유니크한 존재로서 대접받고 싶은 게 아니다. 취향의 시대가 되면서 더 많은 사람들이 아무나가 아닌 특별한 자기 자신으로 평가받고 싶고, 그런 공간과 서비스를 누리고, 그런 사람들과 어울리고 싶어 한다.

이웃의 부활과 자발적 고립화 : 우리가 진짜 원하는 관계는?

지금은 많이 퇴색되었지만 이웃사촌이란 말이 있다. 사촌만큼 가깝다는 의미로 썼는데, 그만큼 이웃과의 관계가 돈독했던 시대 때 많이 썼던 말이다. 피 한 방울 안 섞인 이웃에게 무려 사촌과 같은 급을 부여한 셈이다. 사촌이면 정말 가까운 혈족 아니던가. 아파트가 보편적 주거 환경이 되면서, 과거처럼 오래 알고 지낸 이웃이 사라진 시대다. 아파트는 언제든 팔고 떠날 수 있기에 과거처럼 끈끈한 이웃 사이는 없다. 그렇게 이웃사촌 문화는 사라지는 줄 알았다.

그런데 요즘 고급 주상복합이나 고급 아파트 단지에선 이 이웃사촌 같은 커뮤니티 기능을 아주 중요시 여긴다. 건설사가 분양을 위해서도 커뮤니티 기능을 강조한다. 아침밥 주는 곳도 생기고 있고, 입주민들을 위해 다양한 커뮤니티 활동을 지원해주는 곳이 점점 늘어간다. 이것이 아파트 분양에서 중요한 마케팅 포인트가 되고 있는데, 그만큼 우리가 다시 이웃사촌을 원하고 있다는 뜻이다. 이왕이면 끼리끼리 놀고 싶어 한다. 비슷한 경제력을 가진 이들이 비슷한 사회적 수준을 가졌다고 여기기에 주로 고가의 아파트 단지일수록 커뮤니티가 활발해진다.

돈으로 가족을 살 수는 없다. 하지만 돈으로 이웃은 살 수 있다. 가족 해체의 시대, 이웃은 새로운 가족이 된다. 끈끈하진 않지만, 충분히 어울리며 즐거울 수 있는 사이다. 일종의 느슨한 연대인 셈이다. 아파트를 팔고 떠나면 전혀 상관 없는 사이지만, 같은 아파트에 있는 동안은 공동의 이해관계도 있다. 아파트 가격에 대해서 집단적 움직임을 보이는 것도 이런 이유다. 이사 가고 새로운 아파트에 가면 또 거기서 새로운 커뮤니티와 어울리며 또 다른 느슨한 연대를 맺는다. 이웃의 부활이라고 과거의 이웃을 얘기하는 게 아니다. 같은 동네에 태어나서 산다는 이유만으로 끈끈하자는 게 아니다. 시대 변화에 따라서 우린 새로운 형태의 이웃을 원한다. 언컨택트 사회는 모든 타인과의 단절이 아니라, 연결될 타인을 좀더 세심하게 가리는 것이다.

"믿는 사람 소개로 연결, 연결. 이게 최고인 것 같아. 일종의 뭐랄까, 믿음의 벨트?" 이건 영화 〈기생충〉(2019)에서 부잣집 사모님으로 나오는 연교(조여정 분)가 한 대사다. 검증된 사람끼리 그들만의 리그 속에서 서로 연결되자는 의미다. 사실 태도도 갑자기 나온 게 아니지만 점점 심화되었다. 고급 아파트가 이웃사촌을 부활시킨 건 양극화된 사회의 단면이다. 아파트 가격이 끝도 없이 오르다 보니 수십억 원을 호가하는 고급 아파트 단지에는 서민이라 불릴 사람은 존재하지 않는다. 돈이 진입 장벽이 되면서 자연스럽게 그들만의 리그를 구축한다. 한국 사회에서 돈보다 더 강력한 계급 기준은 없으니까.

셰어하우스도 이웃사촌의 부활로 볼 수 있다. 셰어하우스가 공간을 셰어해서 사는 것이기에 함께 사는 이들과 동선이 겹치게 되고 서로와 관계를 맺을 수밖에 없다. 같이 밥도 먹을 수 있고, 감기라도 걸리면 감기약을 사주거나, 생일엔 축하도 해줄 수 있다. 이 정도면 충분히 가족 같은 사이다. 셰어하우스에서 가장 중요한 건 함께 모여 사는 사람들의 연결이다. 기존의 사람들이 새롭게 들어올 사람을 인터뷰하는 곳도 있고, 같이 어울려 살 수 있을 사람인지를 셰어하우스 운영 측에서 심사하기도 한다. 아무나 한 집에 들일 수는 없어서다.

대기업이 뛰어들기 전까진 스타트업의 영역이었던 셰어하우스에 대규모 자금과 투자가 몰리고 있다. 한마디로 돈 되는 비즈니스 분야다. 대기업 건설사 중에 셰어하우스 사업에 뛰어들지 않은 곳이 없다시피 할 정도다. 초기 셰어하우스가 주거 비용을 아끼기 위해 모여 살았던 것에서 지금은 취향 공동체의 역할이 강해졌다. 프리미엄 셰어하우스가 계속 나오고, 그 속에서 끼리끼리 어울리는 문화도 강화된다. 입주민의 고급 커뮤니티를 강조하는 셰어하우스, 호텔식 서비스를 한다는 레지던스 모두, 돈의 장벽 때문에 누구나 들어올 수 있는 주거 환경이 아니다.

코로나19로 우린 아주 특별한 경험을 했다. 전국민이 사회적 격리를 해본 적이 언제 있었던가? 외부와 단절된 채 자신만의 시간을 가져보는 것 자체가 어려웠던 한국 사회다. 우린 너무 바쁘게 살고, 너무 많이 얽혀서 산다. 그런데 코로나19로 사회적 격리이자 거리두기를 전 국민이 경험했다. 불편함도 있었지만, 자발적 고립화로 자신에게 집중하는 기회도 경험했다. 이 경험이 우리에게 새로운 욕망을 안겨준다. 이미 존재했지만 비주류였던 욕망, 바로 자발적 고립화다.

필자는 『라이프 트렌드 2018』에서 'Waldenism월드니즘 : 나만의 월든을 찾는 사람들'이란 트렌드를 소개했다. 월드니즘은 『월든Walden』이란 책에서 비롯되었다. 19세기 미국의 유명 철학자이자 작가인 헨리 데이비드 소로Henry David Thoreau는 1845년에서 1847년까지 2년 2개월 동안 세상과 인연을 끊고 미국 매사추세츠주 콩코드에 있는 월든 호숫가에 작은 통나무집을 짓고 살았다. 일종의 인생을 위한 실험이자 세상에 대한 저항이기도 했다. 이때의 기록을 에세이로 쓴 게 그의 대표작 『Walden』 (1854)이다.

소로는 숲속 통나무집에서 홀로 살면서 간소한 생활과 자연주의적 삶을 실천했다. 책을 읽거나 공부하고, 산책하거나 수영하고, 친구들을 맞이하거나 사유하면서 보냈다. 그렇다고 놀기만 하며 지낸 건 아니다. 스스로 집도 지었고, 감자와 옥수수, 완두콩 등 식량도 직접 키워서 먹었다. 돈이 필요할 땐 목수나 막노동을 해서 벌기도 했다. 1년에 6주 노동하면 1년간 필요한 생계비를 충당할 수 있었다고 했는데, 그 대신 1년 중 나머지 시간을 자유롭게 마음대로 살 수 있었다. 아무 방해 없이 자신이 하고 싶은 일에 집중하기 위해서 스스로 월든 호숫가에서 고립을 선택한 것이다.

그의 이런 선택은 물질만능과 물욕, 인간 사회가 쌓은 관성과 인습에 대한 저항이기도 했다. 소로는 하버드대를 나와서 가업인 연필 제조업을 비롯해 교수, 측량가 등을 했지만, 평생 일정한 직업 대신 자기가 하고 싶은 공부에만 매진하며 살았다. 월든 호숫가 숲속에 들어간 이유도 신중한 삶을 영위하기 위해, 본질적인 사실만을 직시하기 위해, 죽는 순간 후회하지 않기 위해서라고 했다.

어떻게 살아가는 것이 좋을지에 대한 정답은 없다. 하지만 어떤 답이 되었건 각자가 선택할 필요는 있다. 컨택트 사회에서 자발적 고립화는 괴짜들이나 비주류의 선택이었지만 언컨택트 사회에선 다르다. 보편적 주류들의 선택이 될 수가 있는 것이다. 우리가 타인과의 관계를 최소화하면서 반대로 자신에 대한 집중에 더 많은 시간을 할애할 수 있기 때문이다.

5도都 2촌村도 확산된다. 5도 2촌은 일주일에 5일은 도시에서, 2일은 시골에서 산다는 의미다. 주 5일 근무가 보편화된 시대이다 보니 5도 2촌은 꽤 많은 사람들이 받아들일 수 있는 현실이 되었다. 심지어 좀더 자유롭게 일할 수 있는 사람들은 4도 3촌까지도 한다. 그 반대로 4촌 3도를 해도 된다. 이건 삶의 태도에 대한 확실한 변화다. 도시에서의 삶은 돈 벌고 직업활동을 영위하기엔 더 효과적이다. 편리함도 도시가 우위다. 도시의 삶을 줄이고 시골에서의 삶을 늘린다는 것은 그간 우리 사회가 암묵적으로 심어준 돈 잘 벌고 사회적으로 성공하는 삶을 위해선 손해일 수 있다.

흥미로운 건 대도시에서 많은 것을 누린 사람들, 소위 강남 사람들이라 불리는, 아파트에서 태어나고 살며 아파트로 돈도 많이 벌어본 사람들도 5도 2촌이나 전원의 주말주택에 관심이 크다는 점이다. 콘크리트 숲에서의 삶이 부를 만들어줄 수는 있어도, 그게 인생의 전부가 아니라는 것은 분명 물질만능주의가 심화한 한국에서 생겨난 새로운 태도다. 그리고 네트워크 기술의 진화로 시골에 있더라도 재택근무를 하면 도시에 사는 것과 다를 바도 없다. 기술이 바꿔놓은 자발적 고립화가 되는 셈이다. 직장에서의 일하는 방식, 조직 문화 혁신이 우리의 주거 문화와 공동체 문화에 영향을 줄 수밖에 없다. 디지털 노마드의 확산, 로케이션 인디펜던트가 대세가 되는 건 이미 시작된 미래다.

자발적 고립을 위해 굳이 멀리 갈 필요도 없다. 도시에서도 충분히 가능하다. 이를 위해 집을 꾸미는 시도가 늘었다. 홈퍼니싱 열풍이 불며 누구나 자기 집을 좀더 매력적으로 꾸미는 데 적극 투자한다. 호텔처럼 꾸며놓기도 하고, 개인극장처럼 만들기도 한다. 이건 돈이 많아서가 아니다. 선택의 문제다. 명품백이나 외제차가 과시적 경향이 포함된다면, 집 꾸미기는 과시보단 자기만족이 더 크다. 거주 공간에 대한 투자는 일상의 만족도를 높이는 방법이며 자기를 위한 투자이기도 하다. 홈퍼니싱 열풍이 트렌드가 된 것도 단지 집 꾸미기 자체가 아니라 그로 인한 관계의 문제가 배경이다. 우리가 타인과의 관계 중심에서 자신을 중심으로 자신에게 좀더 집중하는 문화로의 변화를 원하기 때문이다.

집에서 휴가를 보내는 것을 '홈캉스Home+Vacance'라고 얘기하는데, 방콕에서 홈캉스로 단지 말만 바뀐 말장난이 아니다. 집에서 보내는 휴가에 대한 시선과 태도가 바뀐 것이다. 돈 없고 갈 데가 없어서 안 가는 게아니다. 돈도 있고 갈 데가 있어도 집을 휴가지로 선택한 건, 집을 자신에게 가장 안락하고 편안한 공간으로 꾸몄기 때문이다. 홈캉스나 홈스케이프가 늘어나는 건 집에 대한 태도 변화이자, 휴식에 대한 인식 변화다.

각박한 현실에서 탈출해 자기만의 안식처인 집에서 머무르는 것을 홈스케이프Home+Escape라고 하는데, 사람들과 현실에서 직접적 관계를 활발히 맺으며 살아가던 시대와 달리 이젠 사람과의 관계에 따른 스트레스도 더 크고, 더욱이 혼자 있는 시간도 더 선호하게 되었다. 이런 사람들에겐 혼자만의 공간이 최고의 휴식처다. 요가나 명상, 사색도 휴가의 방법으로 선호될 정도다.

나만의 아지트를 만드는 사람들도 늘었다. 요즘 동네 책방이나 카페, 북카페 등을 아지트를 만드는 차원에서 시작한 이들이 꽤 있다. 취향도 과시하고 사람들과도 어울리기 위해서다. 물론 본업은 따로 있다. 이건 일종의 '도심 월든'이다. 고립된 산속이 아니라 도시에서 사람들과 함께하면서 자신에게 집중하는 시간을 가지는 것이다. 이 모든 것이 타인과의 관계에 대한 변화가 생기면서 나온 일이다. 무조건적 연결에서 호의적이자 선택적 연결로, 그리고 선택적 단절을 거쳐 무조건적 단절로 이어진다면, 우린 지금 선택적 단절 시대를 열어가고 있다. 바로 언컨택트 사회의 본격적인 시작인 것이다.

느슨한 연대와 언컨택트 사회 : 변화는 이미 시작되었다

필자가 집필한 애뉴얼 트렌드 전망서인 『라이프 트렌드』 시리즈가 2013년 버전을 시작으로 2020년 버전까지 8권이 나왔다. 라이프 트렌드는 우리가 살아가는 기본이 되는 의식주를 비롯한 라이프스타일과 사회적·문화적 변화를 중점적으로 다룬다. 이를 통해 그 사회가 가진 변화의 방향과 그로 인한 소비와 비즈니스의 흐름, 그리고 사람들의 욕망을 분석한다. 2020년 버전의 제목인 『라이프 트렌드 2020 : 느슨한 연대』에서 알 수 있듯, 2020년 가장 주목하는 라이프 트렌드 이슈가 바로 '느슨한 연대'였다. 가족과 직장, 인맥으로 대표되는 세 가지 끈끈한 연대의 영역이 느슨하게 바뀌는 상황이 우리의 라이프스타일과 소비, 가치관, 욕망에 어떤 변화를 주는지를 다뤘다. 관계 변화가 만드는 패러다임 변화인데, 공교롭게도 코로나19로 느슨한 연대 트렌드는 더 증폭되고 있다.

지금 우리는 혈연 중심의 가족이 아니라 다양한 사회적 관계를 맺으며 살아가고 있다. 과거에 비해 더 다양한 사람들과 연결되고, 교류를 할 수 있다. 소셜 네트워크가 국가를 초월해서 친구 맺기를 쉽게 만들었는데, 같은 나라 같은 지역에 있는 사람들과의 연결은 더 쉬울 수밖에 없다. 소셜 네트워크에서는 누구나 쉽게 연결되고, 그 연결이 현실로도 이어진다.

느슨한 연대Weak Ties라는 말은 소셜 네트워크가 확산되면서 나온 말이다. 하지만 처음엔 소셜 네트워크를 통한 연결에 국한시켜서 봤다. 실제 현실에서의 연결이나 진짜 사회적 관계가 아니라, 소셜 네트워크에서 클릭 한 번으로 친구가 되고 누구나 서로에게 말 걸 수 있게 되면서 관계에서의 수평화가 이루어졌다. 그리고 쉽게 친구가 되었듯 쉽게 단절도 된다. 자신을 중심으로 하는 소통과 관계 맺기의 방식이다 보니, 진짜 현실과 달리 일방적이어도 무리가 없었고, 일시적이거나 일회적이어도 무방했다. 그렇게 소셜 네트워크가 우리에게 느슨하게 연결되는 경험을 준 것이다. 소셜 네트워크에서만 통하던 코드가 이제 진짜 현실로 넘어왔다. 느슨한 연대를 라이프 트렌드에서 중요하게 다룰 수밖에 없는 상황이 된 것이다.

우리가 그동안 끈끈한 연대라고만 믿어왔던 대표적 세 가지가 가족, 직장, 인맥이다. 이 세 가지는 우리의 인생 전체에 가장 큰 영향을 미치고 있는 것이고, 우리가 어떤 사람인지를 정의해주기도 하는 것들이다. 결혼과 출산을 통해 혈연으로 묶여진 가족이야말로 끈끈함의 결정체였고, 가부장적 가족관을 통해 가문을 만들고 친척과의 연결도 끈끈했다. 하지만 이제는 세상이 달라졌다. 결혼과 출산을 더이상 필수라 여기지 않고, 독신과 자발적 고립을 보편적으로 받아들이기 시작했다. 제도로서의 결혼을 버리고, 동거나 비혼 등에 대한 선택도 확장되었다.

결혼과 출산의 변화는 가족관뿐 아니라 친척이나 혈연과의 관계에도 변화를 가져왔다. 명절도 쇠퇴하는 문화 중 하나다. 가족과 친척이 모여 조상을 모시고 함께 차례를 지내며 서로의 정을 쌓던 문화는 이제 더 이상 유효하지 않다. 명절마다 인천공항 이용객이 역대 최고치를 경신할 정도로 점점 더 많은 이들이 명절에 해외여행을 간다. 왜 명절에 고향이나 부모님에게 가지 않고 해외여행을 가는 걸까? 이 자체가 명절이 가진 위상, 친척과 고향이 가진 위상의 쇠락을 단적으로 보여주는 것이다. 특히 2030 직장인들이 더 많이 명절 대신 여행을 선택하는데, 명절이라는 전통문화, 가족과 친척의 교류보다 자신의 사생활이 더 중요해졌기 때문에 생긴 변화다. 막상 명절에 고향에서 친척들 만나봤자 잔소리만 듣지 기분 좋기는 어렵기 때문이기도 하다. 시대는 바뀌었는데 아직 명절을 대하는 태도가 구시대적인 사람들이 지금 시대 2030들의 명절 기피이자 회피의 원인 제공자인 셈이다. 이것도 갑자기 생긴 게 아니라 오랫동안 계속 심화된 일이다.

직장은 평생직장, 종신고용이란 말로 가족 같은 끈끈함을 만들었다. 점심을 함께 먹고 저녁도 회식을 하며 같이 먹는다. 밥 먹는 관계라는 '식구'가 되는 셈이다. 과거 직장에선 진짜 가족보다 더 식구 같은 존재가 직장 동료였다. 가족에게도 소홀해가며 직장에 충성하고, 직장이 곧 자신의 인생 전부인 양 여겼던 건 종신고용 시대의 문화였지만 이제 퇴조했다. 한국의 조직 문화에서도 능력 위주, 수평주의가 확산 중이다. 호봉을 없애고 연봉 평가도 역할과 능력 위주로 바뀌는 추세다. 공채를 없애고 수시채용으로 바꾸는 기업이 속속 늘고 있다. 기수 문화, 선후배 관계도 달라질 수밖에 없다. 끈끈함 대신 효율성과 합리성이 자리를 채우고 있다. 재택근무나 수평주의적 조직 문화, 애자일 프로세스가 더 잘 적용되기 좋아지는 것이다. 오래전부터 이런 변화를 시도했지만 기존의 직장 문화에 익숙함을 가진 이들의 저항으로 정체 상태였던 것이지, 이런 변화 요구가 갑자기 나온 것은 아니다.

인맥을 중시하는 한국 사회에서 혈연, 학연, 지연을 비롯해 직장에서도, 군대에서도 기수를 따지며 인맥 속 서열을 정했다. 가족과 직장, 인맥은 더없이 끈끈했다. 하지만 이젠 동창회도 점점 힘을 잃어가고 있고, 지역 기반도 취약해진다. 단지 자신이 태어난 지역, 자신의 성씨라고, 자신이 다닌 학교라고 그걸 이해관계의 축으로 삼으려 들지 않는다. 과거엔 이런 인맥의 얽힘으로 정치·경제·사회적 카르텔이 만들어지는 일이 많았다.

이런 끈끈함이 불편하게 여겨진 사람들이 증가하게 된 건 시대적 변화 때문이다. 집단주의적 문화가 퇴조하고 개인주의적 문화가 부상했다. 이런 시대 우리가 느슨한 연대를 얘기하는 것은 변화된 욕망 때문이다. 혼자 사는 시대라서 오히려 새로운 연대가 필요해진 것이다. 고립되고 외롭고 싶은 게 아니라, 혼자 사는 것을 기본으로 두고 필요시 사람들과 적당히 어울리고 싶은 것이다. 혼자와 함께의 중간지점, 즉 혼자지만 가끔 함께가 되는, 서로 연결되긴 했지만 끈끈하진 않은 느슨한 연대인 것이다. 이런 욕망을 받아들인 사람들에게 사람과의 관계는 과거와 같을 수 없다. 끈끈함이 주는 친밀함에는 서로의 이해관계가 얽히고 갈등도 동반된다. 이런 갈등이나 스트레스를 회피하고자 하는 것이 느슨한 연대에서 드러난 욕망이기도 하다. 언컨택트를 통해 인간관계에서 나타나는 갈등과 스트레스를 회피하려는 욕망과 맞닿아 있는 것이다.

당연했던 것이 당연하지 않게 되는 시점에 우린 선택을 해야 한다. 사람과 사람이 서로 연결되어 있는 관계가 가지는 장점은 일부 취하되, 그런 연결이 주는 부담스러움이나 복잡함은 덜어내겠다는 태도가 '느슨한 관계'를 만들어냈다. 집단주의적 관점에서 보면 다소 이기적인 태도로 보이지만, 개인주의적 관점에서 보면 합리적이고 효율적인 태도다. 그리고 이건 개개인의 선택이 아니라 사회적 선택이다.

느슨한 연대는 단지 가족과 연애, 사람들 간의 관계 얘기가 아니라 직장, 조직 문화와 주거 환경, 부동산과 도시 등에까지 영향을 미칠 중요한 트렌드 코드다. 느슨한 연대가 결혼과 출산에 미치는 영향, 느슨한 연대가 직업관 및 직장 문화에 미치는 영향, 느슨한 연대가 주거 문화에 미치는 영향, 느슨한 연대가 선거 및 정치에 미치는 영향, 느슨한 연대가 소비 트렌드에 미치는 영향이 우리가 고민할 이슈다.

느슨한 연대는 강력한 메가 트렌드로 앞으로 점점 더 강력한 힘을 발휘할 것이고, 언컨택트 트렌드도 마찬가지 메가 트렌드로 우릴 바꾸는 데 영향을 줄 것이다. 이미 두 가지 트렌드 코드는 같은 방향을 보고 나아가고 있는 중이고, 오래전부터 우리가 가진 타인과의 관계, 인간관계에서 겪었던 문제에 대한 대안으로서 계속 커져왔던 욕망이자 필요였던 셈이다.

관계 스트레스와 '미안함'이란 감정의 거북함

마켓컬리를 비롯해 여러 업체의 새벽배송을 이용하고, 쓱배송을 비롯해 당일 배송도 많이 이용한다. 직접 장 보러 가는 일이 크게 줄었다. 아니, 거의 갈 일이 사라졌다고 해도 과언이 아니다. 물건이 배송될 때도 문 앞에 놓아두고 보내주는 메시지로 확인하는 것이지, 배송 인력과 마주칠 일도 없다. 비 오는 날이든, 눈 오고 태풍 부는 날이든 배송하러 오다가 고생하겠다는 생각이 들 여지가 없다. 왜냐면 그들을 직접 만나지 않으니까. 그냥 물건만 보는 거니까 사람에 대한 감정 자체가 개입되지 않는다.

과거에도 슈퍼마켓이나 마트에서 구입한 물건을 배송해주었지만 받을 땐 사람과 직접 만나서 건네받았다. 음식도 마찬가지다. 무조건 사람을 만나서 음식을 건네받고 돈을 지불했다. 하지만 지금은 주문과 동시에 결제도 끝냈으니 문 앞에 음식 두고 가라고 해도 된다. 혼자 사는 여자가 음식 배달시킬 때 혼자인 거 들키는 게 싫어서 현관에 남자 신발 하나 놔둔다는 얘긴 괜히 나온 게 아니다. 심지어 배달원과의 아주 잠시의 접촉이지만 그마저도 신경 쓰인다는 것이다.

과거엔 동네의 가까운 식당에 배달을 시켰고, 배달원도 늘 오는 사람이 오다 보면 인사를 건네기도 했다. 하지만 이젠 '배달의민족'의 배민라이더스로 주문하는 것이기에 내가 주문한 특정 식당의 종업원이 배달 오는 것도 아니다. 세탁소도 동네의 세탁소를 오래 이용하면서 주인과 인사 나누는 사이가 되는 게 보편적이었다. 하지만 이젠 '세탁특공대' 같은 앱으로 세탁을 주문하면 새벽 시간에 문 앞에 걸어둔 옷을 가져가서, 세탁이 완료되면 새벽에 다시 문 앞에 세탁물을 걸어둔다. 내 세탁물을 가져가는 사람이 누군지, 누가 갖다줬는지 마주칠 일도 없다. 담당자가 누구라고 메시지는 오지만, 얼굴을 본 일이 없으니 마치 가상의 존재 같은 느낌도 든다.

앞선 얘기는 우리 모두가 겪는 일이다. 그동안 우리의 일상 속에서 마주쳤던 서비스업 종사자들과 마주치지 않고서도 서비스를 받을 수 있는 시대가 되었다. 더이상 미안하거나 감사한 어떤 감정도 개입하지 않고서 서비스를 받게 되었다. 단지 기술의 발전으로 이렇게 된 것이 아니다. 언컨택트는 우리의 변화된 욕망의 산물이다. 타인과의 관계 스트레스가 언컨택트의 욕망을 키운 것이다.

우리가 접하는 일상의 사람들 중 상당수는 스쳐 지나가는 존재다. 가족은 점점 줄어들고, 직장 동료와의 관계도 예전 같지 않고, 인맥도 점점 달라진다. 지속적 관계를 가진 사람들보다, 카페나 식당서 마주한 종업원을 비롯한 서비스업 종사자들과의 관계가 더 잦기도 하다. 음식을 배달시키건, 세탁물을 맡기건, 스포츠센터에 가건, 병원을 가건, 은행을 가건,

호텔을 가건, 주유소에 가건, 우린 거기서 스치는 사람들을 만난다. 이런 관계에선 감정이 개입되지 않는다. 서로 명확한 서비스를 주고받는 관계이기에 갈등도, 기대도, 깊이도 없다. 과거엔 이런 관계의 사람들과도 친분을 나눴다. 단골이 되고, 친구가 되기도 했다.

하지만 이제 이런 서비스에서 언컨택트를 받아들이고 있다. 식당에 가서도 사람이 아니라 단말기에 주문을 하고 결제를 한다. 커피나 햄버거를 사러 갈 때도 스마트폰 앱으로 주문과 결제를 다 한다. 이런 변화가 우리에게 기술적 편리함만 준 것이 아니다. 바로 사람과 직접 주고받는 말을 줄게 했다. 말을 주고받는 건 감정이 개입될 여지가 있다. 말 한마디에 기분 좋아지기도, 또 서운해지기도 한다. 그런데 언컨택트 기술이 애초에 감정이 개입될 여지 자체를 없애준 것이다.

서비스를 받는 데 있어서 미안한 감정이 생기는 건 불편하다. 감사의 감정과 달리 미안함은 오히려 서비스의 만족도를 떨어뜨린다. 내가 받는 서비스를 위해 상대가 너무 고생한다는 느낌이 들면 우린 미안해질 수 있다. 이런 감정은 소비자에게나 서비스업 종사자에게나 모두 득이 되지 않는다.

서비스업에서 손님이 왕이라고 하던 시절이 있었다. 과잉 친절과 과잉 서비스를 낳았던 이 말은 더이상 유효하지 않다. "손님은 왕이다der Kunde ist König"란 말은 스위스 태생으로 리츠칼튼 호텔을 설립한 세자르 리츠 Cesar Ritz, 1850~1918 가 한 말로 알려져 있다. 프랑스와 영국에서 호텔 사업을 벌였던 그는 "손님은 절대 틀리지 않는다 Le client n'a jamais tort"라는 슬로건을 내세우기도 했다. 그런데 세자르 리츠가 호텔업계에서 일했던 게 19세기 후반에서 20세기 초까지다. 당시엔 실제 왕족과 귀족들이 주요 고객이었다. 손님을 왕처럼 대한다는 의미가 지금과 좀 다를 수밖에 없다.

'손님은 왕'이라는 말을 심각하게 받아들이며 확산시킨 건 일본으로 추정된다. 상업이 발달한 일본에서 특유의 친절함을 담은 서비스 문화에서 손님을 왕처럼 대접하며 떠받든 게 한국으로도 건너와 손님은 왕이라는 게 마치 진리인 양 퍼뜨려졌다. 물론 영어에도 'The customer is always right' 같은 말이 있지만, 이는 우리처럼 손님이 갑질해도 되는 것을 얘기하는 건 아니다.

하여간 전 세계에서 고객 서비스가 가장 뛰어난 나라를 꼽으면 일본과 한국이 단연 맨 앞에 있을 것이다. 여전히 손님은 왕이란 구시대적 얘길 떠들고 있는 한국인도 많다. 과잉 서비스 대신 적정 서비스가 이제서야 한국 사회에서도 부각되고 있는데, 이미 글로벌 사회에선 적정 서비스가 당연한 일이다. 서비스를 파는 사람이나 사는 사람이나 서로가 필요한 것이지 한쪽만 일방적으로 필요한 게 아니다. 오히려 과잉 서비스가 불편하다는 이들이 많다. 더이상 왕 대접 받는 게 감정적으로 부담스럽고 싫다는 것이다.

이건 서비스를 받는 사람뿐 아니라 하는 사람은 더 심각한 문제다. 감정노동자가 겪는 심각한 스트레스도 이미 사회적으로 공론화되어 이를 해소하려는 방향으로 가고 있다. 이런 불편함을 해소시키는 방법 중 하나도 언컨택트다. 사람과의 대면과 접촉을 최소화시켜, 서비스를 받는 사람들이 가질 심리적 불편함이나 감정적 미안함을 줄여주는 것이다. 서비스업에서는 사람이 가장 중요했지만, 그동안 그 사람에 대해 소홀했던 게 사실이다.

'미안未安하다'는 사전적으로 '남에 대하여 마음이 편치 못하고 부끄럽다'라는 뜻이다. '미안'은 영어로도 안쓰럽거나 남부끄럽다는 의미(sorry), 불편하다는 의미(uneasy, uncomfortable)와 후회스럽다는 의미(regret)를 가진다. 미안하다는 마음 자체가 불편한 감정인 셈이다. 습관적으로 "미안해"를 남발하는 사람이 진정성 없이 여겨지는 것도 이런 이유일 것이다. 우린 정말 자신이 잘못하고 부끄럽고 뉘우칠 때만 미안하다고 하는 게 아니다. 그냥 감정이 불편하거나 갈등이 생길 것 같으면 "미안해"라는 한마디로 이를 회피하려 하는 경우도 많다. 지속적 관계를 맺는 사이에선 감사함과 미안함을 느끼기도 하고 갈등을 겪기도 하면서 감정을 쌓아간다. 함께 어울리며 살아가는 사이에선 이런 감정과 갈등을 통해 더 깊은 사이가 되고 상대에 대한 이해의 폭도 넓혀간다. 하지만 서비스를 주고받는 일시적 관계의 사람과는 감정과 갈등을 원치 않는다. 미안함을 느끼는 것 자체가 불편함이 된다.

언컨택트는 서비스를 받는 데 있어서 미안함을 느끼지 않게 해주는 데도 효과적이다. 미안한 감정이 사라지는 시대, 더 나아가 미안할 상황 자체가 줄어드는 시대다. 이런 시대를 살아가는 사람들이 타인을 대하는 태도는 어떻게 달라질까? 이런 시대를 살아가는 우리들이 공동체를 대하는 태도는 어떻게 변화될까? 감정과 갈등을 원치 않는 사람들을 위해 점점 언컨택트가 확대되어가는 시대, 우리가 가진 사람과의 관계가 과거와 같을 수야 없지 않겠나. 분명 언컨택트 사회에서의 인간관계 방식이 과거 세대와 요즘 세대의 차이로 드러날 수밖에 없다. 엄밀히 세대 차이보단 변화한 시대에 적응한 사람들과 익숙한 과거 방식을 고수하는 사람들 간의 차이가 더 맞겠지만 말이다.

새로운 차별이 된 언컨택트 디바이드와 사회적 숙제

언컨택트로 인한 소외와 차별을 일컫는 '언컨택트 디바이드Uncontact Divide'
는 이미 수년 전부터 제기되었다. 햄버거를 하나 먹으러 가도 사람이 아
닌 키오스크가 주문을 받고, 은행 업무도 스마트폰 앱으로 다 처리하고,
주차장에선 더이상 사람에게 주차요금 계산하는 걸 보기 힘들어졌고, 심
지어 현금 안 받고 카드만 받는 주차장도 많다. 키오스크 사용이 서툴거
나, 스마트폰이 없거나 혹은 있어도 서툴거나, 카드나 디지털 계좌가 없는
사람들은 햄버거 하나 사 먹기도 어렵고, 주차장도 이용하기 어려운 시대
나. 사람에게 직접 주문하거나 계산하지 않아도 되어 편리하다고 여겼던
사람들로선, 편리 뒤에 숨겨진 소외된 이들의 불편을 생각해보지 못한다.
   언컨택트 기술과 서비스에 적응하지 못하는 사람들이 겪을 불편과 소
외를 뜻하는 언컨택트 디바이드는 엄밀히 말하면 디지털 디바이드Digital
Divide의 한 요소다. 왜냐하면 언컨택트로 전환된 서비스들은 모두 IT 기
술과 연관되어 있기 때문이다. 기술적 진화가 언컨택트를 전방위로 가능

하게 해준 것이기 때문에, 디지털 디바이드를 겪는 사람이 언컨택트 디바이드도 겪을 수밖에 없다. 한마디로 이중고다. 코로나19로 약국에 마스크를 사러 가도 스마트폰 앱으로 어느 약국에 물량이 남아 있는지를 실시간 확인하며 가는 사람과 그냥 무작정 가보는 사람과는 기회가 다를 수밖에 없다.

마스크뿐 아니라 장보기도 마찬가지다. 새벽배송, 당일배송 등 편리한 배송 서비스를 이용하는 사람으로선 코로나19로 인한 사회적 거리두기를 지키기도 수월한데, 직접 장을 보러 가서 물건 사는 것만 가능한 계층으로선 상대적으로 위험에 더 노출될 수밖에 없다. 과학기술정보통신부 산하 한국정보화진흥원의 '2019 인터넷 이용 실태 조사'에 따르면, 인터넷 쇼핑을 이용하는 비율이 20대는 96.9%, 30대는 92.4%인 데 반해 60대는 20.8%, 70대 이상은 15.4%에 불과했다.

정보통신정책연구원의 〈디지털 디바이드의 실태〉(2019. 11) 보고서에 따르면, 2018년 기준 60대의 스마트폰 보유율은 79.1%, 70대 이상은 35.0%다. 즉, 실제 노인들은 스마트폰을 가졌어도 인터넷 쇼핑을 하는 경우는 극히 낮다. 포털 뉴스를 보거나, 유튜브를 보거나, 카톡 메시지를 주고받는 수준에 머물 뿐, 애플리케이션 설치나 결제 등은 엄두도 못 낸다. 실제로 65세 이상의 스마트폰 사용자 중 애플리케이션 설치·삭제·업데이트할 수 있다는 비율이 7.5%에 불과하다. PC 활용 능력에서도 65세 이상 중 온라인 쇼핑과 인터넷 예약을 할 수 있다는 비율이 6.5%, 인터넷뱅킹을 사용할 수 있다는 비율은 7.0%였다. 10~40대까진 누구나 기본적으로 하는 일상적인 것도 노인들에겐 높은 장벽인 것이다. 심지어

10살 미만의 어린이들보다 노인들의 디지털 역량이 떨어지기도 한다.

나이·서열 문화에 익숙하고 가부장적 사고를 유지하는 노인들로선 자신들이 지금 시대엔 어린이들보다 사회적 역량에 제약이 따른다는 사실을 어떻게 받아들일까? 가뜩이나 노인이 사회적인 약자로서 경제적 기회나 활동에서 제약이 따르는데, 디지털 디바이드와 언컨택트 디바이드까지 겹치며 더더욱 소외받고 차별되는 존재가 된다는 사실 앞에서 그들의 집단적 목소리와 유권자로서 정치적 영향력이 어느 방향으로 갈지 우려가 되기도 한다. 누구나 자신을 지키려 애쓴다. 그건 당연하다. 자신이 사회적 약자가 되고 소외받고 차별받는 상황에 빠져보지 않았던 사람들도 노인이 되면 어쩔 수 없이 그 상황에 빠질 가능성이 커진다. 새로운 기술, 새로운 디바이스, 새로운 트렌드를 잘 받아들이고 적응할 노인들도 있긴 하겠지만 결코 다수가 아니다.

과학기술정보통신부 산하 한국정보화진흥원의 '2019 디지털 정보격차 실태 조사'에 따르면, 일반적인 국민 대비 취약 계층의 디지털 정보화 수준은 69.9%다. 일반적 국민의 기본적 디지털 기기와 접근 능력에 대비해서도 7할 정도에 불과한데, 102030세대를 비롯해 디지털 선도적 계층과는 비교 자체가 안 되는 수준일 것이다. 이 중 노령자는 일반 국민 대비 64.3%으로 가장 취약했고, 농어민은 70.6%, 장애인은 75.2%, 저소득층은 87.8%였다. 노령자와 농어민은 상대적으로 평균 연령이 높을 수밖에 없다. 즉, 고령의 사람들이 겪을 언컨택트 사회의 소외와 차별, 불편은 커질 수밖에 없다.

행정안전부가 발표한 주민등록 인구 통계에 따르면, 2019년 말 기준

65세 이상은 전체 인구의 15.5%이고, 숫자는 약 803만 명 정도다. 통계청의 2018년 농림어업 조사 결과에 따르면, 2018년 12월 기준 전체 농가 인구는 231만 명이다. 이 중 65세 이상의 비율은 44.7%다. 우리나라 전체에서 65세의 비율이 15.5%인데, 농어촌에선 그 비율이 3배나 높은 것이다. 65세 이상이 아니라 60세 이상의 비율로 계산해보면 58.0%다.

정보를 가진 사람과 그렇지 못한 사람의 격차이자 디지털 시대의 격차라는 의미의 '디지털 디바이드'라는 말은 〈뉴욕타임즈〉의 개리 앤드루 풀Gary Andrew Poole이 1995년에 처음 썼다고 알려졌는데(〈LA타임즈〉의 기사가 먼저라는 주장도 있다), 1995년 7월 미국 상무부의 정책 보고서에서 디지털 디바이드가 언급되어 있기도 하다. 하지만 이 용어가 공식화된 건 1999년부터이고 이후 세계적으로 확산되었다.

한국에서도 정보격차 해소에 관한 법률이 2001년에 제정되었다. 즉, 우리 사회가 디지털 디바이드 문제를 본격 제기한 건 20년 정도다. 20년 전의 디지털 기술 수준, 정보화 수준보다 지금이 훨씬 앞서 있으니 우린 그때 느낀 문제의식 이상의 시대를 지금 살아가고 있는 것이다. 사실 디지털 디바이드는 단지 IT 기기를 다루냐 못 다루냐가 아니라 IT가 경제, 산업, 사회, 문화를 장악한 지금 시대에선 사회생활을 할 수 있느냐, 경제활동을 할 수 있느냐의 문제가 될 수도 있다. 그래서 이 격차를 해소하는 법을 만들고 취약 계층을 지원했다. 인터넷 보급률, 스마트폰 사용률 등은 거의 100%에 가까울 만큼 높아졌지만 장애인, 고령자, 농어민, 저소득층 등 주요 취약 계층이 가진 디지털 디바이드는 여전하다.

무작정 따라오라고 할 수도 없는 것이, 도저히 따라갈 수 없는 사람들도 꽤 있다. 현금 없는 사회를 지향하는 스웨덴에서도 언컨택트 디바이드 문제 때문에 다시 현금을 취급하는 은행 점포나 ATM 기기를 늘렸다. 유럽의 여러 나라에서 이 문제가 논의되었는데, 현금 없는 사회가 주는 언컨택트 디바이드에 대한 우려를 하며 현금 없는 사회를 이루는 속도를 조절하고 있다.

물론 그럼에도 불구하고 모든 곳에서 현금도 받고, 사람에게 말로 주문하면 알아서 해줬던 과거와는 비교할 수도 없을 정도로 언컨택트화가 진전되었다. 절대 다수는 이런 진화가 편하다. 그렇기에 과거로 회귀하자고 할 수도 없다. 국가의 역할에서 디지털 디바이드, 언컨택트 디바이드를 줄이기 위한 법과 제도를 만들긴 하겠지만, 이건 최소한의 배려일 수밖에 없다. 이미 산업과 사회 구조가 언컨택트로 전환된 시대다. 결국 원활히 살아가려면 변화한 시대에 적응하는 수밖에 없지만, 그러지 못하는 이들이 겪을 언컨택트 디바이드가 지금 우리 사회에게 주어진 중요한 숙제다.

코로나19로 언컨택트 사회로의 전환이 급속도로 진행되고 있다. 언컨택트 니바이드를 겪는 이들에 대한 배려와 지원은 사회적 전환 속도에 비해선 느리고 제한적일 수밖에 없다. 당장은 노인의 자녀들이 어느 정도는 챙겨준다. 부모를 대신해 마스크를 사주기도 하고, 온라인 쇼핑 주문을 대신 해주기도 한다. 하지만 개인적으로 해결하는 것은 한계가 있다. 국가가 사회적 제도로서 이를 해결해야 한다. 여기에 예산이 투입되기에 사회적 합의도 필요하다.

언컨택트 디바이드만큼 언컨택트가 초래할 일자리 감소도 중요한 숙제다. 하이패스 이용자가 증가할수록 고속도로 톨게이트에 요금 수납원들의 자리가 위태로워지는 건 안타깝지만 현실이다. 마트에 가서 장 보는 이들이 줄고 온라인 쇼핑이 증가할수록 마트 계산원들의 자리도 위태로워진다. 모든 서비스업에서 언컨택트가 확산되면 이렇게 일자리의 위기를 겪는 이들이 점점 늘어날 수밖에 없다. 결국 컨택트 사회에 기반한 일자리가 언컨택트 사회로의 전환 후 어떻게 재배치될 것인가도 중요한 사회적 문제다. 이런 문제에 대한 대응이 미흡할수록 공동체 안에서의 불필요한 갈등도 더 커진다.

누군가에겐 기회가 되는 변화가 누군가에겐 위기가 된다. 기회 쪽에 있는 사람과 위기 쪽에 있는 사람이 서로 대결하는 건 아니지만, 현실에선 두 집단의 갈등이 생길 수 있다. 정보를 가진 자와 못 가진 자의 격차가 심각한 위기를 낳았듯, 언컨택트 환경에 적응한 자와 그렇지 못한 자의 격차도 위기가 되고, 이런 위기는 특정 동네에만 몰려 있는 나와 상관 없는 문제가 아니라 우리가 속한 공동체 안에서 존재하는 우리의 문제다.

종교와 언컨택트
: 스님과 신부님이 유튜버가 되어야 하는 걸까?

성당과 절, 교회는 미사, 법회, 예배 등 서로 부르는 이름과 형식은 다르지만, 수많은 사람들이 한 공간에 모여 종교활동을 한다는 것은 같다. 코로나19 확산에서 유럽의 거점이 된 곳이자 가장 먼저 확산된 곳이 이탈리아다. 중동지역에선 이란이 먼저 확산되었다. 한국은 중국과 가까워서라기보단 신천지의 집단 감염이 코로나19 확산에서 중요 기점이었다. 사실 전 세계가 연결된 시대, 중국과 연결되지 않는 나라는 없다. 중국 화교가 살지 않는 곳도 없고, 중국 관광객이 가지 않는 곳도 없다.

그런데 왜 이탈리아, 이란, 한국은 확산 초기에 그 중심에 있었을까? 이들 세 나라의 공통점이 무엇일까? 바로 종교가 전염병 확산에 중요한 역할을 했다는 것이다. 이탈리아는 1978년까진 로마가톨릭교회가 공식 국교였고, 현재도 인구의 85% 정도가 로마가톨릭이다. 이란의 공식 국명은 이란 이슬람 공화국이다. 국가 이름에서도 느껴지듯 전체 국민 중 이슬람교가 99.4%(2011년 기준)다. 이 두 나라는 특정 종교를 가진 국민이 대부분이다. 한국은 앞선 두 나라와는 달리 종교가 없는 사람이 56.1%(통계청 인구주택총조사, 2015년 기준)나 되지만, 밀집 예배를 하던 폐쇄적인 신천지가 중요한 복명으로 작용했다. 한국에선 신천지, 이탈리아는 성당, 이란은 이슬람 사원이 전염병 확산에 일조했다고도 볼 수 있다. 물론 100% 단정지을 순 없다. 다만 집단적으로 밀집된 공간에서 하는 종교 집회가 바이러스 전염병에 취약한 것은 분명하다. 그래서 코로나19가 확산되는 나라의 성당, 교회, 사원, 사찰 등 종교 시설 중 자발적으로 폐쇄 조치를 선택한 곳들이 늘었다.

우리나라에서도 가톨릭이 한국에 들어온 236년 역사상 처음으로 전국 모든 성당의 미사가 2월 말부터 중단되었고, 상황 변화를 보면서 미사 중단을 계속 연장해갔다. 한국 가톨릭은 2019년 말 기준 1747개 성당에 586만여 명의 신자가 있다. 불교도 같은 시기 일요일 법회와 행사를 중단했는데, 조계종을 비롯해 한국 불교 30개 주요 종단 소속 사찰 1만 5000여 곳이 동참했다. 기독교도 대형 교회 중심으로 온라인 예배로 전환했다.

종교에선 예배, 미사, 법회 등 다 같이 모여서 치르는 종교 전례를 중요하게 여겨 이를 절대 깨서는 안 될 원칙처럼 여기는 이들도 있다. 하지만 코로나19로 인해 그 원칙도 깨졌다. 교회에서 직접 참여하는 주일 예배를 대신해 집에서 온라인으로 예배를 보게 되었다. 심지어 스마트폰으로 예배를 보기도 한다. 자체적인 온라인 예배 시스템이 있는 대형 교회가 아닌 소형 교회에선 유튜브나 아프리카TV로도 예배를 했다. 교회라는 공간이 아니어도 된다는 경험을 한 것이다. 설교자의 권위가 가장 높아지는 상황이 바로 집단적 종교 행사다. 모든 종교가 집단적인 밀집 행사를 하는 이유도 이 때문이다. 종교가 시작되고, 아니 인류가 집단 생활과 공동체를 만들기 시작한 시점부터 집단적인 밀집 행사는 무리를 이끄는 지도자의 권위를 높이고 공동체를 연합시키는 데 가장 효과적인 방식이었다. 아무리 첨단의 시대, 네트워크로 연결되어 뭐든 다 할 수 있어도 종교는 오프라인 기반이 절대적이고 온라인은 조연에 불과했다. 기술적 변화를 적극 반영할 필요가 없었던 것이 종교였다. 하지만 코로나19는 이러한 상황마저 바꿔놓았다.

한국기독교목회자협의회가 2020년 2월 24~25일 실시한 여론조사 결과가 흥미롭다. 당시는 코로나19가 급속 확산되며 여러 종교에서 미사, 법회, 예배를 중단하기로 하는 시점인데다, 코로나19에 대한 불안감도 급증했던 시점이다. 조사 결과에 따르면, 평소 주일 예배에 출석한다는 교인 중 2월 23일 일요일의 주일 예배에 57%가 출석하지 않았다고 답했다. 출석하지 않은 사람 중 62%는 온라인 예배나 혼자 다른 곳에서 예배하는 방식을 취했지만, 38%는 아예 주일 예배를 하지 않았다.

평소 예배 출석자의 1/3 정도는 공간이 주는 강제성이 사라지면 예배 기계에 대한 충성도 또한 낮아진다고 볼 수 있다. 오프라인을 온라인으로 전환하는 것을 주저하는 첫 번째 이유다. 바로 오프라인 예배 참석자가 고스란히 온라인 예배로 넘어가지 않는 셈이다. 물론 오프라인 예배보다 온라인 예배의 헌금이 줄어드는 것도 한 이유가 된다. 결제 수단이 충분히 있다고 해도 헌금이 줄어드는데, 기존의 시스템을 두고 온라인으로 전환하는 데 따른 비용과 노력을 들일 리는 없는 것이다.

교회 신도의 고령화도 온라인 예배에 소극적인 이유로 작용한다. 컨택트 환경에 익숙한 노령자들은 언컨택트 교회 환경에 거부감을 가질 수도 있고, 결정적으로 불편하다. 조사 내용을 더 자세히 들여다보면, 온라인으로 예배를 봤다는 교인 중 57%가 자신이 출석하는 교회의 온라인 예배를 봤고, 22%는 독자적으로 가정 예배를, 15%는 자신이 출석하지 않는 타 교회의 온라인 예배를 봤고, 12%는 혼자서 큐티를 했다. 바로 이것이 가장 결정적 문제다. 오프라인 예배를 가지 않으면 출석 교회에 대한 충성도가 떨어지고, 이는 헌금 수입에 직접적 타격이 되기 때문에 교회로선 오프라인 예배를 고수하려 할 수밖에 없다. 이런 변화는 교회를 바라보는 시각에 따라서 기회로 볼 수도 있고, 위기로 볼 수도 있다. 상기 조사는 코로나19가 미친 일시적 영향이지만, 온라인 예배를 비롯해 종교활동에서 오프라인의 영향력이 줄어들게 되는 시대에선 그 문제가 더욱 커질 것이다. 언컨택트 사회로의 전환이 종교만 예외로 두고 가지는 않을 것이기 때문이다.

만약 종교가 언컨택트를 받아들이면 어떻게 될까? 그렇다고 신부님과 목사님, 스님이 유튜버가 된다는 것은 아니다. 온라인 중심의 종교가 나와서 새로운 사람들을 유입시킬 것도 분명하고, 기존 종교인들도 시대 변화에 적응된 콘텐츠를 가지고 나올 것도 분명하지만, 종교가 엔터테인먼트가 되진 않을 것이다. 인기 유튜버들처럼 종교인이 특이하고 재미있는 방식으로 예배와 설교를 할 수도 있겠지만, 그건 일부의 현상일 뿐 대세가 되는 흐름이자 트렌드는 아니다.

사실 이 답은 이 책이 아니라 종교가 찾아야 한다. 그동안 해보지 않았던 다양한 시도를 통해 시행착오가 주는 진화의 답을 위해 투자할 필요가 있다. 분명한 건 오프라인 기반의 '공간' 중심, '종교 지도자' 중심에서 벗어나는 답을 찾으려 할 가능성은 크다. 종교가 오프라인 공간을 거점으로 운영되었던 건 시간·공간의 제약을 가진 시대였기 때문이고, 종교활동의 원칙도 과거의 관성을 따랐기 때문이다. 변화는 막을 수 없다. 잠시 지연시킬 수는 있어도 흐름을 바꿔놓긴 어렵다. 그리고 변화의 속도도 과거보단 빠르다. 인류가 수천 년간 겪은 변화보다 최근 100년간 겪은 변화의 폭이 더 크다. 그 중에서도 최근 수십 년은 더 크다.

특히 코로나19는 지금 시대를 살아가는 사람들에게 아주 특별한 경험과 두려움을 안겨줬다. 전 세계 금융시장의 패닉을 미국의 대공황 시대(1929~1939)에 비유하기도 하고, 한국 사회에선 IMF 구제금융 시대에 비유하기도 한다. 우리가 아는 경제위기를 다 갖다붙일 만큼의 심각한 경제위기가 되기 때문이다. 병이 종식되더라도 생산과 소비의 침체이자 손실을 복구하는 데는 꽤 오랜 시간이 걸릴 수 있다. 이건 그냥 기업만의 얘기가 아니라 우리 모두의 얘기다. 일자리의 위기이자 소득의 위기, 노후의 위기, 정치의 위기 능 전방위적 위기다. 그리고 코로나19 이후에도 전염병의 위기는 계속될 것이다. 바이러스성 전염병이 더 자주 등장하는데다, 전 세계가 이전보다 훨씬 더 촘촘히 연결된 시대고, 대다수가 밀집된 도시에 살고 있기 때문이다.

이런 시대에 종교의 역할은 더 중요해질 수 있다. 분명 기회로 볼 수도 있다. 하지만 종교가 그 기회를 못 살리면 사람들이 가진 위기감, 불안감,

공포심을 해결할 다른 영역이 나올 수밖에 없다. 아마 IT 업계가 그 역할을 할 가능성이 크다. 일상의 불투명성과 불안정성을 해소하는 데는 IT 기술이 주는 명확함만한 게 없다. 그런데 이건 언컨택트를 심화시키는 방향이 된다. 종교로선 원치 않아도 변화를 해야 한다. 사회가 원하고, 사람들이 원하고, 그리고 종교도 변화 속에서 살아남기 위해서다.

14세기 유럽을 죽음으로 몰아간 흑사병은 중앙아시아의 건조한 평원지대에서 시작되었다. 이것이 실크로드를 따라 이동해 크림반도(우크라이나)까지 왔고, 여기서 무역선을 통해 지중해로 유입되며 유럽 전역으로 퍼졌다. 실크로드와 해운망 등 국제무역이자 국제적 교류가 흑사병을 퍼뜨린 배경인 셈이다. 지금과 비교할 수 없을 정도의 제한된 글로벌 연결망이지만 흑사병을 퍼뜨리는 데는 충분했다. 당시 전 세계 인구가 약 4억 5000만 명이었는데 흑사병 이후 3억 5000만 명 정도가 되었다. 흑사병으로 1억 명 정도가 희생되었는데, 유럽 인구의 절반 가까이가 죽었다고 해도 과언이 아니다.

흑사병을 겪은 사람들은 병이 종식되고 다시 아무 일 없는 듯이 살아갈 수는 없었다. 다양한 기술적·사회적 변화가 나올 수밖에 없었는데, 예술의 부흥이자 혁신, 인간 중심의 관점이 확산되는 르네상스도 그 일환으로 볼 수 있다. 공교롭게도 르네상스도 14세기부터 시작되었다. 무역으로 경제성장과 도시화를 이룬 이탈리아를 필두로, 독일에서 발달된 인쇄술이 학문과 예술, 과학기술 정보를 유럽 전역으로 확산시키며 유럽 전체가 르네상스의 변화를 받아들인다. 14세기에 시작되어 16세기까지 이어진 르네상스 이후, 공교롭게도 종교개혁은 16세기부터 촉발되어 17세기까지 이어진다.

사실 흑사병과 르네상스, 종교개혁은 맞물려 있다고도 볼 수 있다. 이들 모두 인류가 사회적 진화를 하는 과정에서 겪은 중요 변수다. 이런 변수는 과거에만 있었던 게 아니다. 코로나19 자체가 흑사병에 비견될 변수는 아니다. 다만 지금 시대에는 기후변화의 위기, 전염병이 주는 위기, 그리고 산업적 진화와 IT 기술이 바꾸는 사회가 맞물려서 종교에 영향을 주고 있다. 그 영향은 결국 언컨택트로 귀결되고 있다.

컨택트 시대의 종교는 지도자의 권위를 중심으로 강화된다. 예배나 설교를 위한 공간은 좌석 배치만 봐도 리더를 중심으로 일방향으로 되어 있다. 수평적 관계가 아닌 수직적 관계로 일방적 권위가 만들어지기 쉬운 구조인 것이다. 하지만 언컨택트 시대의 종교에선 상호적 관계, 수평적 관계가 중요해질 수 있다. 일방적 권위가 아니라 신뢰에 따른 존중이 더 중요해진다는 말이다. 기존 종교의 방식에선 이것이 분명 단점이 될 수 있다. 하지만 넘어서야 할 숙제다. 당장은 아니지만 가야 할 방향임은 분명하기 때문이다.

언컨택트 사회가 되어도 우리는 여전히 사회적 동물이다

고대 그리스 철학자 아리스토텔레스 Aristoteles, BC 384 ~322 가 인간을 '사회적 동물'이라고 말했다고 기억하는 사람들이 많다. 아리스토텔레스는 인간을 '정치적 동물 zōon politikon '이라고 했다. 그리스어를 썼던 아리스토텔레스의 저작을 로마시대의 철학자이자 네로 황제의 스승인 세네카 Lucius Annaeus Seneca, BC 4~AD 65 가 라틴어로 번역하는 과정에서 '정치적 동물'을 '사회적 동물 animal socialis '로 전환시켰다는 것이 관련 학계의 견해다. 물론 아리스토텔레스가 말한 정치적 동물이라는 것도 인간이 공동의 목적을 위해 집단으로 모이고, 서로 협력도 하고, 경쟁도 하고, 조직적으로 투쟁도 한다는 의미로 보면 사회적 동물이란 의미와 크게 다르진 않다.

"내일 지구의 종말이 온다 해도 나는 오늘 한 그루의 사과나무를 심겠다"는 명언으로 더 유명하지만(사실 이 말을 그가 했다는 기록도 확실치 않다), "인간은 사회적 동물이다"는 말을 한 사람은 바로 네덜란드 철학자 스피노자 Baruch Spinoza, 1632~1677다. 20세기 최고의 철학자 중 한 명으로 꼽히는 프랑스의 질 들뢰즈 Gilles Deleuze, 1925~1995 가 스피노자를 철학자들의 그리스도, 철학의 왕자 같은 식으로 표현했는데, 그만큼 서양 철학에서 중요한 영향력을 가진 철학자다. 세네카가 속했던 스토아학파의 철학에 영향을 받은 철학자 중 하나가 스피노자이기도 하다. 그런 걸 보면 아리스토텔레스에서 세네카, 스피노자와 들뢰즈까지 2000여 년의 시간을 관통하는 철학적 메시지 중 하나가 인간은 사회적 관계를 맺으며 살아간다는 것이다. 우린 혼자 살아가지 못한다. 인류는 끊임없이 대면하고 끈끈하게 관계를 맺으며 지금까지 인류를 진화시켰다. 이것이 바로 컨택트의 역사인 셈이다. 컨택트의 역사 중 하나가 민주주의의 발전이기도 하다.

호모 사피엔스 Homo Sapience 는 '지혜가 있는 사람'이란 뜻이다. 현재까지 발견된 호모 사피엔스의 화석으로 추정할 때, 아프리카에서 26만~35만 년 전에 호모 사피엔스가 탄생했다. 그동안 지구엔 인간의 직계 조상격인 호모 사피엔스만 존재했던 게 아니다. 네안데르탈인, 호모 에렉투스, 호모 하빌리스 등 수많은 인류가 존재했지만 이들은 다 멸종하고 호모 사피엔스만 살아남았다. 이에 대해 학계는 대개 극심한 환경 변화에 적응하지 못하고 도태되거나, 더 나은 경쟁자에 흡수되며 멸종된 것으로 추측한다.

그렇다면 호모 사피엔스는 어떤 경쟁력이 있었길래 진화를 거듭하며 지금까지 살아남았을까? 바로 사회성이다. 사회적 네트워크로 연결되며 집단적 무리만 이룬 게 아니라 그 속에서 협력과 진화를 해온 것이다. 집단의 힘은 개인보다 강력하다. 인간人間이란 말의 한자를 보면 사람의 사이, 즉 사람과 사람 사이의 사회를 얘기한다. 동서양을 막론하고 사람이 사회적 동물이라는 관점을 수천 년간 이어오고 있는 건 인류가 집단적 교류와 사회적 관계를 통해 더 나은 진화를 이뤄왔기 때문이다.

성당과 교회는 모든 사람들의 시선이 단상으로 향하도록 공간 설계가 되어 있다. 의회나 공연장, 경기장, 학교의 강의실도 마찬가지다. 심지어 이런 공간의 원조격으로 볼 수 있는 고대 그리스의 원형극장도 마찬가지고, 정치적 권위를 강화시키기 위해 만들어진 로마의 콜로세움도 마찬가지다. 개인의 공간이라 할 수 있는 집에선 굳이 이런 공간 설계가 필요 없지만, 사회적 공간이라 할 수 있는 곳에선 리더 혹은 권위자, 대표자, 지도자라고 불리는 사람을 중심으로 공간 설계를 한다. 공간 자체만으로도 권위를 만들어낼 수 있는 것이다. 그리고 이런 집단적 공간에선 개인의 목소리보단 집단의 목소리가 힘을 얻기 쉽다. 공동의 목표, 공동의 이익을 위한 활동이 우선되기 쉽다. 이것만 보더라도 우린 아주 사회적 동물이자 아주 정치적 동물이다. 사회적·정치적 속성이 우리가 가진 사회적 공동체를 유지하는 근간이 될 수 있는 것이다.

역사적으로 과거나 지금이나, 그 시대에 가장 힘 있는 국가들은 당시 가장 인구밀도가 높은 대도시를 보유한 국가라는 특징이 있다. 대도시는 사람 간의 교류가 가장 활발하고 밀접한 환경이다. 이러한 환경 덕분에 경제와 산업의 규모도 성장시킬 수 있고, 협력과 경쟁을 통해 기술적 진화도 이뤄내기 용이하다. 지금 시대엔 인터넷 네트워크에 연결한 사람들끼리 집단지성의 힘도 강력해졌지만, 과거엔 집단적 연결의 힘을 보여주려면 무조건 밀집된 공간에서 사람이 직접 연결되어야만 했다. 물리적인 대도시는 확장에 한계가 있다. 연결에도 한계가 있다. 하지만 물리적 오프라인의 대도시와 함께, 네트워크로 연결된 온라인의 집단지성까지 결합하면 인류가 가진 사회적 연결과 교류는 더 커진다.

그동안의 역사가 오프라인에서의 연결과 교류를 극대화시키는 방향으로 인류를 진화시켜왔다면, 이젠 온라인에서의 연결과 교류를 오프라인과 병행시키는 방향으로 진화되고 있다. 언컨택트는 단절이 아니라 컨택트 시대의 진화인 것이다. 우리가 더 안전하고, 더 편리하고, 더 효율적으로 연결되기 위해서 사람이 직접 대면하지 않아도 연결과 교류가 되는 언컨택트 기술을 받아들이는 것이다. 결국 언컨택트 사회가 되어도 우리의 공동체는 유효하다. 우리가 사회적 동물이란 것도 유효하다. 다만 사회적 관계를 맺고 교류하고 연결되는 방식에서 비대면·비접촉이 늘어나고, 사람 대신 로봇이나 IT 기술이 사람의 자리를 일부 채울 수 있다.

우린 혼자서 살 수는 없다. 다만 공동체의 연결과 교류 방식에서 폐해를 걷어내는 과정이 나타날 것이다. 사람이 싫은 게 아니라, 집단 자체가 싫은 게 아니라, 그 속에서 개인의 욕망과 탐욕 때문에 부당하고 불합리한 일이 생기는 게 싫을 뿐이다. 이것이 싫다고 집단을 거부하고 고립화를 자처했던 이들도 있었지만, 언컨택트 사회가 투명성을 높이면 이 문제도 해소될 여지가 생긴다. 자신이 하는 부당함을 남이 알지 못할 수 있고, 권력의 힘을 맘껏 휘둘러도 견제가 제한적이던 시대에서 저질렀던 문제가, 투명성과 수평화가 강화되는 시대에서도 그대로 지속될 수는 없기 때문이다.

언컨택트 시대의 정치

: 선거운동과 정치에 대한 근본적 변화가 올까?

2020년 11월 3일 미국 대통령 선거가 치러지는데, 민주당은 7월, 공화당은 8월 전당대회를 통해 대통령 후보를 공식 지명하면서 본격적인 선거운동이 시작된다. 이를 위해 전당대회에 참여할 대의원을 뽑는 코커스(당이 주관하며, 당원들만 참여하는 당원대회)와 프라이머리(주 정부가 주관하며, 주민은 누구나 등록만 하면 투표할 수 있는, 사실상 예비선거)가 각 주별로 진행된다. 공화당은 현직 대통령의 재선을 위하는 것이 관행이라 본선만 준비하면 되지만, 민주당은 대선 후보가 되기 위한 예선부터 치열하게 거쳐야 한다.

코커스와 프라이머리 일정은 2월부터 시작해 6월까지 이어진다. 그런데 2020년 대선에선 문제가 생겼다. 미국 질병통제예방센터CDC는 코로나19 환자가 급증하자 3월 15일에 향후 8주간 50인 이상의 회합을 자제하라는 권고를 했다. 이에 따라 타운홀 미팅이나 유세를 통해 지지자를 모으고 후원금을 모으는 미국의 전통적인 선거운동이 8주간 금지된 것이다. 3월 15일에 민주당의 유력 후보인 바이든과 샌더스의 TV 토론이 있었는데 CNN 스튜디오에서 청중 없이 진행했다. 그리고 두 후보가 토론에 앞서 인사를 하면서 악수 대신 팔꿈치 인사를 했다. 역사상 유력 대선 후보들이 악수도 없이, 청중도 없이 TV 토론한 적은 없었을 것이다.

TV 토론뿐 아니라, 바이든과 샌더스 대선 후보 캠프에서 대규모 유세도 취소되기 시작했다. 민주당 유력 후보의 유세가 취소되니 공화당의 선거 행사나 여러 주에서 예정되었던 후원금 모금 행사들도 다 취소되었다. 그리고 3월 17일에 있던 오하이오 프라이머리가 6월 2일로 연기된 것을 비롯, 3, 4월에 예정되었던 프라이머리 상당수가 5, 6월로 연기되었다. 심지어 4월 4일 예정되었던 와이오밍 코커스는 직접 투표를 금지했고 우편 투표를 장려했다. 이를 시작으로 다수의 프라이머리도 우편 투표와 부재자 투표로 전환했다. 선거 캠페인도, 경선 일정도 다 차질을 빚은 것이다. 연기된 일정도 코로나19 종식의 시기에 따라서 더 연기될 수도 있기 때문에 모든 일정에 차질이 불가피하게 되었다.

민주당의 워싱턴주 프라이머리에선 우편 투표가 급증했는데, 이로 인해 개표가 지연되어 발표가 며칠 미뤄진 것도 문제지만, 더 큰 문제는 사퇴한 후보들에게 던진 표가 30% 정도 되었다는 사실이다. 미리 우편으로 투표하다 보니 후보가 사퇴하기 전에 투표를 행사했기 때문이다. 만약 자신이 지지하던 후보가 사퇴한 것을 최종적으로 알고 투표장에 갔었다면 사표死票는 상당수 사라졌을 것이고, 다른 후보자에게 표가 갔을 것이다. 결국 코로나19가 표에도 영향을 준 것이다.

코로나19 이전의 트럼프의 재선 가능성과 코로나19 이후의 재선 가능성은 달라졌다. 코로나19로 미국은 국가비상사태를 선언했고, 주식시장의 폭락을 비롯해 보건과 의료에 대한 심각한 위기를 맞았기 때문이다. 미국 대선에서 코로나19는 예상된 변수가 아니었지만 강력한 영향력을 발휘했음을 부정할 수 없다. 미국의 정치 전문 매체 더 힐The Hill에서도 "바이러스 위기가 정치 세계를 뒤집어놓는다Virus crisis upends political world" (2020. 3. 13)는 제목의 기사를 통해 코로나19가 미국의 대선 지형을 새롭게 바꿨음을 다룬 바 있다. 물론 코로나19로 선거에 대한 관심도가 떨어지는 건 민주당에게도 손실이 된다. 코로나19를 어떻게 대처하고 종식시키느냐가 공화당과 민주당 양측에선 중요한 쟁점이 된다.

갑자기 등장한 변수가 미국 대선의 중요 이슈가 되었다. 그리고 공화당의 트럼프(73세), 민주당의 바이든(77세), 샌더스(78세) 모두 70대다. 코로나19에 상대적으로 취약한 노령층이 대선주자들인 것이다. 외부 접촉을 조심할 필요가 더 있는 셈이다.

기존의 선거운동 방식에서 벗어난, 온라인을 중심으로 하는 선거운동의 새로운 대안을 찾는 것이 숙제가 되었다. 이건 미국 대선뿐 아니라 한국 국회의원 선거에서도 마찬가지였다. 주요 정당이 대면 선거운동 금지 지침을 내렸고, 후보들은 어쩔 수 없이 비대면 선거운동에 주력할 수밖에 없었다. 분명 비대면 선거운동도 중요한 전략이고 효과 높은 방식임에도 불구하고 준비 안 된 정당과 후보들에겐 이 또한 장벽이다. 상대적으로 군소정당이 불리하고, 정치 신인들이 불리할 수 있다. 대형 정당은 언론의 주목도를 받는데다 예산도 상대적으로 많다 보니 미디어와 온라인을 활용할 기회가 크기 때문이다. 기존 국회의원도 현행 선거운동법에선 상대적으로 유리하기 쉽다. 물론 이건 비대면 선거운동, 즉 디지털 선거운동 전략을 모두가 제대로 갖추지 않았다는 전제에서의 얘기다. 코로나19라는 변수와 상관없이 비대면 선거운동은 중요한 전략임에도 불구하고 이에 대한 대응이 소극적이었다는 것만으로도 정치권이 사회의 변화, 유권자의 변화에 얼마나 둔감한지를 단적으로 알 수 있다.

사실 선거에서 비대면 선거운동의 힘을 보여준 사례가 2008년 미국 대선에서 버락 오바마 대통령이 당선될 때다. 오바마의 디지털 선거운동은 전 세계 정치인들에게 새로운 모델이 되었고, 이후 소셜 미디어를 적극 활용하는 정치인이 급증했다. 이미 2008년 오바마 선거 캠프에서, 무차별적으로 메시지를 뿌리는 방식의 효과가 회의적이라며 지양했고, 캠프 내에 데이터 분석팀을 두고 데이터 분석에 따른 차별화된 메시지를 세분화된 타깃별로 내보냈다. 비대면 선거운동에서 가장 중요한 건 소셜 미디어로 콘텐츠를 만들고 소통하는 게 아니다. 그보다 유권자의 빅데이터 분석이 먼저 선행되어야 한다. 분석 없이 만든 콘텐츠와 커뮤니케이션은 무차별적으로 뿌리는 메시지나 다를 바 없기 때문이다.

2008년 낭시 오바마 캠프에선, 유권자들의 누적 투표 결과와 대규모 전화 설문을 통해서 확보된 정치 성향, 유권자의 연령, 인종, 성별, 거주 지역, 소득, 교육, 주택, 취향 등 확보할 수 있는 다양한 데이터를 종합해서 타깃별로 어떤 내용의 홍보를 하고, 누굴 설득하고, 누구에겐 투표 독려를 할 건지 등을 진행했다. 심지어 메시지를 보낼 시간과 콘텐츠 내용에서도 서부와 동부의 시간 차이까지 고려해서 반영했다. 확보할 수 있는 모든 데이터와 반영할 수 있는 모든 이슈를 동원해 빅데이터 분석을 한 셈이다. 지지층의 결집과 강화를 위한 활동과 함께, 중도층의 경우에도 설득이 가능한 층과 불가능한 층을 분류해서 설득의 우선 순위에 따라 공략했고, 상대 후보 지지층에 대해서도 지지 강도가 약한 층을 공략해 지지를 철회하고 오바마를 지지하도록 설득하거나 투표를 포기하게 하는 방식으로 공략했다. 대면 중심의 선거운동이 주류였던 시기였지만, 오바마 캠프에서 우편, 전화, 소셜 미디어 등 비대면 채널을 적극 활용한 것도 세밀한 데이터에 기반한 유권자 설득 작업이 가진 효과를 믿었기 때문이다.

2012년 오마바 대통령의 재선을 위한 선거운동에서는 2008년보다 더 정교하게 디지털 선거운동이 진화되어 실행되었다. 데이터 분석팀 규모는 2008년보다 2012년 선거 때 5배가 확대되었고, 디지털 캠페인에 투입된 예산도 3배 증가했다. 유튜브, 페이스북, 텀블러, 구글+, 핀터레스트, 트위터 등의 소셜 네트워크에서 유권자들과 상시적으로 소통하고 다양한 콘텐츠도 만들었는데, 각 소셜 네트워크의 특성에 맞게 공략할 대상과 메시지의 차별화를 두어 작업했다. 2008년, 2012년 대선 때 이미 성공을 거둔 방식이다. 유권자의 데이터 분석을 통해 세밀한 파악을 한다는 것은, 공약과 어떤 정치적 방향성을 가질지에 대한 기준이 되기도 한다. 결국 유권자 중심, 즉 국민 중심의 정치를 펼치기 위해서도 세밀한 빅데이터 분석이 필요하다. 이건 선거뿐 아니라 집권 정부가 상시적으로 해야 할 과제이기도 하다.

선거기금 모금에서도 온라인의 성과가 컸는데, 모금 이메일을 비롯해 온라인에서 6억 9000만 달러(당시 한화로 7500억 원)를 모금했다. 전체 선거 기금 모금액이 10억 7400만 달러(선거 2주일 전까지 집계된 금액이니 최종은 더 늘었을 것이다) 정도였으니, 2/3가 온라인에서 이뤄진 것이다. 모금 이메일을 보낼 때 선거 캠프에선 제목과 내용, 요청하는 최소 금액, 포맷 등을 18가지 다른 버전으로 만들어 1차 그룹에게 보내 반응을 테스트하고, 이를 통해 가장 효과적인 버전을 검증한 후 수천만 명에게 메일을 보내는 식이었다. 선거운동 막바지에는 20명의 작가팀이 수백 개의 다양한 버전으로 효과를 극대화시켰는데, 2012년 10월 1일~17일 기간에만 전체 선거기금 모금액이 1억 400만 달러였고, 이 중 상당수가 모금 이메일의 효과였다. 물론 미국과 한국은 선거법이 다르다. 하지만 면밀한 분석을 통해 세분화된 타깃 접근이 디지털 환경, 즉 비대면에서 유리한 건 마찬가지다.

무조건 조회수 늘리고 트래픽 늘리는 걸로 비대면 선거운동을 하는 정치인들이 여전히 많다. 트래픽이 지지율에 미치는 영향에 대해선 여전히 상관관계가 미지수인 상태다. 그럴 때도 있지만 아닐 때도 있다는 것이다. 트래픽 늘리기 위해 튀는 콘텐츠를 만들고 무차별적 메시지를 뿌리는 방식은 오프라인 기반의 대면 선거운동을 기계적으로 온라인에다 옮겨놓은 것에 불과할 뿐 디지털 선거운동의 최적의 방식이라 하긴 어렵다.

그럼에도 불구하고 2020년 한국의 국회의원 선거에서 뜻하지 않게 비대면 선거운동을 하게 된 수많은 후보자들은 서툰 방식으로 진행했다. 2030세대가 병맛 코드 좋아한다는 걸 반영한다면서 망가지는 모습이나 영화 패러디 같은 걸 동영상으로 찍어 유튜브에 돌리거나, 소셜 미디어에 특이하게 눈길 끄는 콘텐츠를 만드는 걸로 비대면 선거운동을 하는 경우가 많았다. 선거운동은 재미있는 콘텐츠로 승부를 거는 엔터테인먼트 쇼가 아닌데도, 오프라인의 대면 선거운동에서도 재래시장에 가거나 방역하러 다니는 등의 쇼를 하며 주목을 끄는 걸 당연시 여겨왔던 이들이라서 그런지 디지털과 온라인에 대한 이해도 없었다. 유권자에 대한 분석이나 타깃별 공략이란 것도, 비대면이 가진 소통과 수평화의 장점도 다 놓치고 일방적으로 불특정 다수에 대한 홍보만 하는 경우가 많았다. 이미 2008년에 오바마 캠프가 보여준 수준에도 미치지 못하는, 12년 전에 했던 방식을 아직도 못 따라가는 것은 애초에 비대면에 대한 준비가 전혀 없었기 때문이다. 즉, 언컨택트 사회로의 전환은 이미 오래전부터 가시화된 흐름 중 하나였는데도 이를 외면하고 관성적 방식의 대면 선거운동과 과거식 정치 행태에만 머물러 있었던 셈이다.

분명 선거운동 방식에서 언컨택트 중심으로 바뀌면 비용 절감도 생긴다. 선거 한 번 치르는 데 들어가는 막대한 국민 세금을 절감하는 것도 정치권의 숙제다. 선거운동 방식만 바꾸는 게 아니라 정치 방식에서도 언컨택트에 대한 시도가 더 확대될 필요가 있다. 주주총회 시 상장기업들이 행하는 전자투표제는 10년 전부터 가능하도록 법을 바꿔놓은 것이 정치권이고, 선거에서도 전자투표가 가능하도록 법률적 근거는 만들어둔 한국이지만 이걸 시도할 생각은 하지 않는다. 각 당이 가진 이해관계의 상충도 문제지만, 기존 주류 정치권 전체가 이런 변화에 대한 거부감을 갖고 있기도 하다.

언컨택트 사회에선 전자투표제를 활용한 상시적 국민투표 혹은 직접 민주주의에 대한 요구가 커질 수밖에 없다. 직접 민주주의의 방식을 기술적 진화로 구현할 수 있게 하는 상황에 대해서 포퓰리즘을 우려하는 사람들도 있다. 하지만 현재 한국 국민의 수준이 기존 정치인의 수준보다 낮다고 할 수 있을까? 모든 것에 대해 직접 민주주의를 할 수는 없지만, 가능한 부분에선 반영해도 무방하다. 준 직접민주주의를 하는 스위스가 대표적 사례다. 857만 명 인구의 스위스는, 1년에 4번의 국민투표를 통해 의회의 소수가 가진 권력에 대한 견제이자, 다양한 일상의 이슈를 정치화시켜 이른바 생활의 정치화를 이룬 나라이기도 하다. 스위스는 전자투표도 아닌 오프라인 방식이고, 이미 19세기부터 국민투표 관련 법안이 만들어진 나라다. 모든 나라가 이렇게 할 수는 없지만, 전자투표와 디지털 정치 환경에선 얘기가 달라진다. 시기의 문제가 되긴 하겠지만 분명 가야 할 방향임엔 틀림없다.

물론 가장 우려하는 것이 전자투표를 하는 서버에 대한 해킹이나 보안 문제를 제기하지만, 블록체인 기술, 다양한 보안과 본인 인증 기술 등을 통해 대안을 찾으면 된다. 이미 스마트폰에서 주식투자도 비밀번호나 지문 인증으로 하고 있고, 송금도 하고 있고, 주주총회 전자투표도 하고 있다. 큰 돈이 오가는 상황도 충분히 해킹과 보안 문제를 해결하면서 하고 있는 현실이다. 정치권이 가장 우려하는 건 전자투표 자체가 아니라 이를 통한 정치 방식의 변화일 수 있다. 기존 정치권이 가진 기득권이 사라질 수 있고, 정치 패러다임이 근본적으로 바뀌는 것을 불편해할 수 있다. 정치에 대한 전화 중심의 여론조사가 응답률도 낮고 오차와 곡해의 여지가 있음에도 고수하는 건 익숙한 관성이자, 그 속에서 따진 이해관계 득실 때문이기도 하다.

　이 책에서도 여러 챕터에서 계속 언급되는데, 언컨택트 사회로의 전환에 저항하는 세력은 여러 분야에서 등장한다. 그걸 넘어서는 게 혁신이다. 한국 사회에서 전자투표, 디지털 민주주의가 제기된 지도 20년이 넘었다. 앞으로 얼마가 더 걸릴지 모르겠지만, 분명 가야 할 방향이다. 전 세계적으로 수많은 국가가 디지털 민주주의에 대한 다양한 시도를 해왔고, 앞으로도 계속 시도될 것이다. 2300여 년 전에 아리스토텔레스가 인간을 정치적 동물이라고 했던 말이 여전히 유효한 것처럼, 앞으로도 계속 인류에게 정치는 중요한 화두다. 사회가 바뀌면 사람도 바뀌고, 같은 문제를 바라보는 시각과 푸는 방식도 바뀔 수 있다. 결국 언컨택트 사회에 맞는 정치 환경의 변화가 앞으로 정치권이 풀어야 할 숙제인 것이다.

초연결 사회와 언컨택트 사회는 반대말이 아니다

초연결 사회Hyper-connected Society는 인터넷과 모바일 기기, 센서 기술 등의 진화로 사람과 사물 등 모든 것이 네트워크로 연결된 사회를 말한다. 사물인터넷, 인공지능, 빅데이터, 증강현실, 자율주행 자동차, 스마트 시티 등 미래 유망하다는 비즈니스도 모두 초연결 사회의 산물이다. 페이스북이나 인스타그램, 유튜브 등의 소셜 네트워크 서비스도 다 초연결의 산물이다.

더 원활하게 모든 걸 연결시키는 초연결이 언컨택트 사회와는 어떤 관계가 있을까? 얼핏 보면 초연결과 언컨택트가 반대말처럼 보일 수도 있지만, 속을 들여다보면 둘은 같은 방향을 지향하고 있다. 언컨택트 사회에선 사람 간의 직접적 접촉은 줄어도 데이터의 실시간 연결은 크게 늘어난다. 오프라인의 접촉과 대면이 줄어든 것이지, 온라인의 연결, 교류, 데이터의 연결은 훨씬 많아지는 것이 언컨택트 사회다.

'빅벨리 솔라BigBelly Solar'는 태양광을 이용해 쓰레기를 압축해 5배나 더 많이 담을 수 있고, 재활용 수거함도 달려 있어서 수거의 효율성을 높인 쓰레기통을 만들었다. 하지만 이들은 쓰레기통 제조사에 머물지 않고, 네트워크로 연결한 쓰레기통에 클라우드 기술을 적용해 무선 통신 기능을 추가했다. 쓰레기통의 쓰레기 양을 실시간 상황판으로 파악하고 언제쯤이 수거에 가장 최적기인지를 파악한다. 이를 도시와 연결해 쓰레기 수거 방식을 바꿨는데, 빅벨리 솔라를 설치한 도시는 수거 빈도를 평균 70~80% 줄이면서도 이전보다 더 많이, 효율적으로 수거했다. 고정된 수거 일정이 아니라 배출 상황에 따른 효율적 동선과 수거 시기를 결정하는 건 초연결의 힘이다.

심지어 이들은 쓰레기통을 통해 확보한 빅데이터를 팔기도 한다. 쓰레기통마저도 사물인터넷IoT, 빅데이터, 클라우드 기술을 활용해 스마트 시티를 이루는 한 요소가 되었다. 남의 집 쓰레기, 남의 동네 쓰레기가 나와는 아무런 상관이 없어 보였던 시대가 과거라면, 지금은 이것이 서로 연결되어, 상관없어 보였던 남의 동네 쓰레기가 우리 동네와 우리 집 쓰레기 수거에도 영향을 미치는 것을 확인할 수 있는 시대다. 사람이 직접 나서서 이 답을 찾아주는 게 아니라 초연결된 데이터의 힘으로 그 답을 찾아낸다.

'프로그레시브Progressive' 보험사는 보험료 산정을 위해 자동차에 네트워크에 연결된 디바이스를 설치해두고 운전자의 운전 습관을 관찰하고 분석한다. 실제 운전 습관의 구체적인 데이터를 통해 안전 운전자인지 아닌지를 파악하고 할인 적용을 결정한다. 이런 자동차 보험은 전 세계로 확산 중이다. 이것이 좀더 진화해서 자동차의 운전 데이터를 실시간 확보하면 보험료도 실시간 부과할 수 있다. 가령 자신은 사고를 내지 않았지만 남의 사고를 유발시키는 얌체 운전자들에게 패널티를 부과할 수 있고, 보험 사기도 근절할 수 있다. 이 모든 게 초연결 사회가 바꿀 우리 일상의 한 단면이다. 컨택트 사회에서의 단점을 걷어내는 장치가 초연결이고, 그렇게 해서 단점이 걷어내진 사회가 언컨택트가 되는 셈이다.

캐나다의 '블루닷BlueDot'은 감염질환 예측 전문기업으로 신종 코로나바이러스의 확산을 가장 먼저 예측한 곳이다. 미국 질병통제센터나 세계보건기구보다 먼저 예측했고, 중국 정부가 공식 대응한 시점과 비교하면 한참 더 빨랐다. 전염병 확산에선 초기 대응이 중요하고, 1주일이란 시간도 아주 중요하다. 만약 중국이 좀더 일찍, 좀더 적극적으로 대응했으면 어땠을까? 2020년 연초를 강타하며 우리의 일상은 물론 경제와 산업까지 큰 타격을 주고 있는 코로나19의 확산을 더 빨리 막을 수 있지 않았을까?

블루닷은 인공지능으로 65개국의 뉴스를 비롯해 가축과 동물에 대한 데이터, 모기를 비롯한 해충 현황, 국제 항공 이동 데이터 등을 수집해 질병 확산을 예측했다. 이 예측에서 신뢰도가 떨어진다는 이유로 소셜미디어 데이터는 반영하지 않았다. 과거 구글이 소셜 미디어의 검색 빈도 증가 추이를 보며 독감이나 메르스 같은 전염병을 미국 질병통제센터보다 먼저 경고한 적이 있었다. 인공지능과 빅데이터는 위기를 보다 앞서 예측하게 만들고, 위기 대응의 골든타임을 살려준다.

항공기 엔진을 만드는 GE는 엔진에 50~60개의 센서를 넣는다. 이를 통해 실시간 데이터를 확보하는데, 비행기가 날아가는 중에 엔진의 상태를 파악하고 예측해서 미리 필요한 부품과 수리 준비를 한 뒤 비행기가 착륙하자마자 바로 수리할 수 있게 한다. 수리 시간 절감과 안전성 증대는 항공사의 운항 노선 확대와 연결된다. 결국 초연결의 힘이 돈을 벌어주고 위험을 막는 것이다.

자동차 회사들은 요즘 다 모빌리티 서비스 기업으로 거듭나고 있다. 제조가 아니라 서비스, 즉 차를 기반으로 하는 비즈니스를 확대시키는 것이다. 우리가 차를 타고 이동하는 동선과 우리의 일상을 파악해서 다양한 비즈니스로 연결시킬 수 있는데, 이미 자동차 회사들이 자동차보험에 진출하고 결제 서비스, 유통 서비스까지도 전개하고 있다. 자동차를 굴러다니는 스마트폰이라고 정의하는 시대가 된 것이다. 자동차 제조사들이 주도하던 시장에서 이제 IT 기업들이 모빌리티 시장에서 경쟁력을 확보했고, 자동차와 통신업계, IT 서비스업계 모두가 노리는 가장 뜨거운 시장이 되었다. 심지어 타이어 회사도 서비스업으로 거듭난다고 한국의 대표적 타이어 회사는 이름까지 바꿨다. 이는 모든 제조사의 서비스화 흐름 중 하나인데, 만들어 팔고 끝나는 게 아니라 소비자와 관계를 지속적으로 맺으며 비즈니스 기반을 확장시키는 것이다. 소비재에선 소유보단 공유에 대한 소비자의 요구가 커졌기 때문이기도 하다.

초연결의 힘은 빅데이터와 인공지능으로 독심술을 만들어내어 마치 우리가 뭘 원하는지를 정교하게 파악해 우리의 욕망을 충족시켜주며 소비를 이끌게 된다. 초연결과 무관한 산업은 없다고 해도 과언이 아니다. 그리고 초연결이 결국 언컨택트 사회를 만든다. 데이터가 적극 활용되는 초연결 사회는 과거에는 하지 못하고 알지 못했던 것을 더 빨리, 더 많이 알게 만든다. 우린 초연결을 통해 더 편리해지고, 더 풍요로워지고, 너 안전해질 수 있다. 그래서 미래 산업의 경쟁력을 위해서라도 과감한 법·제도적 보완이 필요하다. 과거의 기준으로는 절대 미래를 이끌 수 없기 때문이다. 우린 연결되지 않으면 안 되는 시대를 살고 있다. 소셜 네트워크 서비스를 통해 사람과 사람이 더 긴밀하게 연결되고 있고, 사람과 사물을 둘러싼 각종 데이터의 수집과 활용을 통해 우리의 라이프스타일은 물론 사회, 정치, 경제, 산업의 방향도 바뀌게 된다.

초연결 사회와 언컨택트 사회가 주는 딜레마,
어디까지가 사생활일까?

CES 2020에서 LG전자는 캐나다 인공지능 솔루션 기업 엘레멘트 AI Element AI 와 함께 개발한 인공지능 발전 단계 Levels of AI Experience 를 소개했다. 1단계는 효율화 Efficiency 로, 인공지능이 지정된 명령이나 조건에 따라 제품을 동작시킨다. 2단계는 개인화 Personalization 로, 사용자의 행동을 분석해 패턴을 찾고 사용자를 구분한다. 3단계는 추론 Reasoning 으로, 여러 접점의 데이터를 분석해 행동의 원인과 결과를 분석한다. 4단계는 탐구 Exploration 로, 인공지능 스스로가 가설을 세우고 검증해 더 나은 솔루션을 제안한다.

그러니까 2단계에선 인공지능이 제품이나 서비스를 이용하는 사람의 목소리, 얼굴, 사용 방식 등을 분석해 여러 명이 쓰더라도 각기 누군지를 파악할 수 있다. 가령 인공지능 냉장고라면 사용자가 어떤 음식을 즐겼는지를 이해해서 상황에 맞는 레시피를 추천할 수 있고, 사용자가 약을 복용하는 사람이라면 약을 챙겨 먹도록 상기시켜줄 수 있다. 명령과 조건에 부합해야만 반응하던 1단계를 지나 2단계에선 사용자 자체에 대한 분석이 강화된다.

3단계가 되면, 인공지능이 확보된 사용자의 다양한 데이터와 상관관계를 통해 추론을 하는데, 가령 사용자가 보일러를 켜고 센서가 달린 옷장에서 두꺼운 옷을 꺼내 입고 뜨거운 커피를 내려 마시는 행동을 했을 때, 이 데이터를 통해 추워서 체온을 높이려는 것이라는 파악을 하고, 이후 기온이 떨어진다는 정보를 확인하면 알아서 난방을 준비하고, 두꺼운 옷을 입으라고 제안하고, 뜨거운 커피를 준비할지 사용자에게 물어본다. 냉장고가 부족한 식자재를 주문하고, 식물 재배기에게 명령을 내려 필요한 채소를 재배하게 할 수도 있다.

업계는 현재의 인공지능 수준을 2단계에서 3단계로 넘어가는 과정으로 보고 있는데, 이 지점에서 편리와 함께 사생활 문제가 동시에 제기된다. 인공지능이 이런 답을 찾아서 우릴 편리하게 해주려면 우리의 일상 데이터를 확보해야 하기 때문이다. 즉, 인공지능이 탑재된 가전기기들에게 자신의 사생활을 수집하고 활용할 수 있게 해줘야 한다. 초연결 사회는 언컨택트 사회로 가는 길을 만들어줬고, 이는 우리에게 사생활에 대한 고민도 안겨주고 있다. 초연결 사회와 언컨택트 사회를 만드는 데 중요한 기술이 인공지능과 빅데이터인데, 둘 다 우리의 사생활과 우리가 드러낼 일상의 데이터를 활용할 수 있어야 더 진화된 답을 우리에게 줄 수 있다. 우리가 말도 안 하는데, 우리가 알려준 것도 없는데 귀신같이 알아채서 답을 줄 수는 없는 것이다.

결국 인공지능, 빅데이터 등이 미래 산업의 근간이라고 얘기하는 말 속엔 사생활에 대한 정의가 바뀌어야 함을 담고 있다. 언컨택트는 사람이 사라지는 게 아니라, 직접 대면하지 않고서도 사람이 직접 대면했을 때만큼, 때론 그보다 더 안정적이고 효과적인 편의를 누리는 게 핵심이다. 비대면인데 대면보다 불안하고 불편하다면 그걸 해야 할 이유는 없다.

2018년 미국 포틀랜드의 한 부부는 황당한 일을 경험했다. 자신들이 집에서 나눈 사적인 대화를 누군가 녹음해 그들의 연락처에 저장된 사람들에게 무단으로 보낸 것이다. 확인해보니 AI 스피커(인공지능 음성인식 스피커) '아마존 에코'가 한 짓이었다. 아마존에선 소프트웨어인 알렉사가 단어를 잘못 인식해서 에코가 활성화되었다고 성명을 했지만, AI 스피커를 사용하는 사람들에겐 사생활 침해와 보안에 대한 우려를 인식하게 된 사건이었다.

AI 스피커는 아마존을 필두로 구글, 바이두, 알리바바, 샤오미, 애플, 페이스북 등의 글로벌 기업들이 각축전을 벌이고 있고, 국내에선 KT, SKT, 카카오, 네이버 등도 시장을 공략하고 있다. 이들 업계는 대부분 AI 스피커의 음성 인식 수준을 높이기 위해 이용자들의 목소리를 녹음해서 분석하고 있기도 하다. 기술적 진화를 위해 필요한 과정이지만, 우려도 동시에 생기는 일이다.

우리 일상에 인공지능 기술이 제법 깊숙이 들어와 있다. AI 스피커는 집집마다 있다고 해도 과언이 아닐 만큼 많이 보급되어 있다. 2020년 2월, 구글은 유튜브 프리미엄 회원을 대상으로 AI 스피커인 '구글 홈 미니' 무료 증정 프로모션을 했다. 유튜브 프리미엄의 월 구독 금액은

7900원인데, 구글 홈 미니는 6만 원 정도다. 배보다 배꼽이 커 보이기도 하는데, 구글이 손해 보며 퍼주는 게 아니다. 구글의 AI 스피커 점유율 확대, 구글의 AI 소프트웨어인 '구글 어시스턴트'의 영향력 확대, 그리고 사용자의 데이터 확보를 통한 개인화된 광고를 타기팅할 사람들을 확대하기 위해서다.

2018년 기준, 구글 매출의 85% 정도가 광고 매출이다. 과거엔 90% 이상이었고, 사업 다각화를 통해 계속 낮춰가는 중이지만 여전히 압도적 비중이다. 페이스북은 전체 매출 중 98%가 광고 매출이다. 아마존은 새로운 광고 시장의 강자로 떠오르고 있다. 전체 매출 중 광고 매출의 비중은 2019년에 4% 정도였지만, 연간 매출 규모는 100억 달러 수준이다. 2019년 2분기 광고 매출이 전년 동기 대비 37% 성장했을 정도로 약진 중인데, 미국 검색광고 시장에서 점유율 2위까지 올라섰다. 1위는 부동의 구글이다.

중요한 건 이들 모두 AI 스피커 사업을 하고 있다는 것이고, 온라인 광고 시장에서 개인화는 가장 중요한 기반이다. 결국 이들의 광고 수익은 우리의 사생활이자 개인정보를 활용해 얻는 것이라고 해도 과언이 아니다. 하지만 우리로 인해 벌었지만 우리에게 나눠주진 않는다. 엄밀히 말해 여기서 우린 데이터 노동을 했다. 우리가 뭘 샀는지, 뭘 봤는지, 뭘 좋아하는지, 뭘 관심 있어 하는지 등 데이터의 흔적을 남겼고, 그 과정에 시간과 돈을 투자했다. 그래서 이런 데이터 노동에 대해 수혜를 본 기업이 돈을 지불해야 한다는 주장도 계속 제기된다. 인공지능 시대가 되면 데이터 노동의 가치를 더 인정해줘야 한다는 견해도 나오지만, 기업으로선 이런 주장에 저항할 수밖에 없다. 기존에 공짜로 활용하던 우리의 사생활과 데이터 노동에 돈을 지불하기 시작하는 건 그들로선 끝까지 저항해서라도 버틸 이슈이기 때문이다. 이건 기업과 개인의 문제가 아닌 우리 사회와 공동체의 문제다.

인공지능 시대는 우릴 편하게 해줄 것이다. 언컨택트로 누릴 것도 훨씬 더 많아지게 만들 것이다. 하지만 우리의 사생활과 데이터 노동이 전제되어야 누릴 미래이기도 하다. 우린 사생활이란 말 뒤에 은연중에 '침해'라는 단어를 붙인다. 그건 우리 사회가 그동안 사생활을 비공개되고 보호될 이슈로만 봤기 때문이다. 지금은 개인의 정보나 활동 흔적을 선택적으로 공개할 수 있는 권리라는 측면에서 프라이버시privacy가 대두된다. 개인의 정보를 공개할지 비공개할지에 대한 선택권을 가지는 것이다. 무조건 보호가 필요하다는 의미에서 선택의 영역으로 바꾸고 있는 것이다.

사실 초연결 사회, 언컨택트 사회가 되더라도 네트워크에 연결되지 않고, 인공지능 기술이나 각종 센서 기술과 멀리하며 지낸다면 프라이버시를 비공개하며 살 수도 있다. 다만 그렇게 해선 변화된 사회에서의 선택권이 줄어들어 타인과의 관계, 문명의 편의를 누리지 못하게 될 것이다. 연결되지 않고 살아갈 수 없는 사회이고, 자율주행 자동차건 스마트 시티건, 기술적 진화가 만들 미래 라이프스타일을 누리는 데 많은 제약이 따를 것이다. 연결 사회는 기술적 변화, 산업적 변화만 주는 게 아니다. 우리가 가진 삶의 방식이자 사람과의 관계에서의 새로운 기준도 계속 요구한다. 그때는 맞지만 지금은 틀리는 것이 계속 생길 수밖에 없다.

이미 우린 집 밖에서 집의 로봇청소기를 작동시키고, 냉난방기를 조종해 온도를 바꿀 수도 있고, 청소를 잘 했는지도 확인할 수 있다. 사물인터넷IoT 기술을 통해 언제든 집 밖에서 집 안을 통제하고 관리할 수 있게 되었다. 로봇청소기뿐 아니라 냉장고든, 조명이든, TV든, 도어록이든, 가스밸브든, 네트워크에 연결되어 있으면 뭐든 제어가 가능하다. 멀리 해외에서도 가능하다. 집과의 물리적 거리는 의미가 없어졌다. 인터넷이 연결되어 있고 우리 손에 스마트폰이 있기만 하면 가능한 일이기 때문이다.

편리한 세상이지만, 반대로 생각해보면 위험하기도 하다. 해킹으로 우리 집 도어록을 열거나, 집 안의 홈카메라로 사생활을 들여다볼 수도 있다. 이건 가정이 아니라 현실이다. 스마트TV를 통해 도청이나 감청을 하고, 스마트 온도 조절기를 해킹해 온도를 99도까지 올린 뒤 이를 낮춰주는 조건으로 비트코인으로 돈을 요구하는 해킹 시연을 공개적으로 한 사례도 있다. 사생활을 유출하겠다는 협박을 하는 신종 범죄가 되는 것이다. 집집마다 네트워크로 연결된 스마트 가전제품들이 이미 보편화된 시대다. SK인포섹의 〈2020 보안 위협 전망 보고서〉에서도 2020년에 보안 설정이 없는 IoT 장비를 노린 공격이 증가할 것이란 전망이 있다. 한국인터넷진흥원KISA의 '2020년도 7대 사이버 공격 전망'에서도 IoT를 비롯한 일상의 보안 취약점을 제기했다.

초연결의 딜레마가 바로 해킹과 사생활 침해다. 결국 초연결 시대에 연결될 권리만큼 연결되지 않을 권리도 중요해진 것이다. 언컨택트 사회는 눈앞에서 사람과의 접촉, 대면이 줄어드는 것이지, 그를 위해선 네트워크와 IT 기술의 연결이 더 촘촘하고 세밀하게 이뤄지기 때문이다. 언컨택트 사회를 위해 우리가 치를 그림자이기도 하다.

글로벌화가 초래한 딜레마 : 다시 단절의 세계가 될 것인가?

우리는 과거에 비해 전 세계로 더 자주 이동하고 교류한다. 국제청정교통위원회ICCT, International Council on Clean Transportation에 따르면, 2018년 기준 전 세계 비행 건수는 3900만 회이고, 탑승객은 40억 명이다. 전 세계 인구 수 77억 명(2019년 7월 기준)과 비교하면 절반이 넘는 숫자다. 물론 전세계 절반의 사람이 비행기를 탄 건 아니다. 업무상 자주 출장 가거나 자주 여행 가는 사람들, 환승객 등이 이런 숫자의 착시를 만들어냈다.

또 다른 숫자를 말해보겠다. 유엔세계관광기구UNWTO에 따르면, 2019년 국가 간 이동하는 전 세계 관광객 수(도착 기준)가 14억 6100만 명 정도였다. 전 세계 인구 5명 중의 1명 정도. 해외여행 가는 사람들이 이정도라고 보면 된다. 2014년 11억 4100만 명, 2015년 11억 9300만 명, 2016년 12억 3900만 명, 2017년 13억 2200만 명, 2018년 14억 200만 명으로, 5년간 3억 2000만 명이 늘었다. 5년 전 대비 28%니까, 매년 5% 가까이 증가한 셈이다. 2009년 8억 9200만 명이었던 것과 비교하면 최

국가 간 이동하는 전 세계 관광객 수(도착 기준)

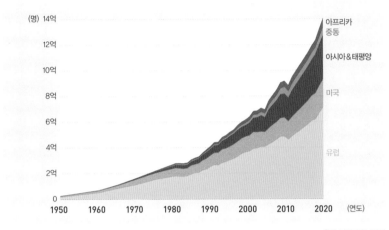

출처: UNWTO, 2019

근 10년간 5억 6900만 명이나 늘었다. 증가폭만 10년간 64% 정도다. 20년 전인 1999년(6억 3300만 명)과 비교하면 더 극적이다. 지난 20년간 2.5배 정도 늘었다. 30년 전인 1989년과 비교하면 3.5배 늘었다. 1975년 2억 2230만 명이었고, 3억 명이 넘은 게 1984년이고, 4억 명이 넘은 게 1989년이었다. 1994년이 되어서야 5억 명을 넘어섰다. 6억 명이 넘어선 것은 1998년이다. 이때까지만 해도 연간 1억 명이 추가되려면 5년 정도는 걸렸다. 하지만 최근 5년 동안 3억 2000만 명이나 늘어난 것이다.

2000년에서 2019년까지 전 세계 관광객 수의 증가율이 마이너스였던 건 단 두 번이다. 한 번은 사스, 다른 한 번은 글로벌 금융위기 여파로 주춤해졌는데다 신종 인플루엔자까지 겹친 2009년이다. 우리가 해외여행 가는 걸 줄이게 만드는 건 세계적 전염병과 경제위기뿐인 셈이다. 지난 5년간 평균 5%, 지난 10년간 평균 6%가량 해외여행 가는 관광객 수가 매년 증가했기 때문에 2020년엔 15억 명을 가뿐히 넘을 것으로 예상했다. 하지만 코로나19로 해외여행 관광객 수는 최근 20년 중에서, 아니 역대 가장 큰 폭으로 줄어들게 되었다. 이는 여행업계, 항공업계의 심각한 위기가 되었다. 그동안 글로벌화로 전 세계의 연결이 가속화되면서 여행업계와 항공업계가 성장해왔는데 반대의 상황을 맞은 것이다. 코로나19가 유럽과 미국으로 확산되면서 전 세계의 하늘길이 다 막혔다. 여행은커녕 인적 교류 자체가 중단된 것이다. 우린 역사상 처음 겪는 단절의 시기를 경험했다.

그렇다면 코로나19가 지나면 다시 원상 회복될까? 소비 침체, 경기 침체의 영향도 있겠지만, 결정적으로 낯선 타인에 대한 불편함이 얼마나 빨리 해소되느냐도 중요하다. 유럽과 미국에서 아시아인에 대한 혐오성 일탈이 드러났고, 여행자는 물론 이민자들도 불안과 불편을 겪었다. 혐오나 부정적 인식은 한 번 심어지면 쉽게 지워지지 않는다. 입출국 자체가 제한되어 들어가지도 나가지도 못하는 일을 겪거나, 격리 상황을 겪은 이들도 많았고, 이런 일들을 간접 경험한 이들도 많았다. 그리고 코로나19가 장기화되며 출입국을 전면 통제에서 부분 허용으로 바꾸더라도 과정에서의 까다로움과 복잡함은 여전히 계속될 것이다. 여행에 대한 심리적 장벽이 생기는 셈이다.

해외출장을 대신해 화상회의, 컨퍼런스콜이 확대되었는데, 직접 대면해야 일이 된다는 문화가 퇴조하는 계기를 만들어줬기에 해외출장도 줄어들 여지가 있다. 가상현실, 증강현실, 혼합현실 같은 기술이 여행 자체를 대신하진 못하겠지만 일부 대체될 여지도 충분하다. 컨택트 기반의 글로벌화에서 언컨택트 기반의 글로벌화로의 진화가 필요해진 것이다.

글로벌화Globalization는 전 세계가 통합적이고, 전 세계 국가들이 상호 의존적인 경제 체제를 구축하고 있다는 의미다. 더이상 독립적 국가 경제 체제는 불가할 만큼 전 세계는 연결되어 있다. 인류 역사상 글로벌화에 대한 시도는 늘 있었지만, 현대적 의미로서의 글로벌화는 1990년대 이후 본격화된다. 2차 세계대전 후반인 1944년에 만들어진 관세 및 무역에 관한 일반 협정GATT의 문제점을 해결하려는 다자간 무역 협정인 우루과이라운드가 1986년 9월부터 시작해 1993년 12월 타결되고, 이로 인해 1995년 세계무역기구WTO가 설립된다. 세계의 무역 장벽을 없애거나 감소시키기 위해 만들어진 세계무역기구가 글로벌화의 근간이기도 하다.

1991년 12월 소련이 붕괴되고 냉전시대가 종료된다. 1993년엔 유럽 26개국의 정치 및 경제 통합체인 유럽연합EU이 설립되고, 유럽 시민권이 발효된다. 1999년 유로화를 쓰는 유로존이 설립되었다. 세계 경제를 이끄는 주요 국가들의 모임인 G20는 1999년 결성되어 재무장관과 중앙은행 총재들이 모여 국제 사회의 경제, 금융 이슈를 논의했는데, 2008년 글로벌 금융위기를 기점으로 정상급 회의로 격상되었다. 경제위기를 공동으로 대응할 필요가 있는 것도 글로벌화 때문이다. 이미 서로가 연결되어 있어 어느 특정 지역의 문제가 아닌 전 세계의 문제가 된다. 전 세계는 다양한 조약과 협의체를 통해 글로벌화를 지속적으로 강화시켜왔고, 산업과 무역, 공급망, 금융, 경제 등을 고도로 융합시켜왔다.

코로나19로 일시적 단절이 되었지만, 세계는 결코 단절되지 않는다. 연결의 방법을 찾아야 모두가 살아갈 수 있기 때문이다. 여행과 출장뿐 아니라 전 세계는 인적 교류·물적 교류를 통해 촘촘히 연결되어 있다. 이러니 코로나19가 초래한 위기에서 국제적 공급망을 강화할 수밖에 없다. 2020년 3월 26일, G20 정상들이 특별 화상 정상회의를 통해 공동 성명을 채택했다. 코로나19의 세계적 유행을 퇴치하기 위해 연대하고 국제적으로 대응한다는 내용과 함께 생명 보호, 일자리와 소득 지키기, 금융 안정성과 성장세 회복, 무역과 글로벌 공급망의 붕괴 최소화 등을 주요 과제로 제시했다.

여기서 주목할 것이 무역과 글로벌 공급망의 붕괴 최소화다. 전 세계가 글로벌화가 되어 있다 보니 국가 간 이동과 교류 단절은 곧 무역의 위기, 제조업의 공급망 위기, 이로 인한 경제의 위기, 금융의 위기, 성장의 위기로 이어진다. 이는 곧바로 일자리와 소득으로 연결된다. 질병만 심각한 생명의 위해 요소가 아니라 소득과 돈도 그에 못지않은 중요 요소인 건 자본주의 사회에선 지극히 당연하다. 결국 G20 정상들이 코로나19라는 질병이 생명과 보건의 위기를 초래한 것 이상으로 경제적 위기를 초래한 것에 대한 대응을 중요하게 다뤘다.

G20 국가들이 코로나19의 경제적 타격에 대처하기 위해 투입하는 재정 규모만 5조 달러(약 6100조 원)다. 1997년 아시아 외환위기, 2008년 금융위기보다 훨씬 더 심각한 경제위기로 보는 것이다. 과거 두 차례의 위기가 금융에서 비롯된 위기였다면, 이번 위기는 전염병으로 인해 사람들의 격리와 단절로 인한 소비 침체에 따른 수요 위기에, 글로벌 공급망과 생산 시스템 중단에 따른 생산 위기가 금융 위기와 무역 위기까지 이어

졌다. G20 특별 화상 정상회의에서도 국제 무역 붕괴에 대한 대응을 강조했고, 각국 통상장관들에게 투명하고 안정적인 무역과 개방적인 시장을 유지하는 목표를 위해달라는 과제를 부여했다.

그래서 3월 30일, G20 통상장관들의 화상회의가 열렸다. 국경을 넘나드는 국제적 공급망의 유지와 강화를 위한 논의가 이루어졌으며, 주요 제품의 공급망이 끊기지 않도록 각국이 긴밀하게 연대하는 방침에 합의했다. 전염병의 위기가 왔지만 글로벌화는 유효하고, 무역과 생산망의 연결도 유효하다는 메시지다. 미국의 트럼프 정부가 무역에서의 자국 우선주의를 내세워 미·중 무역 분쟁을 촉발시켰고, 아베 정부는 한·일 무역 갈등을 촉발시키는 등 최근 수년간 전 세계에서 자국 보호주의가 확산되었고 무역 갈등도 심화된 상태이기에 코로나19 대응에 따른 무역 공조나 연대도 제한적일 수밖에 없긴 하다.

사실 가장 심각한 건 우리나라다. 2018년 기준, 한국의 GNI^{국민총소득} 대비 수출입 비율은 86.8%다. 같은 해 미국의 GNI 대비 수출입 비율은 36.5%였고, 프랑스는 74.2%, 영국은 82.2%였다. 중국과 일본은 2017년 기준으로 각각 41.9%와 41.1%였다. OECD 주요 국가 평균은 53% 정도다. 우리나라의 대외 의존도가 얼마나 높은지 알 수 있는 대목이다. 특히 수출에선 중국과 미국에 대한 의존도가 크다. 우리나라의 2019년 무역(수출)에서 차지하는 비중이 중국 25.1%, 미국 13.5%, 베트남 8.9%, 홍콩 5.9%, 일본 5.2% 등 상위 5개국이 52.7%다. 이들을 포함해 무역 상위 10개국(중국, 미국, 베트남, 홍콩, 일본, 대만, 인도, 싱가포르, 멕시코, 말레이시아)의 비중이 70.3%다. 우리나라의 3대 수출국은 중국, 미국, 베트남이고, 3대 수입국은 중국, 미국, 일본이다. 이들 국가와의 긴밀한 관계와 교류가 당연할 수밖에 없다.

세계은행WB에 따르면, 한국의 명목 GDP 순위가 2018년 기준 전 세계 205개국 중 12위다. 2009~2013년 14위, 2014년 13위, 2015~2016년 11위, 2017~2018년 12위 등 10위권 초반을 10년째 지키고 있다. 11위가 러시아, 10위가 캐나다다. 세계에서 국토 면적이 가장 큰 나라 1, 2위가 바로 이 두 나라다. GDP 순위 Top 15 중 국토 면적은 한국이 최하위고, 인구 수도 하위에 있다. 한국은 전체 GDP 중 무역 의존도는 70.4%(2018년 기준)다. 수출만이 살 길이란 말이 괜히 있는 게 아니다. 전 세계에서 연간 수출액 6000억 달러를 넘어선 나라가 역대 7개 국가밖에 없다. 미국, 독일, 중국, 네덜란드, 프랑스, 일본, 그리고 한국이다. 2018년에 처음 6000억 달러를 넘었는데, 당시 한국의 교역 순위는 세계 6위였다. 결국 코로나19가 초래한 인적·물적 교류의 단절은 대외 의존도가 높은 우리나라에는 더 큰 위기가 될 수밖에 없다. 국내의 전염병 확산 대응 문제뿐 아니라 미국과 유럽, 중국 등 해외의 상황들이 어떻게 전개되느냐가 한국 경제에는 중요할 수밖에 없다.

코로나19가 미국과 중국 등에서 역대 최악의 경제 지표를 만들어내기도 했는데, 미국 월스트리트의 공포지수로 불리는 시카고옵션거래소CBOE 변동성지수(VIX / CBOE에 상장된 S&P 500 지수 옵션이 앞으로 30일간 어떻게 변할지 변동성 여부를 측정하는 지표)가 코로나19로 역대 최고치(82.69 / 2020년 3월 16일)를 기록했다. 그동안 역대 최고치 기록이

2008년 글로벌 금융위기 때(80.74 / 2008년 11월 21일)였고, 팬데믹 선언을 했던 2009년 신종 인플루엔자 때도 VIX 지수가 50을 넘지 않았다. 사스 때는 40을 넘지도 않았고, 메르스 때도 30 언저리였다. 확실히 코로나19가 초래한 경제위기가 얼마나 심각한 상황인지를 엿볼 수 있는 대목이다.

중국 국가통계국에 따르면, 중국의 2020년 2월 구매자 관리지수PMI, Purchasing Managers' Index 가 35.7을 기록했는데, 이는 사상 최저 수준이다. 그 이전에 가장 낮았던 시기가 2008년 11월에 38.8이었다. 글로벌 금융위기 때보다 더 떨어진 것이다. 구매자 관리지수는 경기활성화 정도를 보여주는 지표 중 하나로, 기업의 구매 담당자들을 대상으로 신규 주문, 생산, 재고 등을 조사한 후 가중치를 부여해 0~100 사이의 수치로 나타낸 값이다. 즉, 50 미만이면 경기가 위축되었다는 의미다. 앞선 미국과 중국의 지표는 단적인 예시에 불과하다. 수많은 지표들이 코로나19가 초래한 경제위기가 심각함을 말해준다. 물론 코로나19가 종식된 것도 아니고 계속 진행 중인 상황에서 나온 지표들이지만, 사태가 장기화되고 새로운 변수라도 추가되면 더 심각해질 수도 있다.

언컨택트 사회가 컨택트 사회가 가진 대면 연결에서의 제약이나 위험 요소를 해결하는 부분임을 생각해보면, 코로나19 이후 언컨택트 사회로 급진전하는 것이 글로벌화와 연결의 확대를 위해서 더 필요하다는 점이다. 위기를 겪으면 대안을 마련하게 되어 있다. 그 대안은 리스크를 줄이는 것을 기본으로 한다. 가령 전 세계의 공장 1/3이 중국에 있을 만큼 세계의 생산기지로서 효율성이 높았지만, 전염병이 초래한 글로벌 공급망의 위기 상황에서 공장의 집중이 아닌 분산을 선택해서 공급망 관리의 리스크를 줄이는 선택이 효과적일 수 있다.

코로나19 발병으로 중국의 글로벌 공급망으로서의 위상이 줄어들고, 베트남을 비롯한 반사이익을 보는 국가들이 생길 수밖에 없다. 생산라인에서 사람을 최소화하고 공장 자동화를 실행하는 것도 이런 리스크 관리 차원의 선택이고, 전염병이나 대외 변수가 생겼어도 생산과 공급망에 타격이 최소화될 상황을 만들어두는 것에 대해 앞으로 기업이 관심을 기울일 것은 당연하다. 결코 단절해서는 살아갈 수 없는 세상이기 때문이다.

양극화와 디스토피아 : 언컨택트가 우리에게 던진 고민

프랑스 전역에서 코로나19로 이동 제한이 내려지자, 유명 휴양지인 누와 흐무띠에 섬에 머무는 인구가 두 배로 급증했다. 이곳에 있는 별장에서 이동 제한을 지키겠다는 것인데, 바다가 있는 별장에서 자가 격리를 하겠다는 것이다. 이러한 예는 비단 프랑스에만 있었던 것이 아니다. 별장을 가진 부자들로선 충분히 합리적인 선택이겠지만, 대도시에 사는 수많은 노동자들에겐 상대적 박탈감을 안겨주는 소식이었다. 특히 계약직이나 임시직 서비스 노동자로선 격리를 하자니 수입이 줄어들고, 일을 하자니 타인과의 접촉의 위험성을 감수해야 한다. 심지어 기업이 어려워지면 가장 먼저 일자리를 잃기도 한다.

재택근무나 원격근무도 서비스직이나 생산직 노동자는 불가능한 일이다. 애초에 재택근무와 원격근무의 기회도 대기업 사무직으로 대표되는 능력 있는 노동자 중심으로 주어지는 일일 뿐이다. 부자와 서민까지 갈 필요도 없이, 노동자 내에서도 확연한 격차가 존재한다.

부자는 격리되어 있는 중에도 돈이 돈을 벌어줄 수도 있고, 이미 있는 돈으로도 충분하다. 부자는 자신의 건강 하나만 신경 쓰고 격리를 받아들이면 되지만, 서민에겐 가혹한 현실의 문제가 생긴다. 전염병 앞에서 부의 양극화는 더 크게 느껴진다.

별장뿐 아니다. 중국 우한에 코로나19가 발병한 직후, 중국에서 출국하려는 부자들의 수요로 전용기 인대 수요가 급증했다고 한다. 싱가포르에 본사가 있는 마이제트 아시아MyJet Asia는 2020년 1월 예약이 전달에 비해 80~90% 증가했다. 중국 탈출을 위한 수요뿐 아니라, 전염병에 대한 우려로 혼잡한 공항에서 남들과 접촉하지 않으려는 수요가 결합해 수요가 급증한 것이다. 미국의 패러마운트 비즈니스 제츠Paramount Business Jets 와 제트세트JetSet 그룹, 스위스의 비스타제트VistaJet 와 루나제츠LunaJets, 영국의 프라이베이트 플라이PrivateFly 등 전용 비행기를 빌려주는 비즈니스 제트 서비스가 호황을 맞았다. 대부분의 사람은 항공사가 멈추면 이동할 방법이 사라지지만, 부자는 전용 비행기로 방법을 찾는다. 마스크를 구하는 방법이나, 진단키트를 몰래 구해서 의심스럽기 전에 미리 확인해본다거나 등 돈을 이용해 안 되는 것도 되게 하는 방법을 만든다. 누구나 안전하고 싶고 건강하고 싶지만, 모두가 누릴 기본권에 해당되는 그것마저도 돈에 따라서 좀더 안전함을 누리는 사람과 그렇지 못하는 사람으로 나뉜다. 비싼 집에 살고, 비싼 차를 타는 것과는 다른 문제다.

사회 양극화, 경제 양극화는 단지 부자와 서민의 차이가 커진다는 의미가 아니다. 사회 불평등의 심화를 얘기하고, 중간계층이 사라지는 것을 얘기한다. SF영화에서 다룬 미래 사회의 모습에서 경제적·사회적 지위가 만든 사회적 신분에 따른 거주 지역의 분리다. 사회적으로 배제되는 계층은 대부분 가난하고 소외된 계층이다. 복지 확대, 기본소득제에 대한 논의 등이 코로나19가 초래한 격리와 단절의 경험 속에서 우리에게 던져진 고민 중 하나다. 빈부격차가 다른 모든 격차로 확대되는 상황은 공동체와 사회 전체로도 심각한 리스크다. 격차가 더 커지도록 방치하면 다음 세대에겐 더 큰 위기가 된다. 사회가 급변하는 시기에는 정치의 역할이 무엇보다 중요하다.

코로나19로 인해 우린 강력한 통제를 경험했다. 전염병 확산을 막기 위한 초법적인 통제를 서구 민주주의 국가에서도 시행하고, 중국과 일부 아시아 국가는 IT 기술을 활용한 적극적 통제도 했다. 안전을 위해, 생명을 위해 통제했지만, 통제의 효과를 본 정부로선 유혹에 빠지지 않는다는 보장도 없다. 견제와 투명성이 충분히 확보되지 않는 국가에서 디스토피아dystopia는 현실이 되기 쉽다.

디스토피아는 막연한 미래를 얘기하는 게 아니다. 이미 과거에도 있었고, 현재에도 있다. 디스토피아는 전체주의적 정부에 의해 억압받고 통제되는 사회를 말한다. 존 스튜어트 밀John Stuart Mill이 1868년 영국 의회에서 영국 정부의 아일랜드 억압 정책을 비판하면서 이 말을 처음 썼다고 알려져 있다. 소설, 영화, 만화 등에서 미래를 그려낼 때 보편적으로 설정하는 사회가 디스토피아이기도 하다. 디스토피아의 대표적 소설이 올더스 헉슬리의 『멋진 신세계』(1932), 조지 오웰의 『1984』(1948)이고, 수많은

SF영화에서 볼 수 있는 디스토피아 배경도 이 두 소설이 영향을 미친 것이라 볼 수 있다. 만화에선 DC 코믹스의 『브이 포 벤데타 V for Vendetta』(1982~1988)가 있는데, 2006년에 영화로도 개봉되어 세계적 성공을 거뒀다. 흥미로운 건 앞선 두 소설도 영국 작가들의 작품이고, 이 만화도 영국 만화가 데이비드 로이드와 영국 만화 스토리작가 앨런 무어의 작품이란 사실이다. 16세기부터 본격화된 영국 제국주의의 전성기가 바로 19세기와 20세기 초까지다. 1921년 당시엔 전 세계 인구의 1/4과 지구 육지 면적의 1/4이 영국 영토였을 정도다.

전 세계에서 식민 지배를 하는 제국주의 영국이, 식민지에서의 정책이 디스토피아 사회의 모습이었다. 지금 시대는 중국을 디스토피아 사회에 가깝다고 얘기하기도 한다. 싱가포르도 마찬가지다. 권력이 견고하고 독재에 가까울수록 디스토피아가 현실이 된다. 한국 사회도 군부 독재 시절에 겪어본 일이다. 과거엔 물리력, 군사력을 바탕으로 한 공권력에 의한 통제였다면, 지금은 IT 기술로 인한 통제가 대두된다. 사람의 대면이 줄어도 되는 사회는 데이터와 기술에 의한 관리가 원활하다는 의미가 되는데, 이를 악용하면 통제가 된다. 초연결 사회, 언컨택트 사회, 4차 산업혁명 사회, 인공지능 사회, 뭐라고 불러도 과거에 비해 디스토피아의 우려가 생기는 건 마찬가지다. 결국 언컨택트 사회로의 전환 과정에 있는 우리 사회에서 디스토피아에 대한 우려를 해소할 방법이 중요한 숙제다. 견제와 투명성이 언컨택트 사회의 핵심이 되어야 하는 이유도 바로 이것 때문이다.

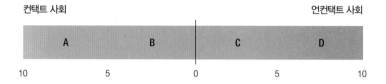

컨택트 사회			언컨택트 사회
A	B	C	D
10	5	0	5	10

대면은 다 비효율적이고 비대면은 다 좋은 것일까? 그건 아니다. 하지만 언컨택트 사회에선 비용 대비 효율성을 위해서 비대면 서비스가 확대될 수밖에 없다. 이때 비대면 서비스는 더 비싸질 수밖에 없다. 당연히 부자를 위한 특화된 비대면 서비스가 남을 것이다. 대면과 비대면의 선택권을 가질 수 있는 건 부자들뿐인 것이다. 우린 극단적 언컨택트 사회를 지향하는 게 아니다. 적당한 언컨택트 사회를 바란다. 위의 그림에서처럼 B에서 C로 이동하는 것이다. 개개인의 단절과 공동체 붕괴를 절대 바라지 않는다. 로봇과 인공지능이 모든 일자리를 대신하길 바라는 것도 아니다. 우린 앞으로도 계속 연결되고, 소통하며, 어울려 살아야 한다. 기후변화와 일자리, 생명과 인권 등 공동의 문제를 해결하며 공존해야 한다. IT 산업의 진화를 위해 우리가 존재하는 것도 아니고, 첨단의 기술 문명이 주는 편의를 누리는 것 자체가 목적도 아니다. 사람이 중심인 사회를 원하는 건 컨택트 사회나 언컨택트 사회나 마찬가지다.

우린 컨택트 사회에 태어났다. 평생 사람들과 대면하고 소통하며 살아왔다. 컨택트 사회에 완전히 적응한 기성세대일수록 언컨택트 사회에 새롭게 적응할 일이 더 많다. 이 과정에서 언컨택트 디바이드, 디지털 디바이드, 인공지능 디바이드 등만 드러나는 게 아니라, 관계에 대한 단절과 소외 현상도 드러난다. 가뜩이나 외로움이 질병이 되는 외로운 사회로

가고 있는데, 언컨택트 사회가 고립과 외로움을 더 심화시킬 수도 있다. 언컨택트 사회에 태어날 사람들과의 소통 문제도 생각해볼 필요가 있다. 사람과의 대면을 통해서 쌓고 배운 소통이 아니라, 기계와의 소통에 익숙하게 자란 사람들이 사람과의 소통에선 어떤 문제를 드러낼지도 앞으로의 사회적 리스크다. 사람과의 관계 문화가 달라지면 공동체이자 사회가 유지되는 데도 영향을 줄 수밖에 없다. 기술로는 채우지 못할 문제들이 있는 것이다.

언컨택트 사회는 예고된 미래였지만, 코로나19의 갑작스런 등장으로 전환 속도가 엄청나게 빨라졌다. 준비도 안 된 상황에서 언컨택트 환경을 도입하는 경우도 많았다. 이런 상황이 언컨택트가 가진 문제를 급격히 노출시키는 계기도 되고 있다. 인간 소외와 새로운 갈등, 새로운 차별과 새로운 위험성, 결국 코로나19가 종식되면 우리 사회는 언컨택트 사회에 대한 본격적인 대응에 나서야 한다. 어차피 가야 할 길이었는데 그 시기가 당겨지고 속도가 빨라졌다. 이미 시작된 언컨택트 사회, 우린 그 속에서 계속 질문하고 답을 찾아가야 한다. 이제 시작이니까.

참 고 문 헌

PART 1 일상에서의 언컨택트

'마스크 키스' 코로나 사랑법? 확진자 동선 공개도 '무서워', 2020.3.3, News1

볼키스에 코로나 유럽 확진자 폭증?…佛·스위스 정부 "자제해달라", 2020.3.1, 서울경제

'코로나 환자' 대구 1만 명당 16명…전국은 1명꼴, 2020.3.4, 뉴시스

영화 〈데몰리션맨〉 속 사이버 섹스, 리얼돌이 내년 실현한다, 2016.8.27, 중앙일보

악수의 종언? 코로나19가 바꾸는 지구촌 인사법, 2020.3.4, 코메디닷컴(kormedi.com)

"자가 격리자 이사 가라·자녀 등교 말라" 지나친 메르스 공포, 2015.6.19, 매일신문

일본인들은 왜 미세먼지 보통 수준에도 마스크를 쓸까?, 2018.5.28, 한국경제

[이주향의 그림으로 읽는 철학](18) 르네 마그리트의 '연인', 2011.5.1, 경향신문

[서소문사진관] 악명 높은 트럼프 악수법에 푸틴 이번엔?, 2018.7.17, 중앙일보

트럼프-메르켈 드디어 '악수'…외신 "깜짝 놀란 것 같았다", 2017.7.7, 한겨레

"악수할까요" 메르켈 물음에 트럼프 '묵묵부답'…어색한 첫 만남, 2017.3.18, 연합뉴스

국내 체류 외국인 236만 명…전년比 8.6% 증가, 2019.5.28, 연합뉴스

김정은 '3회 포옹', 비주일까 형제 키스일까, 2018.5.28, 노컷뉴스

주먹치기·악수·하이파이브…위생상 가장 위험한 것은, 2014.7.29, 연합뉴스

탬파베이 코로나19 예방 위해 하이파이브, 악수 금지, 2020.3.3, 스포츠경향

악수 대신 목례…'신종 코로나 매너' 확산, 2020.2.3, KBS

현금 사라지는 스웨덴…지폐 바뀐 것조차 몰라, 2019.12.13, 매일경제

모디 총리 '캐시리스 실험' 적중…인도, 다시 7%대 성장 질주, 2018.5.8

인간이 불러낸 바이러스의 역습, 2020.3.7, 경향신문

기업들 '사회적 거리두기' 확산, 2020.3.5, 내일신문

밀레니얼 세대가 섹스를 피하는 이유는?…스마트폰도 원인 중 하나, 2016.8.3, 뉴시스

젊은 한국 여성들 성관계 10년 전보다 줄어, 2017.9.19, 메디컬투데이

혼밥석·테이크 아웃…구내식당이 달라졌다, 2019.8.5, 매일경제

'혼밥 고깃집' 가보니…삼겹살데이엔 여기가 '딱', 2017.3.1, 오마이뉴스

회사 갈 맛 납니다…밀레니얼 맞춤 구내식당의 변신, 2020.1.16, 동아일보

원조는 바로 여기! 일본 혼밥 문화 엿보기, [제1284호] 2016.12.16, 일요신문

과학자들의 경고, "기후변화가 전염병 확산을 부른다", 2020.2.25, 그린피스

"더 강한 전염병 몰려올 것… 이대로는 또 당한다", 2020.3.7, 경향신문

인류는 바이러스 공격으로 절멸할까?, 2020.2.23, 동아일보

WHO 최고위험 등급 '팬데믹'은 정확히 무슨 뜻?, 2020.3.12, News1

2018 HIV/AIDS 신고 현황, 2019. 8, 주간 질병과 건강(질병관리본부 질병예방센터)
    제12권 (제 33호)

『요즘 애들 요즘 어른들 : 대한민국 세대분석 보고서』(김용섭 저, 21세기북스, 2019)

체류 외국인 현황, e-나라지표 (통계청)

당대 최고 여배우와 30년 넘게 편지로만 연애, 2011.11.14, 채널예스
    http://ch.yes24.com/Article/View/18699

The 2019 report of The Lancet Countdown on health and climate change: ensuring
    that the health of a child born today is not defined by a changing climate,
    November 13, 2019, The Lancet

https://www.ncbi.nlm.nih.gov/pmc/articles/PMC6632117

Forecasting Zoonotic Infectious Disease Response to Climate Change: Mosquito
    Vectors and a Changing Environment, Volume 6(2); 2019 Jun, Veterinary Science

Masks and kisses: Philippine couples brave virus to exchange vows,

February 21, 2020, REUTERS

http://www.bacolodcity.gov.ph/articles/bacolod-mass-wedding-996

https://www.youtube.com/watch?time_continue=2&v=6Af6b_wyiwl&feature=emb_logo

Swapping kisses for elbow bumps. The bizarre ways that coronavirus is changing

etiquette, March 3, 2020, CNN

The fist bump: A more hygienic alternative to the handshake, August 2014(Volume 42),

American Journal of Infection Control

Why more millennials are avoiding sex, 2016.8.2, Washington Post

Are young men really having less sex?, 2019.4.10, BBC

Sexual Inactivity During Young Adulthood Is More Common Among U.S. Millennials

and iGen: Age, Period, and Cohort Effects on Having No Sexual Partners After

Age 18, 01 August 2016, The journal Archives of Sexual Behavior

Why Are Young People Having So Little Sex?, 2018.12, The Atlantic

What predicts masturbation practices? (http://relationshipsinamerica.com/relationships-

and-sex/what-predicts-masturbation-practices)

PART **2** 비즈니스에서의 언컨택트

출근 않고 재택근무 하면 정말 외로울까?, 2019.7.12, Soda(donga.com)

개미가 꿈틀한다, 주총 전자투표로, 2020.2.17, 조선비즈

성큼 다가온 5G 상용화 … 대륙 간 '킹스맨' 회의 시대 열린다, 2019.3.5, 중앙일보

코로나19에 글로벌 행사 잇따라 취소 행렬 … CES 아시아도 연기, 2020.3.10, 서울경제

이러닝을 혁신하는 에듀테크, 전 세계가 주목하는 교육의 변화, 2020.3.12, IT동아

日 시총 1조 엔 이상 회사, 95%가 전자투표 시행, 2020.2.17, 조선비즈

참고
문헌

[코로나가 바꾼 기업문화] ②주주총회, 전자투표는 이제 '필수', 2020.3.4, 아주경제

[글로벌 칼럼] 연이은 IT 행사 취소, WWDC 2020도 결단 내릴 시점, 2020.3.4, ITworld

코로나19 사태로 협업 및 재택근무를 다시 보기 시작한 기업들, 2020.3.4, ITworld

"코로나19 우려" … 구글 I/O까지 대규모 행사 줄줄이 취소, 2020.3.4, 머니투데이

[이슈분석] 코로나19에 불안한 주총, 정상개최 의문 … 전자투표 깜짝 스타 부상 가능성,
　　　2020.2.27, 전자신문

재택근무 부작용이 과로? … 원격근무의 '명과 암', 2020.2.28, CIOKorea

애플, WWDC 2020 온라인으로 진행한다, 2020.3.14, ZDnetKorea

코로나19가 대학에 던진 메시지 … "변해야 산다", 2020.3.14, ZDnetKorea

코세라, 코로나19 대응 전 세계 대학에 전면 무료 온라인 강의 지원, 2020.3.13, 교수신문

코로나로 '사이버大' 된 대학들, 다음주 개강 앞두고 초비상, 2020.3.14, 조선일보

한 발 늦은 존스홉킨스大도 연 수익 350만 달러 달성 … '무크' 변화 속도 심상찮다, 2016.7.18,
　　　교수신문

미네르바 스쿨 "올해 첫 졸업생 진로, 아이비리그보다 성과", 2019.5.10, 조선비즈

캠퍼스 없는 대학, 새로운 교육 모델을 제시하다, 2019.9.29, 고대신문

세계가 주목한 '드라이브 스루' 진료소, 미국·독일도 도입, 2020.3.10, 한국일보

코로나에 커피도 비대면 주문 … 드라이브 스루·앱 주문 급증, 2020.3.10, 조선일보

드라이브 스루·배달 등 외식업계 언택트 소비 증가, 2020.3.9, 연합뉴스

"고객과 마주치지 말아라" … 배민·요기요 '언택트' 주문에 웃픈 호황, 2020.3.6, 뉴스핌

트럼프 행정부, 한국 '드라이브 스루' 노하우 요청, 2020.3.8, 국민일보

[현금 없는 매장 '불법' 논란] "소비자 결제권 침해" VS "시대 흐름 거스르는 규제",
　　　1523호 (2020.3.2), 이코노미스트

최근 「현금 없는 사회」 진전 국가들의 주요 이슈와 시사점, 2020.1, 한국은행 발권국 화폐연구팀

美 소매 판매 시장 점유율 사상 처음 온라인이 오프라인 앞서, 2019.4.3, 뉴시스

독서실인가요? … LG 구내식당 테이블에 가림막 설치 "코로나 예방", 2020.3.3, 조선비즈

[코로나19 '극복'] 모바일 신입 교육·가림막 혼밥 … 달라진 기업 풍경, 2020.3.4, BizFact

코로나로 대면 상담 막히자 '온라인 투자 세미나' 인기, 2020.3.7, 조선비즈

"5m 앞 38도 고열환자 있다" 스마트 헬멧 쓰고 다니는 中경찰, 2020.3.7, 중앙일보

중국 코로나 줄어든 이유 있었네 … QR코드의 힘, 2020.3.5, 테크플러스(blog.naver.com/
tech-plus)

잇따른 확진에 삼성전자 구미2사업장 결국 폐쇄, 2020.3.7, 아시아경제

현대·삼성·LG … 잇따른 사업장 폐쇄에 지역 제조업체 경영난 '심각', 2020.3.1, 경북신문

코로나19 확산에 스타벅스 온라인 주총 … 구글·타깃도 행사 취소, 2020.3.5, 한국경제

코로나19가 앞당긴 주총 전자투표, 2020.3.5, 국민일보

CJ, 모든 계열사 '전자투표제' 도입 … "주주 편의성·안전 강화", 2020.3.5, ZDnetKorea

휴넷 "기업교육 이러닝 전환 쇄도 … 1주일에 40여 곳 요청", 2020.3.5, 연합뉴스

"코로나 끝나도 재택근무하라" 기업들의 코로나 반전, 왜?, 2020.3.2, 중앙일보

축의금은 여기에 … 코로나19가 만든 '드라이브 스루' 결혼식, 2020.3.18, 경향신문

美 트럼프 정부 "韓 드라이브 스루 진료 벤치마킹 하고 싶다", 2020.3.8, 머니투데이

드라이브 스루 전성시대, 2020.3.17, 한국경제

유통업계, 음식배달 속도 경쟁 … 코로나 사태가 촉발, 2020.2.16, 조선비즈

"이마트 SSG 훨훨 나는데…" 롯데마트, 풀필먼트 센터 개장도 '아직', 2020.3.19, BizFact

아마존 고 무인 계산 기술, 외부 업체들에도 판매 시작, 2020.3.9, 블로터

[김승열의 DT 성공 전략] 은행을 오픈한 스타벅스, 2020.3.16, 블로터

'아마존 고' 확장판 '고 그로서리' 열었다, 2020.2.26, 이코노믹리뷰

[글로벌-Biz 24] 아마존 계산대 없는 무인점포 새바람, 2020.3.18, 글로벌 이코노믹

아마존 고 무인 계산 기술, 오픈소스 SW로 제공된다, 2020.3.16, 블로터

얼리어답터가 사랑한 사이렌 오더, 3번 방문하면 1번은 썼다, 2020.3.15, 중앙일보

'사이렌 오더' 전 세계서 선풍, 2019.7.19, 위클리비즈

술도 커피처럼 '사이렌 오더'… 온라인 주문 뒤 매장서 찾는다, 2020.3.12, 중앙일보

스타벅스가 '데이터 비즈니스의 신'이 되기까지…, 2020.2.6, 블로터

유럽 확진자 수, 중국 앞질러… 팬데믹 새 진원지 됐다, 2020.3.19, 한국일보

[중국 비즈니스 트렌드&동향] 중국 전역서 대중교통 실명제가 실시되는 이유,
2020.3.9, Platum

중국 얼굴인식 기술 1~5위 휩쓸어 '최강자', 2018.11.30, 한겨레

2018 스포츠 산업 실태 조사, 2019.2, 문화체육관광부

2020년 1월 온라인 쇼핑 동향, 2020.3, 통계청

[임정욱의 혁신경제] 코로나19가 가져온 변화, 2020.3.1, 서울신문

이마트 자율주행 배송 시범 서비스 시작, 2019.10.15, 연합뉴스

위기를 기회로 … 비대면 자율주행 서비스 테스트 박차, 2020.3.4, 아주경제

아마존 궤도 타입 배송로봇 특허 취득, 2020.1.23, 로봇신문

아마존 자율주행 배송로봇 스타트업 디스패치 인수, 2019.2.8, 로봇신문

뉴로 자율주행 배송 차량 도로 주행 허가받아, 2020.2.10, 로봇신문

전 세계 대기업 85% 도입 전망 … 한국 RPA 시장도 활성화, 2019.4.14, 아주경제

김대리 동료는 '로봇' … 로봇 업무 자동화 도입하는 기업들 '왜?', 2020.2.27, 여성소비자신문

[녹아내리는 노동] AI·빅데이터로 전 과정 자동화 … "인력 80명 줄이고도 생산량 2배 이상
증가", 2020.1.13, 경향신문

현대차 1만 5000명 퇴직해도 … 추가고용 계획 전혀 없는 까닭, 2020.1.23, 중앙일보

로봇으로 대체되는 업무, 어디까지 … RPA 속도 내는 금융권, 2019.9.11, 디지털데일리

카드사 AI 상담로봇, 고객 100명 동시에 응대하며 문의 처리, 2019.10.4, 매일경제

전통스포츠 '올스톱' e스포츠 '기웃', 2020.3.24, 경향게임스

라리가 피파20 대회 우승팀은 레알 마드리드, 2020.3.23, 국민일보

'축구 그리워' 베티스−세비야 선수 게임 맞대결에 6만 명 몰려, 2020.3.17, 스타뉴스

'K리그 랜선 토너먼트' 위해 선수들 전수조사까지?, 2020.3.23, 스포츠지니어스

Global mobile gaming downloads surge, 04 MAR 2020, mobileworldlive

코로나19 영향으로 세계 모바일게임 다운로드 수 39% 증가, 2020.3.10, IT조선

코로나19 탓에 게임 수요 늘었는데 … 스팀 배그 '내림세 지속', 2020.3.23, IT조선

'코로나' 확산 여파로 스팀 동접자수 2000만 명 돌파, 2020.3.22, IT조선

"코로나 팬데믹 막자" 인간 대신 로봇, 네가 나서줘, 2020.3.26, 조선일보

아마존, 작년 인수한 온라인약국 '필팩'에 '아마존' 브랜드 붙여…, 2019.11.16, 연합뉴스

아마존, 자체 브랜드 처방 약 비즈니스 국제화 본격 시동, 2020.1.22, 연합인포맥스

[원격의료 국내외 온도차] ①세계시장, 2025년 156조 질주, 2019.10.14, 뉴스토마토

코로나 이후의 세상…"'FANG' 지배력 더 강해진다", 2020.3.24, 이데일리

"코로나19 나비효과" 클라우드 서비스는 지금 '부하 테스트 중', 2020.3.25, ITWorld

박정호 SKT 사장 "'텔레콤' 떼고 'SK하이퍼커넥터'로 사명 변경 추진하겠다", 2020.1.9, 중앙일보

박정호 SKT 사장 "코로나19, 비대면 사회로의 전환 기회", 2020.3.26, 블로터

'2019 경제활동 인구 조사 – 근로 형태별 부가 조사', 통계청

『제3의 물결(The Third Wave)』(1980), 앨빈 토플러

『라이프 트렌드 2019 : 젠더 뉴트럴』(김용섭 저, 부키, 2018)

『라이프 트렌드 2020 : 느슨한 연대』(김용섭 저, 부키, 2019)

Combating COVID-19 — The role of robotics in managing public health and infectious
diseases, 25 March 2020(VOL 5, ISSUE 40), SCIENCE ROBOTICS

SMART CITIES: DIGITAL SOLUTIONS FOR A MORE LIVABLE FUTURE, June 2018,
McKinsey Global Institute

Japan opens world's first drive-through funeral service, 16 December, 2017,
The Telegraph

Apple Pay Overtakes Starbucks as Top Mobile Payment App in the US, October
23, 2019, eMarketer

In Coronavirus Fight, China Gives Citizens a Color Code, With Red Flag, March 1,
2020, NewYorkTimes

Global Remote Working Data & Statistics, Updated Q1 2020, Merchant Savvy

Top global industries leading the way in remote work, October 31, 2018,
workplaceinsight
https://workplaceinsight.net/top-global-industries-leading-the-way-in-remote-work/

참고
문헌

Almost a third of employees are willing to take a 10pc pay cut if it meant flexible

working conditions, survey finds, October 25, 2019, independent Ireland

https://www.independent.ie/irish-news/news/almost-a-third-of-employees-are

-willing-to-take-a-10pc-pay-cut-if-it-meant-flexible-working-conditions

-survey-finds-38630478.html

The Deloitte Global Millennial Survey 2019, Deloitte

https://ourworldindata.org/mental-health

PART 3 공동체에서의 언컨택트

이블 레스토랑·그들만의 전시 … 프라이빗 이코노미 뜬다, 2020.3.15, 매일경제

룸서비스 패키지에 드라이브 스루 상품까지 … 호텔업계 '몸부림', 2020.3.23, 매일경제

그래도 전시는 계속된다 … 파라다이스 아트스페이스, 2020.3.3, 매일경제

코로나 공포에 백화점 명품도 온라인에서 산다, 2020.3.20, 조선비즈

휴점, 또 휴점 … 코로나19 쇼크에 백화점 매출 천억대 증발, 2020.3.16, 뉴데일리경제

믿을 건 오직 VIP … 코로나 살길 찾는 백화점, 2020.3.23, 조선일보

'기생충:흑백판', 더 강렬해진 흑과 백 … 명장면 '셋', 2020.2.24, 중앙일보

종교단체의 강적은 전염병 … 한곳에 못 모이면 권력 잃어, 2020.3.7, 중앙선데이

[칼럼] 코로나 시대의 우울, 그 너머 충격, 2002.3.5, 노컷뉴스

美 대선 경선 연기 속출 … 오하이오 투표 8시간 앞두고 '중단', 2020.3.17, 노컷뉴스

미국 대선 집어삼킨 코로나19 … "바이러스 위기가 선거, 2020.3.14, 연합뉴스

여행사 한 달 예약 0건, 2020.3.6, 조선일보

배달·숙박·의료까지 … 산업 넘나드는 '언택트' 열기, 2020.3.21, 블로터

"식당에 손님 없다 했는데 … 호텔 식당엔 빈방 없어요" 왜?, 2020.2.28, News1

김봉섭 한국정보화진흥원 연구위원 "정보격차, 불편함이 불이익이 됐다", 2020.3.30(1370호),

주간경향

점점 편해지는 세상, 그래서 더 불편한 사람들, 2020.3.30(1370호), 주간경향

2019 디지털 정보격차 실태 조사, 2020.3, 한국정보화진흥원 (과학기술정보통신부)

2019 인터넷 이용 실태 조사, 2020.2, 한국정보화진흥원 (과학기술정보통신부)

마스크 '광클' 할 때, 2시간 줄섰다…코로나에 두 번 운 노년층, 2020.3.2, 중앙일보

65세 이상 인구 800만 명 돌파…평균 연령 42.6세 '고령화 가속', 2020.1.12, 연합뉴스

천주교 교구들, 미사 중단 기간 연장 결정 잇따라…코로나19 여파, 2020.3.11, News1

천주교 모든 미사 중단…236년 역사상 처음, 2020.2.26, 중앙일보

"호모 사피엔스 나이는 35만 년", 2017.9.29, 사이언스타임즈

[2012 미국 대선] 대선 모금액 20억 달러 넘겨, 2012.10.27, LA중앙일보

"망가져야 뜬다"…'B급 감성'으로 유권자 자극, 2020.3.29, 매일경제

2008년 오바마 당선에 '빅데이터' 큰 몫, 2017.4.29, 한겨레

진일보한 미국 대선 SNS 선거운동, 2012.2.15, 블로터

오바마 이메일에 숨겨진 과학, 2012.12.26, 에스티마의 인터넷 이야기 EstimaStory.com
        https://estimastory.com/2012/12/26/obamaemail

미세한 사생활까지 노출, IoT 해킹…"초연결 시대 대응 철저히", 2019.1.31, 디지털데일리

구글이 인공지능 스피커를 주는 '진짜 이유', 2020.3.26, 동아닷컴

목소리 엿듣는 AI 스피커…사생활 침해 논란, 2019.10.2, 디지털머니

SK인포섹, 내년 위협 전망 발표…"스마트 공장 보안에 유의해야", 2019.12.9, 인더뉴스

'초연결' 시대, 기술 발전할수록 점점 커지는 보안 위험, 2020.1.8, 파이낸셜투데이

[테크리포트] 성큼 다가온 일상, 초연결 시대, 2020.1.14, 전자신문

"과학기술 발달의 역설…준비 안 된 4차 산업혁명 끝은 디스토피아", 2019.11.7, 한국경제

G20 무역장관, 오늘 밤 긴급회의…국제적 공급망 유지 협력, 2020.3.30, 뉴스핌

G20 공동성명 "코로나 공동 위협에 연합 대응…모든 조치 취할 것", 2020.3.26, VOA Korea

10년 칵테일 파티 끝낸 팬데믹, 2020.3.28, 이코노미스트

韓 경제 대외 의존도 4년 만에 최고…"글로벌 경기 둔화로 타격 우려", 2019.3.31, 한국경제

참고
문헌

'얼굴 없는' 비대면 사회의 두 얼굴, 2020.3.15, 경향신문

코로나 양극화⋯ 전용 비행기 시장은 호황, 하층 노동자는 해고 급증, 2020.3.13, 조선일보

감염도 빈부격차⋯ 유럽 부자들 위험 떠나 '별장 격리', 2020.3.30, 매일경제

OECD 주요국의 GNI 대비 수출입 비율 (1995～2018), 국가지표체계(www.index.go.kr)

LG전자 CTO 박일평 사장, '인공지능 발전 단계(Levels of AI Experience)' 제시,

    2020.1.7, Social LG전자 (LG전자 공식 블로그)

    https://social.lge.co.kr/newsroom/lg_aie_0107

2020 보안 위협 전망 보고서, 2019.12, SK인포섹

디지털 디바이드의 실태 – 노년 가구의 미디어 보유 기기와 활용 능력의 차이를 중심으로,

    2019.11.15(19 – 21호), 정보통신정책연구원

2018년 농림어업조사 결과, 2019.4, 통계청

『라이프 트렌드 2018 : 아주 멋진 가짜』(김용섭 저, 부키, 2017)

『라이프 트렌드 2020 : 느슨한 연대』(김용섭 저, 부키, 2019)

『스피노자의 철학』(질 들뢰즈 저, 박기순 역, 민음사, 2001)

Second thoughts: toward a critique of the digital divide, DAVID J. GUNKEL,

    New Media & Society 5 (2003)

The Memo: Virus crisis upends political world, 2020.3.13, The Hill

World Malaria Report 2017, 2017, WHO

https://ourworldindata.org/tourism

언컨택트

1판 1쇄 발행   2020년 4월 20일
1판 9쇄 발행   2020년 6월 5일

지은이   김용섭
펴낸이   박선영

편 집   양은하
디자인   씨오디
발행처   퍼블리온
출판등록   2020년 2월 26일 제2020ㅡ000051호
주 소   서울시 마포구 양화로 133, 서교타워빌딩1404호
전 화   02-3144-1191
팩 스   02-3144-1192
전자우편   publion2030@gmail.com

ISBN   979-11-970168-0-6   03320

이 도서의 국립중앙도서관 출판예정도서목록(CIP)은 서지정보유통지원시스템 홈페이지
(http://seoji.nl.go.kr)와 국가자료공동목록시스템(http://www.nl.go.kr/kolisnet)에서
이용하실 수 있습니다.(CIP제어번호: CIP 2020014688)
※ 책값은 뒤표지에 있습니다.